사람의 운명을 읽는
휴먼디자인 시스템 '센터'

라 우루 후(Ra Uru Hu)의 명언

"휴먼디자인은 이해를 통해 자기(self)-사랑의 잠재성, 삶에 대한 사랑 그리고 다른 사람들에 대한 사랑의 문을 연다"

"모든 존재들은 의지할 뭔가가 필요하다. 그것이 무엇인가 하면, 그들 자신들이다. 당신의 삶에서 당신이 진정으로 친밀해질 단 하나는 오직 당신뿐이다. 당신이 신뢰할 수 있는 유일한 그 무엇은 바로 당신이다"

"사람들이 그들의 소울메이트를 항상 찾아다니는 것은 우스운 일이다. 소울메이트는 진정 내면에 있다. 그것은 퍼스낼리티와 디자인 사이의 관계이다. 그것은 의식과 무의식의 관계성이다. 그것은 매우 매력적인 것이다"

상표권 등록

1. 휴먼디자인 16 등록번호(4010205070000)
2. 휴먼디자인 44 등록번호(4102939750000)
3. 휴먼디자인 시스템 16 등록번호(4010205050000)
4. 휴먼디자인 시스템 44 등록번호(4102938660000)

상표권 등록자 김종근

사람의 운명을 읽는 **휴먼디자인 시스템 '센터'**

초판 1쇄 인쇄 2016년 9월 1일
초판 1쇄 발행 2016년 9월 12일

지은이 피터 쉐버 **옮긴이** 김종근 외 **펴낸이** 류희남 **편집장** 이점석
편집 기획 천지영 **교정교열** 전혜신 **표지본문디자인** 장덕종

펴낸곳 물병자리 **출판등록** 1997년 4월 14일(제2-2160호)
주소 우) 110-070 서울시 종로구 새문안로 5가길 11, 801호(내수동, 옥빌딩)
전화 02-735-8160 **팩스** 02-735-8161
이메일 aquari@aquariuspub.com **트위터** @AquariusPub **홈페이지** www.aquariuspub.com

ISBN 978-89-94803-38-8 03180

* 잘못된 책은 바꿔 드립니다.

* 이 도서의 국립중앙도서관 출판시도서목록(CIP)은 서지정보유통지원시스템 홈페이지(http://seoji.nl.go.kr) 와 국가자료공동목록시스템(http://www.nl.go.kr/kolisnet)에서 이용하실 수 있습니다.(CIP제어번호: CIP 2016020501)

사람의 운명을 읽는
휴먼디자인 시스템 '센터'

피터 쉐버 지음

김종근, 서민정, 임백거, 박명석, 최정희, 정진구, 정영미, 김교옥, 신연균, 최연, 이경미 옮김

〰〰 물병자리

차 례

제1장 휴먼디자인 시스템　　　　　**017**

대표 역자 서문

　한국에서 휴먼디자인 시스템 첫 번째 책을 번역해서 출간한 이후로 세 번째 책을 다시 내게 되었다. 이번에 출간하는 피터 쉐버의 저서는 전작의 다른 휴먼디자인 시스템 책보다 아홉 개의 센터에 대해 충실하게 기술하였다. 특히 저자가 심리학을 전공한 덕분에 휴먼디자인에 대해 임상적으로 어떻게 접근했는지 이 책 안에 고스란히 녹아 있다. 기계적인 설명이 아닌 조금 더 심도 있게 센터의 특징에 따라서 상담자와 내담자의 명확한 역할에 대해 잘 기술되어 있다. 마지막 장에 있는 '치료적 상황에서의 전략' 부분은 상담의 경험이 있는 전문가들에게 분명 큰 도움이 되리라고 믿는다.

　영상 예술 심리 치료 영역에서 휴먼디자인을 활용한 임상 케이스만 해도 천여 건을 넘긴 지 오래되었다. 나의 경험으로 말할 수 있는 것은 초기 상담 진행시 내담자 탐색 시간은 확실히 줄어들었으며, 동시에 각 개인의 특성에 따른 치료적 솔루션을 효과적으로 제공할 수 있게 되었다는 것이다. 오랜 시간 전문적인 수련 경험이 있는 상담사들에게 휴먼디자인을 적용하라고 권유해 주고 싶다. 다만 기타 성격 유형이나 심리 분석 도구들이 그렇듯이 상담적 관점에서 사용되어야 하고, 유형에 고착되어서 휴먼디자인에 조건화되는 오류를 범하지 않기를 바란다. 또한 기존에 공부해 왔던 이론과 휴먼디자인을 접목해서 상담 상황에 적용하여 여러 케이스를 실험하다 보면 선배들의 경험과 공감대를 형성할 수 있을 것이라 생각한다. 오랜 세월 동안 프로이트로부터 연구되고 발전해 온 심리학 이론과 기법들은 캔 윌버의 제4심리학에서 이제는 제5심리과학으로 심리학과 과학이 만나는 융합 시대로 진입하며 급변하고 있다. 인간의 몸과 마음의 설명서인 휴먼디자인은 과학적인 임상 연구를 거치면서 통합적 분석 도구로서 자리 매김하리라 기대해 보며, 또한 그럴만한 가치가 충분하다는 것을 믿고 있다.

한국에서 휴먼디자인 시스템이 소수의 사람들로부터 알려지던 시기에 국내 최초로 동방대학원대학교에서 대학원 정규 과정으로 개설한 것을 시작으로, 이후 관련 전문가들의 적극적인 참여가 오늘의 휴먼디자인을 활발하게 한 소중한 자산이다. 처음에는 무슨 학문인지 호기심으로 일부 학생들만 참여했었고 가장 역사적인 순간은 아홉 명의 각 분야 전문 연구자들이 모였던 학기였다. 그때 엄청난 양의 번역이 이루어졌고, 함께 했던 석·박사 학생들의 열정, 그리고 밤새 식지도 않고 서로 피드백 하던 순간들은 지금도 잊을 수가 없고, 늘 감사한 마음을 가지고 있다. 그분들의 수많은 노력들에 감사한 마음으로 연구를 소홀히 할 수가 없었고, 덕분에 나는 인간의 존재에 대해서 더 많은 이해를 하게 되었다. 더 큰 선물은 나의 사랑하는 두 아이들을 키우며 휴먼디자인과 함께 하였고, 나는 아이들의 타고난 기질과 재능을 내 방식대로 조건화시키지 않고 양육할 수 있었다는 것이다. 덕분에 휴먼디자인을 손에서 놓지 않고 지금은 (휴먼디자인을) 부모 교육과 자녀 양육 학습 코칭, 기업 컨설팅 등 다양한 분야에서 펼쳐 나가고 있다.

휴먼디자인을 통해 앞으로 매진하고 싶은 분야는 부모 교육이다.
그 이유는 내가 나를 찾기 위해 찾아 헤매던 수많은 순간들이 없었다
면 우리 아이들도 더 많은 시행착오를 겪어야 했을 것이기 때문이다.
어느 날 저녁 열 시경에 차를 타고 집으로 귀가하던 순간, 초등학교 저
학년 학생이 무거운 가방을 메고 길을 달려가던 모습은 무언가 비정
상적으로 보였다. 이런 비정상적인 현상에 처해 있는 많은 부모들과
아이들을 해방시켜 주고 싶다고 언제나 다짐해 보곤 한다. 그 꿈을 휴
먼디자인이 나와 함께 실현해 주고 있으며 지금도 많은 부모들과 함
께 나누고 있다. 앞으로도 어디든 그들이 찾는 곳이 있다면 달려가서
도움을 주려고 하며, 2015년부터 '우리 동네 엄마 학교'라는 운동을
시작하고 있다. 모두가 조화로운 삶을 살아가는 그날이 올 때까지 그
과정을 즐겨보려고 한다.

주로 센터에 찾아오는 사람들은 부부 문제와 자녀 문제인 경우가
많다. 일반적인 관점에서 도저히 풀리지 않던 문제들이 각 개인의 휴
먼디자인 타입과 세부적 안내 사항들을 이해해가는 과정에서 자신이
문제라고 생각했던 부분들을 직면하게 하고 적용해 가면서 적합한 방
법론을 제시해 주면, 자신이 스스로 지켜야 하는 것이 무엇이고 또한
반대편 상대(배우자 또는 자녀)를 이해하고 수용해야 하는 부분이 무엇
인지를 명확하게 이해하게 된다. 극단적인 상황에 처해있던 문제가
자연스럽게 해결되는 과정을 많이 보고 경험해 왔다. 또한 한국에서
자녀 교육의 과열 현상은 너무도 많이 알려져 일상이 되었는데, 그런
부모들이 사회적인 압력에 의해서 특정 5%의 아이들에게 맞는 교육
을 모든 아이들에게 복제하여 제공하고 있는 현실이지만 상당수의 아
이들에게서 기대 효과를 얻지 못하고 있다. 휴먼디자인으로 자녀 양
육과 학습 코칭을 하면서, 부모들은 짐을 덜고 아이들은 자신의 개성

에 따라서 맞춤형 교육 방식을 택할 수 있는 계기가 열리게 되었다. 아무리 세상의 모두가 그 길을 간다고 해서 다 정답은 아니다. 왜냐하면 우리는 저마다의 시간표가 다르기 때문이다.

2016년 6월 19일 다사다난했던 순간들이 지나고 한국휴먼디자인 협회와 한국휴먼디자인학회가 만들어졌다. 삼선개발 손일선 회장이 협회장을 맡고, 나와 서민정 대표가 공동 학회장을 맡게 되면서 한국 휴먼디자인의 새로운 출발의 닻을 올렸다. 이제 학회에서는 다양한 학술 연구를 할 수 있는 토대가 마련되었고 곧 학술 논문도 나오리라 기대하고 있다. 또한 타 영역의 학문 분야와의 콜라보를 통해 응용 연구도 활발해질 수 있도록 노력하고 있다.

끝으로 이번 번역에는 여러 전문가 분들이 함께 동참해 주셨는데 한국휴먼디자인 공동 학회장 서민정, 백담사 템플스테이 원장 임백거, 한국명상심리학회 기획이사 박명석, 동방대학원 박사과정 최정희, ㈜ 대한A&C이사 정진구, 명상심리학 박사 김교옥, 자연치유학 박사 신연균, 사단법인 요가문화협회이사 정영미, 마음치유연구소장 최연(주역, 사주심리), 한국휴먼디자인학회 학술이사 이경미, 상담심리 전문가 백영묘 선생님께 진심으로 감사를 드린다. 특별히 적극적으로 휴먼디자인을 출간하도록 지원해 주신 물병자리 출판사 류희남 대표님께 감사드린다.

한국휴먼디자인학회장 김종근

휴먼디자인 시스템의 본질과 기원

휴먼디자인 시스템은 자기 지식에 대한 완전히 새로운 체계로, 지금껏 당신이 알아 온 모든 지식과 근본적으로 다르다. 비록 세상에 알려진 지 얼마 되지 않았고 배우기 쉬운 것도 아니지만, 이미 그 유용함은 알려져 있고 인기는 점차 높아지고 있다. 연령, 성별, 국적은 전혀 상관없다. 예를 들어 지금까지 나의 세미나에 참여했던 사람 중 최연소자는 16세, 최고령자는 82세였다.

우리는 가짜 예언자들의 세상에 살고 있다. 이들은 거대 시장의 경쟁자이며 나름의 세계관, 종교, 가치를 '상품'으로 변질시켜 팔아먹으려고 혈안이다. 이렇게 된 이유는 여러 가지이다. 권력, 정치적 위상의 정립과 정당성 획득, 또는 돈, 아니면 그냥 개인적인 소망일 수도 있다. 나는 이를 비판할 마음은 없지만, 단지 우리가 이런 세상에 살고 있다는 점은 인식하고 있길 바란다.

우리는 끊임없이 정치적 구호에 시달리고 있다. 그러나 이런 구호나 선동은 우리를 전혀 대변하지 못하며, 반대로 우리가 자신들의 입장에 따라줄 것을 바란다. 쉽게 말하면, 우리가 진정한 자신만의 선택을 내리는지에 대해 그 누구도 전혀 관심이 없다는 말이다. 예를 들어, 기업은 소비자가 자신들의 물건을 구매하기를, 종교단체는 신도들을,

정당은 지지자와 유권자를 바랄 뿐이다.

세상의 주 무대를 잠시 떠나 우리의 일상이 펼쳐지는 자그마한 무대로 눈을 돌려 보자. 정치인, 기업, 종교, 자칭 구원자라고 일컫는 사람들은 TV, 신문, 영화, 전단지를 통해 우리에게 무엇을 생각해야 하고, 무엇을 믿어야 하며, 어떻게 행동해야 하는지 설파한다.

집에 오면 또 배우자, 부모, 친구, 친척, 자녀들이 어떻게 행동하고 무엇을 생각하고, 무엇을 믿어야 하는지에 대해 이러쿵저러쿵 말들을 한다. 규모만 다르지 내용은 똑같다. 아무리 다르게 들으려 해도 말이다.

누군가는 계속 우리를 간섭하려 한다. 이는 좋은 의도일 수 있다. 예를 들어, 딸에게 최고의 아버지가 되고자 하는 사람, 남편에게 최고의 아내가 되고자 하는 사람, 남동생에게 최고의 누나가 되고자 하는 사람, 다 좋은 뜻을 품고 있다.

너무도 습관화되고 익숙해져서, 우리는 이상한 점을 미처 알아채지 못한다. 스스로에게 무엇이 도움이 되는지 나 아닌 다른 사람이 정말 더 잘 알 수 있을까? 왜 이런 각양각색의 구호가 우리를 흔들어 놓을까? 왜 우리는 다른 이들이 무슨 말을 하면 스스로 결정을 내리지 못하는 것일까?

그 이유는 바로 무엇에 따라 결정해야 할지 모르기 때문이다. 무엇을 따라야 할지 모르는 우리는 외부에 있는 모든 정보원들에 의존하게 된다. 이 정보들은 가변적이지 않을 뿐더러 항상 자신들의 이익을 대변하기 마련이다. 외부 정보원의 누적된 영향력으로 우리의 삶은 비틀거리고, 내적 통일성이 결여된 결정을 내린다. 또한 꽤 자주 이런 결정들의 후유증은 상당히 오랫동안 우리를 괴롭게 한다. 그 시간 동안 우리는 스스로에게 비판적인 질문을 던진다. "내가 뭘 잘못했지? 어떻게 하면 좋아지지? 어떻게 하면 이 감당하기 힘든 결과에서 최대한 빨리 빠져나갈 수 있을까?"

그다음 어떤 일이 일어날까? 상담자, 종교 지도자, 현자, 호객꾼들 수십 명이 그 즉시 달려 나와 해결책들을 제시한다. 마음씨 착한 여자친구, 철학 독서 모임, 크고 강한 사람으로 만들어 줄 유일한 지식 등….

휴먼디자인 시스템은 근본적으로 다르다. 휴먼디자인 시스템은 무엇을 해야 한다고 말하지 않으며 당신에게 무엇이 맞고 틀린지에 대해서도 이야기하지 않는다. 휴먼디자인 시스템은 단지 자신만의 결정을 내리고, 비참한 2류 인생에 영원히 종지부를 찍을 수 있는, 언제나 믿을 수 있는 자신만의 내적 결정권을 찾아내는 일을 도울 뿐이다. 당신의 진정한, 진실의, 참된 삶은 다른 이들이 옳다고 가르쳐 주는 바를 따르지 않고, 오로지 당신이 스스로를 위한 결정을 내릴 수 있을 때, 그때서야 존재할 수 있다.

그런데 내적 결정권은 무엇인가? 그리고 이미 많은 사람들, 선생님, 심리학자, 종교 지도자들이 정확히 똑같은 이야기를 하고 있지 않나? 자신의 내적 결정권을 찾으라고?

휴먼디자인 시스템은 누구에게나 통하는 일반적인 해결책을 제시하지 않는다는 점에서 다르다. 어떤 이들은 자신의 감정에 따라 결정을 내리는 것이 좋을 수 있다. 하지만 모든 이가 그렇지는 않다. 또 어떤 이들은 즉흥적 결정에 따르는 것이 좋을 수 있다. 하지만 또 다른 이의 경우는 그렇지 않다.

우리는 모두 상자 속에 갇혀 있다. 상자 밖으로 나오는 방법이 적힌 지시문은 상자 겉면에 적혀 있다. 휴먼디자인 시스템은 상자 겉면에 쓰인 지시문을 읽어서 사람들에게 들려주는 체계이다. 그 글귀는 언제나 개별적으로 적용되어 상자 속에 있는 사람 이외의 다른 이들에게는 적용되지 않는다.

이 지시문의 핵심 내용은 결정을 내릴 때 항상 의지할 수 있는 내적 결정권에 대한 구체적인 설명이다. 내적 결정권을 인식하고 그에 따르는 사람은 타인의 관여에 크게 흔들리지 않는다. 또한 스스로를 위한 결정을 내리는 이는 언제나 자신만의 독자적 인생을 살아갈 수 있다. 이런 사람들은 속임수에 넘어가는 고객, 종교적 신자, 정치적 지지자가 되지 않는다. 이들은 단지 그들 자신일 뿐이다.

휴먼디자인 시스템이 이 행성에 알려지게 된 과정

이 행성의 모든 살아 있는 존재들처럼, 휴먼디자인도 탄생의 시점이 있다. 휴먼디자인은 1987년 1월 3일부터 11일에 걸쳐 이비자(Ibiza)에서 탄생했다. 휴먼디자인 시스템은 지구의 대지에서 비롯된 지식으로 한 인간에게 전해졌고, 그는 그 이후로 스스로를 라 우루 후(Ra Uru Hu)라 불렸다. 라 우루 후가 특별히 선하거나, 가치 있거나, 신성한 사람이기 때문에 지식의 전달자로 선택받은 것은 아니다. 단지 그 지식에 의해 파괴되지 않고 버틸 수 있는 사람이었기 때문에 지식의 전달자가 된 것뿐이다.

신비로운 체험은 매일 일어나지는 않지만 종종 일어나며, 이는 또한 인간 존재의 엄연한 일부이다. 이런 체험은 보통 모든 인생의 문제에 대한 해답을 찾은 느낌으로 인식된다. 추후 이런 체험을 한 사람들이 자신들이 받은 깨달음이나 발견을 널리 퍼뜨려야 할 것 같은 느낌을 받는 것도 일반적이다. 이들 중 일부에게는 신봉자(신도들)들이 생기기도 하고 그렇지 않기도 하다. 어쨌든 공통된 점은 당신이 이들의 깨달음을 믿을 것인지의 여부이다.

닐스 보어(Niels Bohr)는 원자 구조에 대한 영감을 꿈에서 얻은 물리학자로 전해진다. 원자 물리학자는 일반적으로 신비주의와 거리가 멀고 종교적 계시라는 것도 잘 믿지 않는다. 그럼에도 불구하고, 그 당시에 보어가 원자 구조를 꿈에서 보았다는 사실에 아무도 개의치 않았다. 왜일까? 곧바로 검증 가능했기 때문이다. 굳이 믿어야 하는 수고를 할 필요가 없다. 부정확한 것은 반박하면 되고, 정확한 것은 실험을 통해 검증하면 된다.

한 사람의 인생에서도 실험을 통한 직접적인 검증이 충분히 가능하다. 나아가 휴먼디자인 시스템의 탄생 중 전해진 일부 구체적인 물리적 사실도 그 이후 실험으로 검증되고 있다. 예를 들어 뉴트리노는 질량이 있다는 사실이다. 비록 시작은 계시의 형태였지만, 휴먼디자인 시스템은 믿음 체계와는 전혀 상관없는, 실험을 통해 검증 가능한 지식 체계이다.

이를 라 우루 후의 말을 빌려 표현하자면 "기적은 바로 그 체계 자체이다. 전달되는 방식에 있는 것이 아니다." (1) 신비로운 조우에 이어 라 우루 후는 전수받은 지식을 그 자신의 실제 경험과 수천 사례에 달하는 리딩(휴먼디자인 시스템에 의거한 개인 분석)을 통해 검증해 왔다.

그러고 나서야 그는 휴먼디자인 시스템을 본격적으로 알리기 시작했다. 1992년 내가 그를 만나게 된 것은 행운이었다. 나는 휴먼디자인 시스템을 만나자마자 첫눈에 사랑에 빠졌고 지금까지 줄곧 그렇다. 나는 분석가이자 교육자인 스스로의 인생을 통해 내 나름의 검증 과정을 거쳤고, 이 지식의 가치가 모든 수준에서 반복적으로 재확인되는 것을 보아 왔다.

이 책의 가장 중요한 목적은 당신에게도 똑같은 가능성을 열어 주고자 함이다. 이 책에 담긴 정보가 활용 가능한지, 삶에서 어떤 변화를 일으키는지 스스로 찾아보기를 바란다.

휴먼디자인
시스템

1. 바디그래프의 생성

바디그래프(bodygraph)는 휴먼디자인 분석에 있어 핵심적인 도구이다. 바디그래프는 여러 하위 요소로 구성되어 있고 그중 일부를 이 책에서 다룰 예정이다. 여기에서는 바디그래프가 어떻게 생성되고 왜 특정한 변수가 필요한지에 대한 이해를 돕고자 한다. 바디그래프를 생성하려면 정확한 출생 시각과 출생 장소, 표준 시간대를 알아야 한다. 표준 시간대의 존재 자체가 시간이라는 것이 고정된 실체가 아님을 알려 준다.

시간을 알아내려면 시각적으로 확인 가능한 외부의 대상이 필요하다. 가용한 가장 큰 시계는 우리가 속한 태양계이다. 이는 시간의 어느 지점이든 그 시각에 행성 간의 상대적 고유한 위치로 정의된다. 지구의 관점에서 행성 간 상대적 위치 패턴은 지구상의 지역과는 상관없다. 즉 베이징에서나 뉴욕에서나 달이 보병궁 15도에 위치한다고 천문학적으로 동일하게 표현 가능하다는 말이다. 왜냐하면 우주 행성의 천문학적인 위치는 지구의 지리적 위치와는 상관 없기 때문이다. 하지만 지구를 분할하고 있는 표준 시간대로 인해 행성들의 특정한 배열이 일어나는 시각을 베를린이나 부에노스아이레스의 현지 시각으로 표현한다면 그때의 두 시각은 서로 다를 것이다. 반대로 표준 시간대와 현지 시각을 알면 그에 따른 정확한 행성의 위치를 알 수 있다.

2. 정확한 출생 시각은?

레이브 차트 개요/알베르트 아인슈타인	
유형 : 제너레이터	출생 시각(표준 시각) : 1879.3.14. 10:50
프로파일 : 1/4	출생 시각(현지 시각) : 1879.3.14. 11:30
정의 : 이중 분할	디자인 시각(표준 시각) : 1878.12.17. 12:51:11
내적 결정권 : 감정 - 솔라플렉서스	출생 장소 : 독일 울름
전략 : 반응하기	표준 시간대 : LMT(UT - 0:40)
낫셀프 주제 : 좌절	
인카네이션 크로스 : 에덴의 우측 각 크로스(36 - 6 ∣ 11/12)	

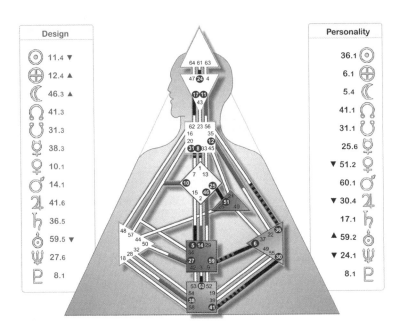

정확한 출생 시각은 아이가 엄마로부터 물리적으로 분리되는 순간이다. 이는 아이가 처음 소리 내어 우는 순간도, 처음으로 호흡하는 순간도, 탯줄이 끊어지는 순간도 아니다. 아이가 엄마의 몸에서부터 빠져나와 몸 전체가 완전히 드러나는 순간을 말한다. 이 정보가 그렇게 중요한 이유는 휴먼디자인의 정보 단계에서 단 1초도 어긋남이 없는 출생 시각이 필요하기 때문이다. 아마 자신의 출생 시각을 정확히 알고 있는 사람은 드물 것이다. 출생 시각을 정확히 기록하려고 하다 보면 미래 세대는 가장 정밀한 수준의 휴먼디자인 정보의 혜택을 받을 기회가 마련될 수 있을 것이다.

행성의 위치가 지구에서 일어나는 사건에 영향을 미칠 수 있는가? 만일 그렇다면 어떻게 가능한가? 깊이 생각하는 사람들은 반드시 이 질문을 하게 된다. 왜 행성의 위치가 갓난아기의 출생 순간에 영향을 미치게 되는가?

과학계에서는 점성술의 과도한 유행에 대한 반감으로 태양계 내의 상호 작용적인 영향력을 전면 부정하기에 이르렀던 적이 있다. 1975년 미국의 저널 《휴머니스트(The Humanist)》에서 발표한 당대 주류 과학자 186명의 선언이 대표적인데, (2) 천문학자 복(B. J. Bok)은 이 사건과 관련하여 다음과 같이 적었다.

"나는 명확하게, 공정하게 다음과 같이 말할 수 있을 뿐이다. 현대의 천문학과 우주 물리학의 지식은 그 어느 것도 점성학의 원리를 뒷받침하지 않는다. 오히려 정면으로 대치된다. 점성학의 원리에 대한 과학적 근거는 없다."

최근에 발표된 과학적 발견에 비추어 보면 이 선언이 제기한 이론적 주장은 모두 무효화될 수 있다. 특히 "점성학의 원리에 대한 과학적 근거는 없다."라는 주장은 지구와 지구에서 일어나는 사건이 태양계의 사건과 서로 개별적이고 독립적인 사건임을 의미하고 있다. 양자 이론이 소개되고 입증이 된 이후, 이러한 세계관은 완전히 그 근거를 상실했다.

현실의 특성은 변했다. 벨(Bell)의 정리는 어느 특정한 시공간에서 일어나는 모든 일들은 우주의 다른, 멀리 떨어진 장소에서 일어나는 사건과 연계된다는 것을 암시한다. 우리의 시간과 공간에 대한 개념은 이 탈지역적(non-local) 현실을 설명할 수 있어야 한다. (3)

세계적으로 유명한 물리학자 데이비드 봄(David Bohm)은 이 새로운 세계관을 좀 더 정확하게 서술한다.

"이제 더 이상 체계의 일부를 따로 분리하여 보는 것이 어려워졌다. 이들이 형성하는 역동적인 구조는 어느 정도 전체 체계의 상태에 영향을 받는다. 나아가 이들은 더욱 커다란 체계의 상태에 영향을 받으며 결국에는 우주 전체의 영향을 받는다. 이는 유기체 전체를 상징하는 이미지로 이어지는데, 세상을 서로 분리되어 개별적으로 존재하는 부분으로 잘게 나눌 수 있다는 과거의 믿음과는 맥락을 달리한다."(4)

이 개념의 논리적인 결론은 행성의 위치는 반드시 지구 상 사건에 영향을 미친다는 것이다. 다른 해석의 여지는 없다. 하지만 이때 두 가지 새로운 질문이 생긴다. 이런 영향력을 보여 줄 구체적인 증거는 무엇이며, 인간 유기체에 대한 행성의 위치가 가진 영향력을 설명할 수 있는 물리적 원리는 무엇인가?

지구의 사건에 대한 행성의 영향력이라는 첫 번째 주장을 지지하는 명백한 증거는 다수 존재한다. 이 주제만 다뤄도 책 한 권의 분량이 채워질 정도이므로, 여기서는 두 번째 주장에 대해서만 예를 들어 다루도록 하겠다.

3. 태양계 활동과 관련된 화학 반응

화학 반응과 관련된 첫 번째 사례는 실험실에서 자주 발생한다.

"이론적으로는 두 가지 화학 물질을 시험관에 넣어 섞을 때, 정확히 동일한 방법으로 혼합하면 그때마다 항상 동일한 화학 반응이 일어나야 한다. 하지만 이는 이론적인 상황을 가정한 것에 불과하다. 현실에서 모든 화학 반응은 제각각 다르다. 매일매일 약간씩 다른 반응이 일어난다. 그리고 가끔은 아예 반응이 일어나지 않을 때도 있다."(5)

이탈리아의 화학자 조르지오 피카디(Giorgio Piccardi)는 다음과 같이 썼다. "화학자들은 '어느 한 순간도 동일하지 않다.'라는 가능성을 전혀 고려하지 못한 듯하다. 아니면 생각은 했더라도 전혀 말로 표현하지 않았던 것 같다… 표현하기에는 다소 위험한 발언이었을 것이다."(6)

피카디 교수는 신비주의자나 점성술사가 아닌 플로렌스 대학의 물리화학과 대학원장이었다. 피카디는 행성에는 관심이 없었고, 단지보일러 내 석회질 제거라는 매우 명료한 문제에 대한 해답에 관심이 있었다. 그는 석회질 제거 물질, 소위 활성화수 투입 시 앞서 언급한 비일관적 반응의 문제에 봉착해 있었다. 피카디는 이 현상을 꼼꼼히 검토하려고 작정했다.

외부 영향력의 성질과 그 힘에 대한 연구를 위해 피카디는 일관성

없는 반응률을 체계적으로 정리해 볼 목적으로 기초 실험 기법을 개발했다. 화학 반응은 1분 내에도 변하므로 통계적 평균을 산출해 내기 위해 피카디는 동시다발적으로 가능한 한 많은 화학 반응을 일으켰다. 이 동시다발적이고 병렬적으로 일어나는 화학 반응들을 수년간 매일매일 실시하고 관찰했다. 나아가 쉽게 표준화될 수 있는 과정을 개발하기 위해 어떠한 화학적 반응이 필요했다. 피카디는 동시 혼합기를 개발하여 스무 개의 실험을 동시에 실행할 수 있도록 만들었다. 실험에서 그는 무기 콜로이드와 염화산화 비스무트를 사용하였다. 3산화 비스무트를 정제수에 부으면 염화산화 비스무트가 생성된다. 이 화학 반응은 반응률이 시시때때로 달랐다.

1951년경 피카디와 그의 조수들은 플로렌스의 연구실에서 염화산화 비스무트의 반응률을 하루에 세 번씩 측정하였다. 1952년, 피카디의 연구는 브뤼셀 대학의 전기 화학 실험실의 수장이었던 C. 카펠 부트(Capel - Boute) 여사에 의해 후원받았다. 그녀는 피카디가 플로렌스에서 했던 것과 유사한 실험을 브뤼셀에 있는 자신의 연구실에서도 시행해 보기로 결심했다. (7, 8)

위에 언급한 일련의 실험에 근거하여, 다음 요소들이 반응률에 영향을 미치는 것으로 검증되었다.

- 갑작스러운 태양 폭발, 지구의 자기장의 강한 불안정성, 강한 우주 방사선, 이 요소들은 단기적 불안정성의 원인이다.
- 장기적으로 보았을 때, 태양 흑점 활동량과 염화산화 비스무트의 생성률 간의 명백한 관련성이 발견되었다.
- 나프탈렌으로 한 유사한 실험에서도 나프탈렌의 응고율에 대한 월령의 영향을 증명하였다. (9) 나프탈렌은 초승달일 때 가장 빨

리 응고되고 보름달일 때 가장 느리게 응고되었다. (10, 11)
- 심지어 피카디의 실험은 태양계 중심에서 본 지구의 위치 또한 반응률에 영향을 미친다고 제시하고 있다.

이 연구 결과들이 본질적으로 무슨 내용인지 곱씹어 볼 필요가 있다. 가장 단순한 무기 화학 반응으로 측정 가능하고 명백하게 태양계 활동에 의해 영향을 받는다는 사실은 훨씬 더 복잡한 화학 반응이 수천 번 벌어지는 생명체에 대해서는 어떤 내용을 암시하는가? 이 일련의 실험 결과만 따져도, 지구가 자급자족적 체계라고 눈가림하는 세계관이 매우 제한적이고 근시안적임을 폭로하고 있으며, 데이비드 봄이 앞서 언급한 결론을 가장 뚜렷이 확인해 주고 있다.

하지만 본질적이고 그럴 듯한 반박 하나를 검토해 보아야 한다. 우리는 피카디의 연구 결과에 대해 직접적인 영향을 미치는 변인들의 목록에서 행성의 위치라는 말을 찾을 수가 없다. 따라서 피카디의 실험 결과에서 행성의 위치가 실제로 지구상 사건에 영향을 미친다는 명제를 도출하는 것이 타당한가?

4. 행성 위치가 지닌 조절력의 발견

그렇다, 타당하다. "거대 행성은 태양계 중심 근처에 있는 태양의 진동을 조절한다."라는 표제 하에 테오도어 란트사이트(Theodor Landscheidt)는 이렇게 쓰고 있다.

"점성술은 태양과 행성의 위치가 지구의 사건에 영향을 미친다는 가설에 근거하고 있다. 앞서 언급한 이전의 연구에서도 이미 증명한 바 있지만, 실제로 행성은 그 배열을 통해 태양의 다양한 활동을 조절하는 방식으로 영향을 미치며, 차례로 지구상의 사건에도 영향을 미친다. 여기서 태양과 행성은 마치 하나의 유기체처럼 움직이는데, 이 유기체의 기능은 복잡한 상호 작용 패턴을 통해 조절된다. 이것의 특성 중 하나는 눈에 보이지 않는 태양계의 무게 중심 근방에 있는 태양의 복잡한 진동인데, 이는 질량이 큰 행성인 목성, 토성, 천왕성, 명왕성 같은 행성의 공간적 분포에 의해 조절된다. 여기서 태양의 활동은 무게 중심 근방의 진동에 의해 영향을 받는 동시에 다시 행성들에게 영향을 끼친다." (12)

테오도어 란트사이트 교수는 아마추어 점성가가 아닌 태양 주기에 관련된 가장 뛰어난 업적을 쌓은 학자 중 한 명이며, 브뤼셀 대학의 환경요인 연구를 위한 국제 협의 회의 회장이며 동시에 뉴욕 과학학회, 미국 지구물리학회, 'Wittheit zu Bremen'의 임원이다.

다소 추상적인 방식으로 복잡하게 서로 연결된 사실들을 통해 그는 확신을 가지고 장기적인 예측을 하였다.

1982년 콜로라도 볼더(Boulder)에서 지구의 날씨와 기후에 대한 태양의 영향을 주제로 열렸던 국제 심포지엄에서 나는 다른 무엇보다도 1985년이 되면 아프리카 사헬(Sahel) 지역 국가들의 가뭄이 종료될 것을 정확히 예견했다.

1979년~1981년, 1983년~1986년 사이에 일어난 왕성한 태양 폭발과 지자기장 폭풍에 대한 장기적 예측은 90% 정확했다. 관측된 75건의 사례 중 68건이 내가 왕성한 활동을 예견한 그 기간 동안 발생했다. 이는 프라이부르크에 위치한 태양물리학회(KIS: Kiepenheuer – Institut für Sonnenphysik)의 천문학자 볼(B. Wöhl)과 볼더에 있는 환경우주센터에서 예측하였다. 마찬가지로 나는 1982년 및 1989년과 1991년 사이에 강도 높은 지자기장 폭풍이 발생할 것을 정확히 예측했다. 심지어 경제 지표도 기록되었다. 나의 저서에서 그중에서도 1987년의 시장 부진과 1990년까지의 국제적 상황을 예견했다"(13, 14, 15,)

우리는 다음의 사실을 지지한다. 화학 반응은 적어도 태양의 활동과 월령의 영향을 받는다. 태양 활동은 행성의 배열에 의해 일부 계산될 수 있다. 이런 상호 의존성은 매우 강력해서 객관적 사건들(지자기장 폭풍, 기후 정보, 경기 순환 등)이 정확히 계산될 수 있다. 따라서 개별적 인간 유기체도 필연적으로 행성의 배열에 의해 영향을 받는다는 사실이 자명해진다. 행성의 배열이 인간 유기체에 영향을 미치는 물리적 기제를 이해하기 위해 우리는 시야를 조금 더 넓힐 필요가 있다.

5. 빅뱅, 이원 우주, 뉴트리노

오늘날 널리 인정되는 우주론에 따르면, 우리의 우주는 120~150억 년 전에 탄생했다고 알려져 있다. 우주의 탄생은 '빅뱅'이라고 불린다. 이 단어는 이중적인데, 미국의 은어로는 굉장한 성행위(big fuck)를 의미하기도 한다. 과학자들은 빅뱅을 우주의 탄생으로 여기지만 우리는 이것을 '잉태'와 비슷하다고 여긴다. 지금의 우주는 마치 급격히 성장하는 태아와 비슷하기 때문이다.

최근의 과학적 의견은 빅뱅 당시 우주의 전체 질량은 원자 하나보다도 작은 개체에 담겨 있었다는 의견에 수렴되고 있다. 빅뱅 이후, 우주는 팽창하기 시작했지만 그래도 단일 우주(universe)일 뿐이다. 사실 단일 우주라는 용어는 잘못되었다. 실제로는 이원 우주(biverse)가 탄생했다. 수태의 순간부터 이원성(duality)은 존재했었다. 이 이원성은 근본 요소 두 개로 구성되는데, 이를 음양이라고 부른다.

음은 물질세계를 표상한다. 이는 6개의 쿼크로 구성되어 있는데, 일부는 다소 은유적 명칭을 지녔다. 이들은 상, 하, 이상함, 매력, 아름다움, 진실이다. 이 6패 중 2개는 소위 3개 요소로 구성된 상, 하 2개 묶음으로 나뉘며 이는 뉴트론과 프로톤으로 불린다. 한편 양은 물질이 아닌 에너지이다. 이들 요소는 렙톤이다. 6개의 렙톤은 다시 일렉트론과 뉴트리노로 구성되는 2개 묶음으로 나뉜다.

공기, 물, 자동차, 사람들은 본질적으로 모두 원자로 구성되어 있다. 하지만 최근 NASA의 우주 측정에 의한 놀라운 사실은 이 원자의 세계는 단지 '단일' 우주의 질량의 약 4%만 차지한다는 것이다. 그러면 나머지 96%는 무엇이며 이를 구성하고 있는 요소는 무엇인가?

지금은 이 문제에 대한 믿을 만한 답은 없다. 심지어 NASA마저도 이 '단일' 우주의 질량의 대부분을 차지하는 이것을 '모호한 검은 에너지'라고 표현하고 있다.

그러나 이 비원자 세계의 구성 요소 하나를 우리는 알고 있다. 이는 바로 뉴트리노이다. 뉴트리노는 정말 획기적이다. 뉴트리노는 초소량의 질량을 지닌다. 이 질량은 너무나 적어서 최근에서야 탐지되었을 정도이다. 그러나 "뉴트리노는 질량을 가진다."라는 명제가 휴먼디자인의 체계에서 1987년에 이미 언급되었다는 사실을 염두에 두길 바란다.

1995년이 되어서야 이 주장은 과학적으로 증명될 수 있었다. 비록 초미세량이지만 뉴트리노는 질량을 가지고 있다. 뉴트리노의 질량은 프로톤의 약 백만분의 1정도이다. 이 사실이 왜 그리 중요한가? 왜냐하면 실제적으로 초미세 질량을 지닌 뉴트리노는 그 어떤 것이든 통과할 수 있고 뉴트리노와 그것이 통과하는 대상 사이에서 상호 작용이 일어나기 때문이다. 이는 다시 뉴트리노가 거의 빛의 속도로 이동할 수 있다는 뜻도 된다.

이런 과학적 발견의 의미를 이해하기 위해, 우리는 얼마나 많은 뉴트리노가 존재하는지 알 필요가 있다. '단일' 우주에서 뉴트리노보다 더 많은 수로 존재하는 것은 없다. 매 초마다, 660억 개의 뉴트리노가 지구상 모든 1평방 센티미터 공간을 통과하고 있다. 매 순간 말이다!

우리는 뉴트리노의 어마어마한 흐름 속에 지속적으로 노출되고 불가피하게 정보를 받는다. 우리는 뉴트리노의 바다 속에서 헤엄치는 셈이며, 이 뉴트리노들은 우리를 프로그래밍하고 우리를 통과해 지나가는 동시에 조금씩 변화한다. 여기에도 이원성이 존재한다. 우리는 매우 미약하고 단점이 많은 생명체이지만 또 한편으로는 우리는 우리의 나이만큼 많은 광년 동안 우주 속으로 뻗어나갔다(우리가 6세 되던 때 우리를 통과했던 뉴트리노 흐름은 따라서 미세하게 변화했고, 이 흐름은 거의 빛의 속도로 이동한다. 예를 들어, 만일 당신이 35세가 된다면 이 정보는 약 29광년 동안 우주로 뻗어나갔을 것이다.).

이는 뉴트리노는 거의 무한대의 조밀한 정보의 장을 이루고 있고, 이 정보들은 거의 빛에 가까운 속도로 이동하며 그 어떤 것도 꿰뚫고 상호 작용한다는 뜻이다. 뉴트리노의 유일한 자연적 발생원은 태양들이다(조금 범위를 좁히면 일부 거대 행성/가스). 뉴트리노는 '태양의 숨결'이다. 지구를 통과하는 뉴트리노의 약 70%가 우리의 태양에서 비롯되기 때문이다. 나머지 30%는 멀리서 오는 뉴트리노들이다. 뉴트리노의 다른 (작은) 인공적 발생원은 핵발전소이다.

뉴트리노가 상상조차 어려운 숫자로 존재하고 모든 물질을 통과한다고 해도, 상대적으로 그들이 통과하는 물질과 상호 작용을 거의 하지 않는다. 이는 연구에 있어 큰 장애가 된다. 그리고 물론 이는 정보의 전달자로 이들을 규정하는 데 명백한 방해가 된다.

6. 증권거래소와 같은 뉴트리노 통신

그 사이에, 심지어 과학계도 알지 못하는 사이에 재미있는 이야기가 퍼지기 시작했다. 메릴랜드 대학의 은퇴한 과학계 거장 조셉 웨버(Joseph Weber)는 노벨상 수상자인 리처드 파인만(Richard Feynman)의 조언에 따라, 뉴트리노 연구에 관심을 가지게 되었다. 웨버는 흔히 쓰이는 탐지기보다 어떤 특수한 크리스털이 뉴트리노를 좀 더 효율적으로 시각화할 수 있다고 생각했다. 그는 이 크리스털을 활용해 뉴트리노 레이저를 구현할 수 있을 것으로 결론내렸다. 얼마 지나지 않아 이 뉴트리노에 기반한 통신 시스템이라는 혁명적인 아이디어가 탄생했다. 이 레이저빔은 정보의 심각한 손실 없이 행성 전체를 통과할 수 있을 것이며 반대편의 수신기에서 해독 가능할 수 있을 것이다. 에너지의 분산이나 결손은 일어나지 않을 것이다. 이 시스템은 더 이상의 기술적 토대가 필요 없을 것이다. 인공위성이나 광섬유 케이블 등이 전혀 필요치 않을 것이다. 심지어 정보의 전달은 단지 최소한의 에너지만 필요로 할 것이다. 웨버는 20와트 전구의 에너지 정도면 지름 몇 센티미터의 빔을 만드는 데 충분할 것으로 계산했다.

그러나 조셉 웨버는 그의 꿈을 미처 실현시키지 못한 채 2000년에 작고했다. 하지만 정말 놀라운 일은 2004년 순수 상업적 목표를 지닌 기업인 피렐리(Pirelli)가 이 뉴트리노 기반 통신 시스템을 개발하기 위해 웨버의 연구를 이어받았다는 점이다. 따라서 이론적 계산과 상업적 통신 기술 분야(피렐리는 타이어 제조뿐만 아니라 광섬유 케이블 시장의 선두주자이다.)의 세계적 기업이 휴먼디자인의 이론과 함께 같은 방향을 바라보고 있었던 것이다. 뉴트리노는 정보 전달이 가능하다. (16)

우리는 다음의 간단한 예에서 이를 상상해 볼 수 있다. 뉴트리노 빔은 화성을 통과하면서 약간 변화하고, 화성의 정보를 담게 된다. 이 빔이 조금 후에 지구에 도달하면, 이 화성의 정보를 담은 빔은 다시 지구와 그 위에 사는 모든 생명체를 통과한다.

우리는 다음의 의견을 지지한다. 비록 휴먼디자인 시스템은 출생 시각 당시 행성의 위치 정보를 필요로 하지만, 이는 전통적 점성술과 전혀 관련이 없다. 즉 어스펙트, 하우스, 상승궁과는 관련이 없다. 단지 '날 것 그대로의' 행성의 천문학적 위치만이 중요할 뿐이다. 황도대에서 '해석'이 필요한 궁은 없다. 휴먼디자인 시스템에서 사자자리인지 처녀자리인지는 상관이 없다. 즉, 뉴트리노 질량과 같은 휴먼디자인 시스템의 핵심 메시지는 실험적 증거로 검증되어 왔다.

7. 주역(周易)과 유전자 암호

우리가 제대로 이해해야 할 다음 주제는 주역이다. 주역은 20세기
초반 리처드 윌헬름(Richard Wilhelm)의 번역을 통해 서구에 알려지게
되었다. 대부분의 사람들은 주역을 계시와 지혜의 책으로 여기고 그
믿음에 따라 읽고 있다. 휴먼디자인에서 일컫는 주역은 이러한 전통
적인 활용과는 전혀 관련이 없다.

그 본질을 이해하기 위해 주역의 케케묵은 글귀들을 파헤치면서(고
대 중국은 매우 봉건적, 가부장적, 성차별적이었다) 우리는 수학적 구조를 찾
아내었다. 주역은 소위 64개의 괘(hexagram)로 구성되어 있고, 6개 라
인의 배열로 표현된다. 각 괘는 상괘, 하괘 이렇게 두 개의 괘(trigram)
로 나뉘어진다.

각 라인은 이어져 있거나(양), 분절되어 있다(음). 따라서 상·하괘는

55괘 - 풍요로움

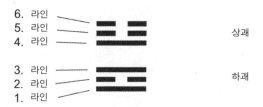

8개의 조합이 가능하다. 이 8개의 괘는 중국에서는 매우 흔하였고 그 당시 세계를 이해하는 기본 구조를 이루었다. 괘의 기원과 관련한 여러 전설이 존재하고, 괘의 발견은 매우 신비스러운 존재였던 황제의 업적으로 여겨진다.

복희씨에 따른 8괘의 배열표

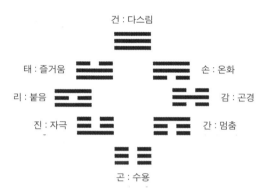

우리가 오로지 관심을 두어야 할 것은 구조 자체이다. 수학적으로 보면, 이 구조는 2진법(0과 1)으로 이해할 수 있다. 이 8개의 상·하괘 (2²) 는 서로 결합하여 상위의 괘가 된다. 가능한 모든 조합을 생각하

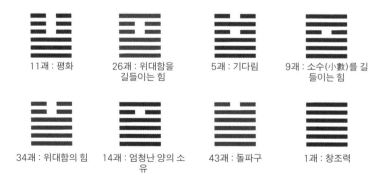

면 64개의 괘가 생긴다(부호 0, 1로 축소하는 과정은 세부적 정보들의 손실이 일어나기 때문에 그 자체로 문제가 있다. 하지만 모든 가능한 조합을 정확히 보여준다.). (17)

주역의 하우스 구조에 따른 배열은(종종 구(舊)식 괘라고 불린다) 동일한 상·하괘에 기반 한 모든 괘를 요약하고 있다.

내가 알기로는 주역과 유전자 암호의 명백한 유사성을 깨닫고 짚어낸 사람은 (18) 그래페(E.H. Gräfe)에게 (19) 영감을 받은 독일 의사 미카엘 쇤버거(Michael Schönberger)였다. (20) 1990년대가 시작될 즈음 미국인 대학교수 카챠 월터(Katya Walter)는 이 주제를 다룬 경이로운 책을 펴냈다. (21)

주역에서 음양은 상·하괘, 그리고 그 조합으로 구성된 괘들이 형성하는 기본 성질을 나타낸다. 주역과 유전자 암호의 명백한 유사성을 잘 이해하려면 또 다른 개념이 필요하다. 이는 이원괘(bigram)이다.

아데닌 (A)	시토신 (C)	구아닌 (G)	우라실 (U)

유전자 암호는 어떤 규칙을 따라 상호 연관된 알파벳 글자 4개를 사용한다. 이 글자들은 아데닌(A: Adenine,) 시토신(C: Cytosine), 구아닌(G: Guanine), 우라실(U: Uracil)이다. 아미노산을 표현하는 방식은 언제나 글자 3개의 서열이 된다(예를 들어 UUU). 이 서열은 코돈(codon) 또는 트리플렛(triplet) 코드라고 한다.

두 경우 모두 가능한 조합의 개수는 동일하다. 4개의 이원괘는 서로 조합되어 64개의 괘를 형성하고 A, C, G, U의 4개의 염기는 서로 조합되어 64개의 코돈을 이룬다. 트리플렛 각각은 특정 아미노산을 암호화한 것으로, 해당 아미노산은 주역의 괘에 부합될 수 있다.

유전학의 시작은 무엇인가? 지구에서 다른 식의 암호화가 개발된 적이 있는가? 유전자 암호 자체는 무작위적 '우연의 일치'인가?

당연히 그렇지 않다. 유전자 암호는 존재하는 정보의 장을 생물학적 형태로 바꾼 생물학적 번역물이다. 우리를 둘러싼 정보의 장, 즉 우리의 황도대는 유전자 암호의 구조와 대응할 수 있다. 따라서 휴먼디자인은 주역의 64개 괘의 기본 구조 및 황도대의 64개 코돈과 맥락을 같이 한다.

주역의 64개 괘와 대응하는 아미노산

1 창조력	2 수용	3 초반부의 곤경	4 청춘의 어리석음
리신	페닐알라닌	류신	발린

9 소수(小數)를 길들이는 힘	10 밟는 것	11 평화	12 정체된 것
트레오닌	아르기닌	트레오닌	Stop 3

17 추종하는 것	18 썩은 것에 대해 작업하는 것	19 접근	20 관조
아르기닌	알라닌	류이소류신신	류신

25 순진무구	26 위대함을 길들이는 힘	27 돌봄	28 위대함의 우세함
아르기닌	트레오닌	류신	아스파라긴산

33 후퇴	34 위대함의 힘	35 진보하는 것	36 어두워지는 빛
Stop 1	아스파라긴	트립토판	프롤린

41 감소	42 증가	43 돌파구	44 마주침
메티오닌(Start)	류신	아스파라긴	글루타민산

49 혁명	50 큰 솥	51 자극	52 고요히 머무름
히스티딘	글루타민산	아르기닌	세린

57 온화	58 즐거움	59 흩뜨리기	60 제한하기
알라닌	세린	발린	이소류신

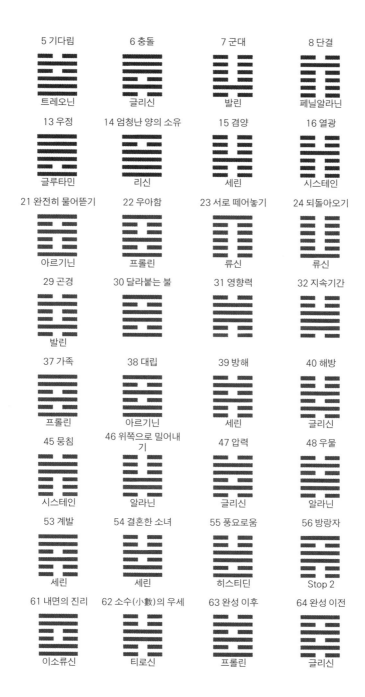

5 기다림
트레오닌

6 충돌
글리신

7 군대
발린

8 단결
페닐알라닌

13 우정
글루타민

14 엄청난 양의 소유
리신

15 겸양
세린

16 열광
시스테인

21 완전히 물어뜯기
아르기닌

22 우아함
프롤린

23 서로 떼어놓기
류신

24 되돌아오기
류신

29 곤경
발린

30 달라붙는 불

31 영향력

32 지속기간

37 가족
프롤린

38 대립
아르기닌

39 방해
세린

40 해방
글리신

45 뭉침
시스테인

46 위쪽으로 밀어내
기
알라닌

47 압력
글리신

48 우물
알라닌

53 계발
세린

54 결혼한 소녀
세린

55 풍요로움
히스티딘

56 방랑자
Stop 2

61 내면의 진리
이소류신

62 소수(小數)의 우세
티로신

63 완성 이후
프롤린

64 완성 이전
글리신

각 괘의 정확한 천문학적 범위는 절대적으로 중요하기 때문에 이 도표가 담고 있는 정보는 또한 상당하다. 예를 들어 휠에서 서로 마주 보는 괘는 서로에게 정확히 거울의 역할을 하며(예를 들어 1괘와 2괘) 동일한 하괘를 지닌 괘들은 황도대에서 서로 연결된 단위가 된다(주역에서 하우스에 해당한다.). 또한 이 경우, 조합되기 이전의 각각의 단위로도 존재한다. 괘의 원형 배열은 고대 중국 철학자인 소옹에 의해 정립되었으며 (21) 유대 신비주의자인 마르게리트 드 수라니(Marguerite de Surany)가 처음으로 괘를 황도대에 배열하였다 (22).

8. 각 괘(卦)와 그 위치

25괘 순진무구
28° 15′ 쌍어궁에서 3° 52′ 30″ 백양궁

46괘 위쪽으로 밀어내기
28° 15′ 처녀궁에서 3° 52′ 30″ 천칭궁

17괘 추종하는 것 3° 52′ 30″ 백양궁에서 9°
30′ 백양궁

18괘 썩은 것에 관해 일하는 것
3° 52′ 30″ 천칭궁에서 9° 30′ 천칭궁

21괘 완전히 물어뜯기
9° 30′ 백양궁에서 15° 7′ 30″ 백양궁

48괘 우물
9° 30′ 천칭궁에서 15° 7′ 30″ 천칭궁

51괘 자극
15° 7′ 30″ 백양궁에서 20° 45′ 백양궁

57괘 온화
15° 7′ 30″ 천칭궁에서 20° 45′ 천칭궁

42괘 증가
20° 45′ 백양궁에서 26° 22′ 30″ 백양궁

32괘 지속기간
20° 45′ 천칭궁에서 26° 22′ 30″ 천칭궁

3괘 초반부의 곤경
26° 22′ 30″ 백양궁에서 2° 금우궁

50괘 큰 솥
26° 22′ 30″ 천칭궁에서 2° 천갈궁

27괘 돌봄
2° 금우궁에서 7° 37′ 30″ 금우궁

28괘 위대함의 우세
2° 천갈궁에서 7° 37′ 30″ 천갈궁

24괘 되돌아오기
7° 37′ 30″ 금우궁에서 13° 15′ 금우궁

44괘 마주침
7° 37′ 30″ 천갈궁에서 13° 15′ 천갈궁

2괘 수용
13° 15′ 금우궁에서 18° 52′ 30″ 금우궁

1괘 창조력
13° 15′ 천갈궁에서 18° 52′ 30″ 천갈궁

23괘 서로 떼어놓기
18° 52′ 30″ 금우궁에서 24° 30′ 금우궁

43괘 돌파구
18° 52′ 30″ 천갈궁에서 24° 30′ 천갈궁

8괘 단결
24° 30′ 금우궁에서 0° 7′ 30″ 쌍아궁

14괘 엄청난 양의 소유
24° 30′ 천갈궁에서 0° 7′ 30″ 인마궁

20괘 관조
0° 7′ 30″ 쌍아궁에서 5° 45′ 쌍아궁

34괘 위대함의 힘
0° 7′ 30″ 인마궁에서 5° 45′ 인마궁

16괘 열광
5° 45′ 쌍아궁에서 11° 22′ 30″ 쌍아궁

9괘 소수를 길들이는 힘
5° 45′ 인마궁에서 11° 22′ 30″ 인마궁

35괘 진보하는 것
11° 22′ 30″ 쌍아궁에서 17° 쌍아궁

5괘 기다림
11° 22′ 30″ 인마궁에서 17° 인마궁

45괘 뭉침
17° 쌍아궁에서 22° 37′ 30″ 쌍아궁

26괘 위대함을 길들이는 힘
17° 인마궁에서 22° 37′ 30″ 인마궁

12괘 정체 22° 37′ 30″ 쌍아궁에서 28° 15′ 쌍아궁	11괘 평화 22° 37′ 30″ 인마궁에서 28° 15′ 인마궁
15괘 겸양 28° 15′ 쌍아궁에서 3° 52′ 30″ 거해궁	10괘 밟는 것 28° 15′ 인마궁에서 3° 52′ 30″ 마갈궁
52괘 고요히 머무름 3° 52′ 30″ 거해궁에서 9° 30′ 거해궁	58괘 즐거움 3° 52′ 30″ 마갈궁에서 9° 30′ 마갈궁
39괘 방해 9° 30′ 거해궁에서 15° 7′ 30″ 거해궁	38괘 대립 9° 30′ 마갈궁에서 15° 7′ 30″ 마갈궁
53괘 계발 15° 7′ 30″ 거해궁에서 20° 45′ 거해궁	54괘 결혼한 소녀 15° 7′ 30″ 마갈궁에서 20° 45′ 마갈궁
62괘 소수의 우세 20° 45′ 거해궁에서 26° 22′ 30″ 거해궁	61괘 내면의 진리 20° 45′ 마갈궁에서 26° 22′ 30″ 마갈궁
56괘 방랑자 26° 22′ 30″ 거해궁에서 2° 사자궁	60괘 제약 26° 22′ 30″ 마갈궁에서 2° 보병궁
31괘 영향력 2° 사자궁에서 7° 37′ 30″ 사자궁	41괘 감소 2° 보병궁에서 7° 37′ 30″ 보병궁
33괘 후퇴 7° 37′ 30″ 사자궁에서 13° 15′ 사자궁	19괘 접근 7° 37′ 30″ 보병궁에서 13° 15′ 보병궁
7괘 군대 13° 15′ 사자궁에서 18° 52′ 30″ 사자궁	13괘 우정 13° 15′ 보병궁에서 18° 52′ 30″ 보병궁
4괘 청춘의 어리석음 18° 52′ 30″ 사자궁에서 24° 30′ 사자궁	49괘 혁명 18° 52′ 30″ 보병궁에서 24° 30′ 보병궁
29괘 곤경 24° 30′ 사자궁에서 0° 7′ 30″ 처녀궁	30괘 달라붙는 불 24° 30′ 보병궁에서 0° 7′ 30″ 쌍어궁
59괘 흩뜨리기 0° 7′ 30″ 처녀궁에서 5° 45′ 처녀궁	55괘 풍요로움 0° 7′ 30″ 쌍어궁에서 45′ 쌍어궁
40괘 해방 5° 45′ 처녀궁에서 11° 22′ 30″ 처녀궁	37괘 가족 5° 45′ 쌍어궁에서 11° 22′ 30″ 쌍어궁
64괘 완성 이전 11° 22′ 30″ 처녀궁에서 17° 처녀궁	63괘 완성 이후 11° 22′ 30″ 쌍어궁에서 17° 쌍어궁
47괘 압력 17° 처녀궁에서 22° 37′ 30″ 처녀궁	22괘 우아함 17° 쌍어궁에서 22° 37′ 30″ 쌍어궁
6괘 충돌 22° 37′ 30″ 처녀궁에서 28° 15′ 처녀궁	36괘 어두워지는 빛 22° 37′ 30″ 처녀궁에서 28° 15′ 처녀궁

따라서 우리는 64개의 원형성 또는 특성을 지닌다. 모든 특성을 다 지닌 인간이나 생명체는 존재하지 않는다. 인간 존재는 그 자체로 특성이 제한적이다. 이 구체적인 제한이 있는 우리의 특성은 동시에 우리의 정체성을 나타내고, 이는 출생 시각의 행성 위치를 통해 알 수 있다. 괘

안의 행성 위치는 활성화된 구체적인 특성을 나타낸다. 위의 표를 보면 어떠한 천문학적 위치도 그에 부합하는 괘로 변환시킬 수 있다.

알베르트 아인슈타인의 기본도표(radix)

알베르트 아인슈타인
14. 03. 1879, 11.30 중앙유럽 표준시, 독일, 울름

행성	도(°)	분(′)	초(″)	황도12궁	괘
태양	23	29	38	쌍어궁	36
달	14	19	57	인마궁	5
북쪽 달 노드	02	43	51	보병궁	41
남쪽 달 노드	02	43	51	사자궁	31
수성	03	07	01	쌍어궁	25
금성	16	58	05	쌍어궁	51
화성	26	54	15	마강궁	60
목성	27	28	51	보병궁	30
토성	04	11	17	쌍어궁	17
천왕성	01	17	20	처녀궁	59

해왕성	07	52	17	금우궁	24
명왕성	24	43	33	금우궁	8

　예를 들어 알베르트 아인슈타인의 출생 시각의 순간 태양의 위치를 보면 23° 29′ 38″ 쌍어궁으로 나타난다. 휴먼디자인에서 이 위치는 36괘를 나타내는데, 태양의 위치가 그와 대응되는 괘의 범위 안에 들기 때문이다. 36괘는 22° 37′ 30″ 쌍어궁에서 시작해서 28° 15′ 쌍어궁까지 이어진다.

　휴먼디자인 바디그래프를 그리면 우리는 태양, 지구, 달, 북쪽, 남쪽 달 노드, 수성, 금성, 화성, 목성, 토성, 천왕성, 해왕성, 명왕성의 위치에도 동일한 절차를 적용할 수 있다. 물론 태양, 달, 달 노드는 행성이 아니다. 하지만 단순하게 보기 위해 이들도 행성으로 간주할 것이다.

　괘가 6개의 라인으로 이루어진다는 것을 알았고, 괘를 황도대에 배열시킨 것도 알았다. 따라서 각 괘는 전체 휠에서 특정한 부분에 대응된다. 각 라인은 한 괘의 1/6을 설명한다. 따라서 특정 행성이 위치한 곳에서 괘 뿐만 아니라 괘 안의 라인을 결정하는 것도 가능하다. 하나의 라인은 0.9375도이다(360도를 64×6 = 384 라인으로 나누면 0.9375도이다.).

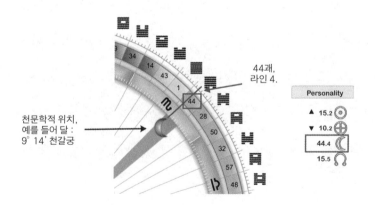

44괘,
라인 4.

천문학적 위치,
예를 들어 달 :
9° 14′ 천갈궁

Personality

▲ 15.2
▼ 10.2
44.4
15.5

라인을 고려하면 괘의 기호가 다소 바뀌어 표시된다. 해당 라인은 괘 다음 작은 숫자로 표시된다. 44.4라는 말은 44괘와, 괘의 중간 즈음에 있는 4번째 라인을 의미한다. 따라서, 휴먼디자인 바디그래프를 그리는 첫 번째 구체적인 단계는 출생 시각의 모든 천문학적 행성 위치를 괘의 표시로 바꾸고, 해당 라인을 추가하는 것이다. 이렇게 해서 다음의 도표가 생성된다.

알베르트 아인슈타인
14. 03. 1879, 11.30 중앙유럽 표준시, 독일, 울름

행성	도(°)	분(′)	초(″)	황도12궁	괘 라인
태양	23	29	38	쌍어궁	36.1
달	14	19	57	인마궁	5.4
북쪽 달 노드	02	43	51	보병궁	41.1
남쪽 달 노드	02	43	51	사자궁	31.1
수성	03	07	01	쌍어궁	25.6
금성	16	58	05	쌍어궁	51.2
화성	26	54	15	마갈궁	60.1
목성	27	28	51	보병궁	30.4
토성	04	11	17	쌍어궁	17.1
천왕성	01	17	20	처녀궁	59.2
해왕성	07	52	17	금우궁	24.1
명왕성	24	43	33	금우궁	8.1

출생 시각으로부터 도출된 이 도표는 언제나 검은색 숫자로 표기되며 이는 인간의 의식적인 특성을 반영한다. (19쪽 참조)

9. 무의식적 측면

이제 휴먼디자인의 또 다른 독특한 점인 2차 계산을 설명할 차례다. 2차 계산은 태아기의 특성을 지닌다. 즉, 이는 출생 이전의 한 시점을 의미한다. 이 시점은 출생 전 태양 88도를 의미한다. 출생 전 88~89일 사이이다. 시점이 명확하지 않은 이유는 다음의 두 가지 이유 때문이다. 첫째, 황도대는 360도이지만 역년(calender year)은 365.25일이다. 또한 지구 주변을 도는 태양의 속도는 항상 일정하지가 않다. 태양은 여름보다 가을에 더 빨리 도는 것처럼 보인다. (23)

많은 문화권에서 수태의 순간부터 태아는 완전한 인간이라기보다는 장차 인간이 될 가능성이 있는 개체로 보는 시각이 일반적이었다. 이는 특별히 인간이라고 불리는 것(영혼, 의식)이 어떤 정해진 시점에 발생기의 인간 개체에 깃드는 것을 의미한다. 휴먼디자인 시스템은 이 시점을 의식이 형상에 깃드는 시점으로 본다. 이는 형상이 어느 정도의 성장 수준에 도달해야만 가능하다.

이는 항상 출생 이전 태양 88도이다. 미숙아든 인큐베이터에 있든 유도분만이든 상관없다. 제일 중요한 것은 정확한 출생 시각이며, 그로부터 역으로 88도를 계산한다. 이런 식으로 첫 번째 도표와 동일한 형식이지만 일부 새로운 행성 위치가 적힌 두 번째 도표가 자연스럽게 만들어진다.

의식(검은색)과 무의식(빨간색), 두 도표를 비교하면 천왕성과 명왕성의 경우 같은 괘에 속하는 것을 금방 알 수 있다. 이는 느리게 이동하는 행성인 경우 종종 일어나는데, 왜냐하면 3개월 동안은 단지 위치가 조금 바뀔 뿐이기 때문이다.

두번째 도표에서 괘 라인은 인간의 무의식적인 특성을 반영한다. 이 두 도표만으로도 정보량은 엄청나다. 제시된 정보는 매우 추상적이다. 추후 소개될 그림은 전체를 조망할 수 있는 그림이다. 이 그림은 휴먼디자인 바디그래프에서 정보를 종합할 때 생성된다.

알베르트 아인슈타인의 기본도표(radix)

알베르트 아인슈타인(디자인)
17. 02. 1878, 12:54:08 그리니치 표준시

행성	도(°)	분(′)	초(″)	황도12궁	괘 라인
태양	25	30	35	인마궁	11.4
달	00	52	21	천칭궁	46.3
북쪽 달 노드	04	43	49	보병궁	41.3
남쪽 달 노드	04	43	49	사자궁	31.1
수성	11	57	23	마갈궁	38.3
금성	28	21	04	인마궁	10.1
화성	25	16	25	천갈궁	14.1
목성	07	23	30	보병궁	41.6
토성	26	25	40	쌍어궁	36.5
천왕성	04	21	45	처녀궁	59.5
해왕성	07	16	21	금우궁	27.6
명왕성	24	57	27	금우궁	8.1

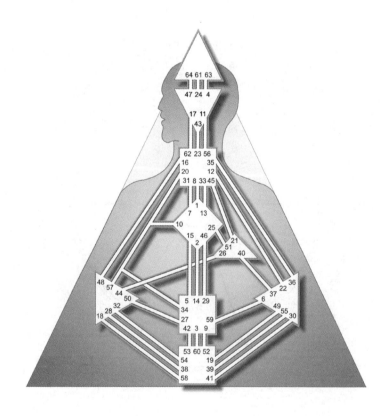

구체적인 사례를 보기 전에, 바디그래프란 무엇인지 한번 보도록 하자. 여러 삼각형, 사각형 모양은 센터라고 불린다. 센터는 총 9개이다. 각 센터는 인생의 핵심 주제를 나타낸다. 바디그래프는 이 센터가 생물학적 대응 기관이 있음을 나타낸다. 또한 센터들은 채널이라고 불리는 '통행로'로 서로 연결되어 있음을 볼 수 있다(채널은 32개가 있으며 총 6개의 채널을 형성하는 4개의 게이트로 된 '수퍼 채널 시스템'이라는 특수한 구조도 포함한다.). 각 센터로 이어지는 채널들은 서로 다르며, 이는 각 센터가 지니는 복잡한 특성에 기여한다. 따라서 어떤 센터는 다른 센터보다 좀 더 복잡하다. 센터를 서로 연결하는 채널들은 끝에 숫자가 매겨져 있다.

예를 들어 바디그래프의 우측 하단을 보면 한쪽 끝엔 41, 다른 끝엔 30이라고 쓰인 채널이 보인다. 우리는 이 숫자들이 각 채널의 반쪽씩을 의미하면서 이름을 붙일 수 있다고 추측할 수 있다.

사용된 숫자들은 1~64까지의 자연수이며 이는 주역이나 유전자의 코돈의 숫자 범위와 일치한다. 우리가 지금 보고 있는 '속이 빈' 바디그래프는 마치 '인류의 지도'와 같은 것인데, 왜냐하면 이는 특정한 인간 형상에 있어 모든 유전적으로 가능한 주제들을 담고 있기 때문이다.

완성도를 위해, 이 바디그래프의 구조는 또한 유대 신비주의와 힌두교의 차크라 이론을 내포하고 있음을 언급하고자 한다. 많은 요소들로 구성되어 있지만, 휴먼디자인 시스템은 이들을 단순히 뭉뚱그려 놓은 체계가 아니다. 괘의 배치에서도 볼 수 있었지만, 이 구성 요소들은 매우 딱 맞게 서로 들어맞는다. 이들은 그럴싸한 가치들이 아니다. 우리는 통합적 체계를 보고 있는 것이다. 통합적 체계란 단일 구성 요소의 조합으로 단순한 구성 요소의 합, 그 이상의 더 포괄적 특성이 생성된다.

통합 체계의 중요성을 일깨우기 위해 우리는 텔레비전 세트를 생각해 볼 수 있다. 최초의 텔레비전이 나오기 전까지 각 부품들은 이미 존재했었다. 그러나 텔레비전이 문화에 미쳤던, 그리고 아직까지 지속되고 있는 영향력은 각 개별 부품들의 영향력을 모두 합친 것과 비교할 수 없을 만큼 훨씬 광범위하다.

휴먼디자인 시스템의 통합적 특성은 다양한 구성 요소들의 올바른 접점을 찾아 맞추는 체계이며, 이는 훨씬 더 포괄적이고 깊이 있는 그림을 만들어 낸다. 휴먼디자인 바디그래프의 또 다른 고유한 사실은 규격화된 부품을 조립하여 만들 수 있는 모듈화된 체계라는 점이다. 이는 우리가 만일 하나의 측면에 집중하고 다른 모든 측면들은 완전히 무시할 때, 비록 제한된 설명만이 가능할지라도 그 자체 또한 여전히 완벽하게 정확할 수 있다.

일상적인 용어로 이는 다음과 같이 표현된다. "올바른 결정을 하기 위해 휴먼디자인을 20년 동안 공부할 필요는 없다. 처음으로 올바른 결정을 하기 위해서는 단 2시간 동안만 공부하면 된다."

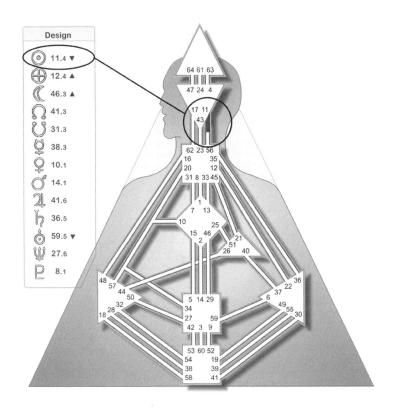

이 말 또한 휴먼디자인 시스템의 많은 특징 중 하나다. 하지만 그 내
용이 이 진술의 진위나 가치를 전혀 떨어뜨리지 않는다.

만일 특정인의 지도에 차트를 그리고 싶을 때, 다음의 2개 도표를
바디그래프로 바꾸면 된다. 우선 왼쪽에 표기된 무의식(디자인)의 표
부터 시작한다. 이 표에 만일 11괘가 포함되어 있으면 바디그래프에
서 그에 대응하는 채널의 위쪽 반만 붉은색으로 채워진다.

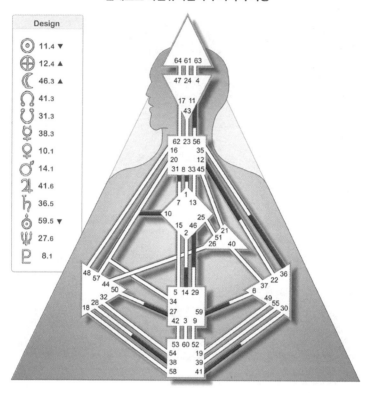

알베르트 아인슈타인의 무의식적 특성

여기에 제시된 그림은 매우 뚜렷한 특징을 지니는데, 왜냐하면 무의식의 특징을 망라하고 그들의 구체적 연결성을 나타내기 때문이다. 그 다음 단계로, 왼쪽에 표기된 표의 정보를 바디그래프로 옮긴다. 이는 역시 검은색으로 표시될 것이며, 따라서 추후 의식·무의식의 특성이 한눈에 보일 것이다. 만일 한 괘가 의식적 수준뿐 아니라 무의식적 수준에서도 활성화되었다면 이는 해당 게이트에서 붉은색과 검은색으로 반반씩 표시가 된다.

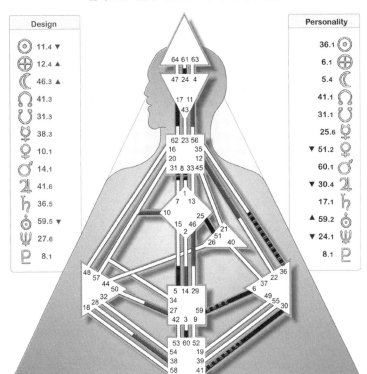

알베르트 아인슈타인의 의식 · 무의식적 특성

이 예에서 볼 수 있듯이 이제 바디그래프의 일부 채널은 완전히 채워져 있다. 지금은 이것이 붉은색인지 검은색인지 여부는 잠시 보류하기로 한다. 지금은 오로지 색으로 다 채워진 완전 채널(full channel)만 보자.

이 완전 채널은 단일 게이트가 담고 있는 정보와 다른 차원의 정보를 제공한다. 완전 채널은 소위 정의된 상태를 나타낸다. 완전 채널 또는 정의된 채널은 서로 이어주는 두 센터를 영구히 연결해 준다. 일생동안 말이다. 이는 중요한 주제로 후반부에서 자세히 다룰 것이다. 그러나 우선 바디그래프에서 정의된 센터를 시각적으로 찾아내는 작업

이 중요하다. 이는 특정한 색상 규칙을 통해 해당 센터에 색상을 입힘
으로써 가능하다.

정의되었을 때 센터들의 색상

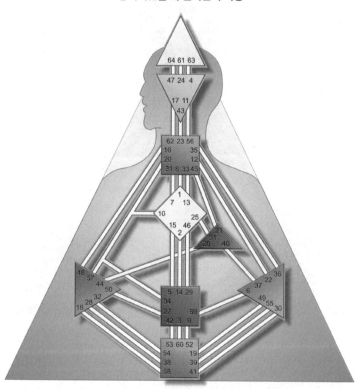

이 색상 규칙은 언제나 동일하다. 즉 사적인 정보는 담고 있지 않다
는 말이다. 만일 아래쪽 센터가 정의되었다면 이는 항상 갈색을 띨 것
이며 위쪽 센터들이 정의되었다면 항상 노란색을 띨 것이다. 정의되
지 않은 센터들은 완전 채널을 통해 연결되지 않은 센터들로 색상이
없이 표시되며, 따라서 이들 미정의된 오픈 센터들은 즉시 눈에 띈다.
따라서 알베르트 아인슈타인의 바디그래프는 다음의 최종적인 이미
지를 갖게 된다.

유형 : 제너레이터	출생 시각(표준 시각) : 1879.3.14 10:50
프로파일 : 1/4	출생 시각(현지 시각) : 1879.3.14. 11:30
정의 : 이중 분할	디자인 시각(표준 시각) : 1878.12.17. 12:51:11
내적 결정권 : 감정 – 솔라플렉서스	출생 장소 : 독일 울름
전략 : 반응하기	표준 시간대 : LMT(UT - 0:40)
낫셀프 주제 : 좌절	
인카네이션 크로스 : 에덴의 우측 각 크로스(36 - 6 ‖ 11/12)	

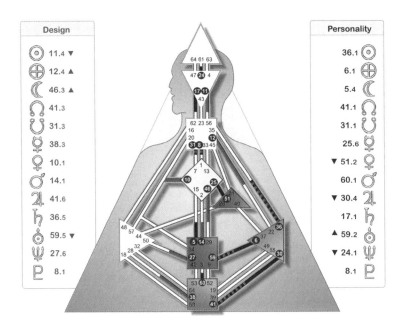

10. 정의와 미정의(오픈)의 뜻

정의되었다는 뜻의 의미는 평생에 걸쳐 특정한 특성이 명백히 고정되어 있다는 뜻이다. 다른 말로 하면, 이 정의는 변하지 않는다는 뜻이다. 정의된 것은 언제나 그대로인 채 절대 없어지지 않는다. 이는 우리의 세계관과 참으로 반대된다. 종종 우리는 모든 것이 가능하다고 믿는다(자기계발 수업에 등록하면 결국 바뀌게 될 것이라는 믿음). 휴먼디자인에서는 대부분의 사람들은 일부 정의된 특성을 갖고 있고, 이는 절대 변하지 않음을 알 수 있다. 이 정의들은 자연적으로 우리를 현실에 발 붙이게 만든다. 우리는 정의된 특성을 토대로 삼아야 한다. 이런 관점에서 정의된 특성들은 우리가 삶에서 살아 나갈 자신만의 집을 지을 수 있는 굳건한 땅이 된다.

하지만 이 정의된 특성들도 제약이 있다. 만일 인간 존재로서 구성 요소 중 어딘가 고정된 부분이 있다면, 이는 제한점이 될 것이며 그 부분에서는 다양함이 사라지게 될 것이다. 이 말은 절대 비판적으로 하는 말이 아니다. 우리는 선택권이 없다. 그냥 우리는 우리 자신이고 정의된 특성을 지니는 것, 그 이상 그 이하도 아니다.

이는 갈고 닦는 노력이 필요없다는 것을 의미하지는 않는다. 그러나 노력이나 공부는 이 경우, 해당 특성을 어떻게 하면 잘 발휘할 수 있을지에 대한 노력이 되어야 한다(예를 들어, 우리는 우리의 신체 크기를 어떻게 다뤄야 할지 배운다. 22세쯤이 되면 우리는 16세 때보다 몸의 자세나 운동 능력에 있어 좀 더 균형적이 된다.). 인간 불행의 중요한 씨앗은 정의된 특성을 다른 어떤 것으로 바꾸려 하는 시도에서 온다. 불행히도, 내가 어떤 고정된 특성을 지녔다고 해서, 내 자신이 이를 알아보고 감사히 사용할 줄 아는 능력은 함께 따라오지 않는다. 타인의 입장에서 나의 정의된 특성을 자동적으로 알게 되지도 않는다. 나나 남이나 잘 모를 수 있고, 아니면 반대로 나뿐만 아니라 남도 잘 알 수 있다.

따라서 정의된 각각의 특성은 우리가 삶에서 고정된 버팀목으로 삼아야 할 영역들을 나타내며, 나는 물론 타인에 대해 예측 가능한 부분이다. 동시에 우리는 이 영역의 융통성은 포기해야 한다.

11. 조건화

오픈 센터를 다루기 전에, 조건화라는 용어를 짚고 넘어갈 필요가 있다. 내가 어릴 적 심리학 수업을 들을 당시 좀 이상하게 다가온 부분이 있었다. 존재하는 모든 심리학적 접근에서, 모든 것을 유전적인 이유에서 답을 찾고자 하는 학자들과 환경적인 이유에서 답을 찾고자 하는 학자들 사이에 매번 동일한 논란이 일어나고 있었다. 나는 이를 매우 이상하다고 여겼는데, 왜냐하면 두 요소 모두 똑같이 중요할 수밖에 없다는 사실이 나에겐 당연했기 때문이다.

휴먼디자인 시스템은 이 현상을 설명할 뿐만 아니라, 한 사람이 어떤 부분에서는 환경의 영향을 받고 어떤 부분에서는 받지 않는지 상세히 보여줄 수 있는 단 하나의 시스템이다. 휴먼디자인 시스템은 매우 정확한 용어를 쓴다. 이런 맥락에서 우리는 '영향 받는'이란 말보다는 '조건화된다'라는 용어를 사용하는 것이다.

조건화는 두 사람이 서로 가까이 있어 서로를 통과할 때 일어난다. 이 상호 작용적 관통 현상은 순수한 물리적 과정이다. 이는 두 사람이 서로 이야기를 나누든 그렇지 않든, 서로 아는 사이이든 아니든, 서로 좋아하든 아니든 일어난다. 조건화는 따라서 '영향력'보다 훨씬 구체적인 의미를 지닌다. 한 사람에 영향을 미치는 방식은 편지도 될 수 있고, 전화 한 통이 될 수도 있고, 광고도 될 수 있다. 휴먼디자인 용어로

'조건화'는 두 사람(또는 더 많은 사람들)이 같은 방에 함께 있을 때만 일어난다.

따라서 조건화는 해당 디자인의 상호 관통 현상이다. 이를 변화시키거나 막을 방도는 없다. 조건화는 언제 어디서나 일어난다(마트에 있든, 극장에 있든 어디서나 조건화된다.). 동시에 조건화는 좋은 것도 나쁜 것도 아니다. 조건화는 어떤 경우엔 축복이 될 수도, 어떤 경우엔 재앙이 될 수도 있다. 그러나 조건화가 항상 의미하는 바는 정체성의 일부가 아닌 다른 외부적 특성이 안으로 흡수됨을 의미한다.

우리는 비록 조건화가 간섭과 함께 오는 경우는 있더라도, 조건화 자체를 간섭과 헷갈리지 말아야 한다. 조건화는 어떤 사람을 실제로 알고 있는지, 이야기를 나누어 봤는지, 심지어 좋아하는지 여부와 상관없다. 조건화는 공간적 근접성으로 일어나는 물리적 과정이다.

조건화는 피해갈 수 없이 필연적으로 일어난다. 우리를 조건화로부터 분리시킬 수 있는 그 어떤 수단, 보호구, 마법의 주문도 없다. 우리는 언제나 타인을 조건화시키고, 타인에 의해 조건화된다. 조건화는 따라서 드물게 일어나는 현상이 아니라, 완전히 일상적인 현상이다. 우리가 조건화된다는 것은 우리 모두의 운명이다.

"이 정도면 충분해. 이제부터는 나를 조건화되지 않게 만들 거야. 사막으로 떠나버려야지."라고 다짐한다 해도 아무런 소용이 없을 것이다. 이는 트랜짓(transit)이라고 불리는, 순간순간의 행성의 위치가 우리가 절대 벗어날 수 없는 수준에서 우리를 조건화시키기 때문이다.

당연히 모든 조건화가 다 중요한 것은 아니다. 마트의 계산대에서 줄을 서 있는 단 몇 분 동안, 또는 극장에서 보내는 2시간은 물론 우리의 인생에 영향을 미치기엔 너무도 일시적인 현상이다(하지만 여기에서도 예외는 존재한다).

한편, 우리 모두는 우리 인생에 있어 매우 특출하고 지속적인 조건화를 경험한다. 이는 우리의 부모, 형제자매에서 시작하여 추후 배우자, 자녀, 직장 동료에까지 확장된다. 우리는 모두 우리의 일생동안, 수천 시간을 우리 가까이에서 함께 지내는 사람들이 누군지 알고 있다. 그 시간 동안 이들의 존재는 적어도 우리의 현재 상태를 '함께 결정한' 사람들이다. 우리는 언제나 우리 자신인 동시에 조건화된 자신이다.

그러나 조건화는 아무 영역에서나 일어나는 것이 아니고 오로지 미정의된 오픈 센터에서만 일어난다. 이 오픈 센터에서는 그 어떤 정해진 특성이나 지속되는 특성이 정의된 것이 없다. 오픈 센터는 오픈되었다는 사실 외에 우리가 그 어떤 것도 믿을 만하지 않다. 당장 내일 누가 우리를 조건화시킬지 모르므로, 우리는 우리의 오픈 센터에 누가 있을지 예측할 수도 없다. 따라서 우리가 다양성과 놀라움을 경험하게 되는 영역은 정확히 이 오픈 센터들에서 비롯된다.

나아가 오픈 센터들은 어떤 특성을 흡수할 뿐 아니라 증폭시키기도 한다. 오픈 센터에서 우리는 모든 것을 매우 강렬하게 경험하지만 동시에 우리는 우리가 누군지 모른다. 이는 오픈 센터의 독특한 특성과 함께 '나는 누구인가?'(오픈 센터의 관점에서) 라는 질문이라는 매우 흥미로운 문제를 낳는다. 그래서 우리는 우리 자신을 절대 발견할 수 없는 영역에서 우리 자신을 돌아보게 되는 것이다.

그러나 반드시 이해해야 할 중요한 점은 오픈 센터들이 '나쁜' 것이 아니라는 점이다. 오픈 센터들은 세상에 대한 창문이며, 우리가 진정 어떤 것을 배우게 되는 영역이다. 또한 어떤 특성의 모든 것을 완전한 그 자체로 경험할 수 있는 유일한 영역들이다. 여기서 우리는 다양성을 경험하고, 우리의 오픈 센터들의 특성에 대한 전문가가 될 기회를 얻는 것이다.

우리는 이 책을 통해 오픈 센터들의 함정에 대해 매우 자세히 다룰 것이다. 이 오픈 센터를 올바로 다룰 줄 아는 사람이 거의 없기 때문에 단순히 보면 오픈 센터들은 함정이다. 우리가 고통 받는 가장 근본적인 원인은 이 오픈 센터에 특정 성질을 유지하려고 시도할 때(우리의 인생 여정에 있어 스쳐가는 정류장에 지나지 않음에도), 또는 우리의 오픈 센터에 의거해서 결정을 내릴 때이다.

결론적으로 정의된 센터는 우리에게 우리 내면에 의존할 수 있는 영역, 조건화되지 않는 영역을 보여준다. 정의된 센터를 통해 우리는 '송신기'가 되며, 세상이 우리 자신을 되돌려 비추어 주는 경험을 매 순간 하게 된다. 정의된 센터는 우리의 한계인 동시에 우리의 정체성이다. 정의된 센터의 상대적인 지속성과 의존성을 얻는 대신 우리가 지불해야 하는 대가는 이들이 다소 융통성이 없다는 것이다.

오픈 센터에서는 우리는 오픈되어 있다는 사실 외에 그 어떤 것도 의지할 수 없다. 오픈 센터에서 우리는 조건화된다. 오픈 센터에서 우리는 '수신기'가 되고, 우리를 둘러싼 환경에 대한 거울이 된다. 오픈 센터는 세상에 대한 창문이 되고 따라서 우리가 진정으로 세상을 배울 수 있는 영역이 된다. 가능한 모든 다채로운 경험을 얻는 대신 지불해야 할 대가는 오픈 센터들의 비일관성이다.

정의된 센터는 우리가 어떤 유형의 학생인지 알려준다. 오픈 센터는 우리가 무엇을 배워야 할지, 우리가 어떤 것을 고민하고 있는지 보여준다.

12. 의식적·무의식적 특성

바디그래프가 만들어지려면 2개의 표가 필요하다는 것을 알았다. 검은 도표는 우리의 실제 출생 시각에서 생성되며, 회색 도표는 출생 전 태양 88도를 계산하여 생성된다. 검은 도표는 우리의 의식적 특성을, 회색 도표는 우리의 무의식적 특성을 담고 있다. 그런데 여기서 '의식적' '무의식적'이란 말은 무엇을 의미하는가?

일상 언어에서는 우리는 두 용어 모두 다소 임의적으로 사용한다. '무의식'이란 말은 특히 대개는 정신 분석적인 용어로 알고 있다. 휴먼디자인 시스템에서는 '무의식'이란 용어를 훨씬 근본적인 뜻으로 쓴다.

바디그래프가 도로가 나 있는 그물망 같은 지도라고 해보자. 채널은 도로가 되고 센터는 교차점이 된다. 좀 더 정확히 표현하면, 검은색 게이트와 채널은 일반적 도로다. 만일, 당신의 의식이 언덕에 올라서서 이 길을 내려다보면 무슨 일이 일어나는지 한눈에 알게 된다. 우리의 의식적 특성이 바로 이런 성질이다. 당연히 우리는 항상 우리 자신을 들여다보진 않지만, 원한다면 볼 수 있다.

여기서 회색 게이트와 채널은 터널이 된다. 전망대에서 우리는 이들을 눈으로 볼 수도, 존재하는지 여부도 알 수가 없다. 이는 우리가 무의식적 특성을 관찰할 수도, 존재 여부도 알 수 없다는 것을 의미한다.

우리가 관찰할 수 있는 것은 단지 이 무의식적 특성의 영향력이다. 상상의 그림으로 다시 돌아가 보자. 우리가 언덕에서 볼 수 있는 것은 터널에서 나오는 자동차들이다. 이 차들은 그 터널의 특성을 의미한다. 한 터널에서는 오로지 붉은 트레일러만이 나오고, 다른 끝에서는 오로지 푸른색 트럭만 나올 수 있다. 머지않아 우리는 인생에 있어 붉은 트레일러가 있다는 것도, 푸른색 트럭 또한 있었던 것도 깨닫게 된다.

무의식적 특성은 친구들이 우리에게 하는 말에 담겨 있기도 하다 ("넌 너무 혼자 생각에 빠져 있어서 다른 사람들을 상관하지 않아."). 그러나 우리는 이 말이 맞다고 느끼지 않는다. 하지만 만일 다른 사람들이 우리에게 어떤 성향이 있다고 계속 이야기한다면, 우리는 서서히 우리가 이 이상한 영향력을 타인에게 미치고 있음을 인정하게 된다. 또는 우리(우리의 의식적 측면)는 지속적으로 의도하지 않은 상황이 초래되는 것을 보게 된다. 우리의 의식은 우리에게 말할 것이다. "왜 항상 이런 일이 일어나지? 내가 절대 바라는 바가 아니었는데." 가끔 우리는 심지어 이런 결과들에 대해 타인의 탓으로 돌려 그들을 비난한다.

따라서 무의식은 내면에서 결코 관찰되지 않고, 심지어 우리가 그 영향력을 인지하고 있을 때라도 우리는 스스로가 원인이라는 생각을 의식적인 수준에서 전혀 경험할 수 없다. 그런데 이는 우리가 무의식적 측면에 대해 상당한 분석적 직관을 갖고 있을 때라도 변치 않는다. 심지어 그때도 우리는 '나'라는 인식을 전혀 할 수 없다. 그러나 분석적인 지식은 해당 영향력을 관찰할 수 있는 토대가 된다.

꼭 알아야 할 내용!

다음의 각 장들을 실용적으로 적용하기 위해서는 자기 자신의 휴먼 디자인 바디그래프가 필요하고, 추가적으로 우리 주변에 가까이 있는 사람들의 바디그래프 또한 준비하면 좋다. 차트는 다음의 사이트에서 쉽게 얻을 수 있다.

1. Jovian Archive에서 무료 차트 받기 : Jovian Archive는 라 우루 후가 설립한 회사이며 지금은 라 우루 후의 교육 내용을 담은 모든 녹음 자료, 영상 자료, 서류 자료를 판매하고 있다. www. jovianarchive.com에서 무료 차트 제공 서비스를 받을 수 있으며 일주일 무료 체험 컴퓨터 프로그램도 다운로드할 수 있다.

2. PC 또는 스마트폰에서 차트 입력이 가능한 주소
   가. Jovian Archive
      http://www.jovianarchive.com/Get_Your_Chart
   나. 회원 가입하면 무료로 차트 입력과 동시에 개인 데이터가 저장된다.(PC, 스마트폰)
      https://www.mybodygraph.com/
   다. Human Design For Us All
      https://www.humandesignforusall.com/free－report
   라. New SunWare
      http://newsunware.com/eng/FreeChart/FreeRaveChart.asp
   마. Genetic Matrix
      https://www.geneticmatrix.com/client－center/

제2장

각 센터와
기능

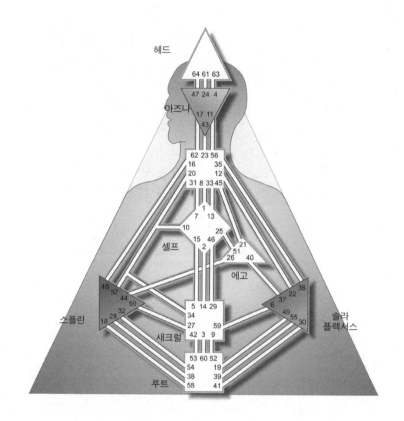

우리는 아직 배우기 전이지만 바디그래프에는 많은 정보가 담겨 있
다. 바디그래프에는 상하좌우가 지정되어 있다. 단순한 센터도 있고
복잡한 센터도 있다. 하나의 센터와 직접 연결되는 센터들은 많지 않
다. 일반적으로 센터들은 다음과 같이 분류된다.

　　　잠재적 자각 센터 : 스플린, 아즈나, 솔라플렉서스
　　　모터 센터 : 루트, 새크럴, 솔라플렉서스, 에고
　　　압력 센터 : 루트, 헤드
　　　위의 분류에서는 센터 두 개가 빠져 있다.

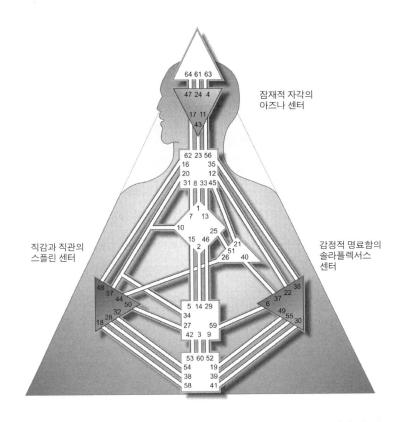

그 두 센터는 셀프 센터(G 센터)와 스로트 센터로, 이는 두 센터가 잠
재적 자각 능력, 에너지, 압력과는 상관없는 센터임을 의미한다. 일단
첫 단계로, 각 센터의 일반적 의미를 해석해 볼 것이다. 추후에는 특히
다음의 사항에 주목할 것이다.

- 정의된 센터의 기능
- 미정의된 센터의 기능
- 특정 센터가 정의되거나 미정의된 사람을 대할 때(분석가, 치료자
  등의 입장에서) 고려해야 할 몇몇 특성

잠재력의 자각 센터

우선 자각의 잠재력을 지닌 센터들인 스플린, 아즈나, 감정 센터(솔라플렉서스 센터)부터 시작해 보기로 한다. 이 순서는 임의적이 아닌 센터들의 탄생 순서를 반영한다. 스플린 센터는 인류가 지닌 가장 오래된 형태의 자각 센터로서 인류의 탄생과 함께 존재해 왔다.

현재 형태의 아즈나 센터는 그 역사가 9만 년밖에 되지 않았다. 심지어 진화적 관점에서 솔라플렉서스 센터는 그 역사가 불과 2, 3천 년밖에 되지 않은 가장 최신 센터다. 따라서 생물학적 종으로서의 인류가 센터들에 대해 축적한 경험은 센터마다 엄청나게 다르다. 우리는 스플린 센터에 가장 익숙하고 아즈나 센터에 대해서는 아직도 여러 문제를 지니고 있으며, 솔라플렉서스 센터에 대해서는 여전히 골치 아파 한다.

1. 스플린 센터 (Spleen)

스플린 센터의 기능은 모든 유기체는 소위 환경과 상호 작용을 해야 하는 동시에(숨 쉬고 먹고 마시는 행위 등) 스스로의 정체성을 잃지 않도록 유지해야 하는 숙명을 지녔음을 떠올리면 쉽게 이해할 수 있다.

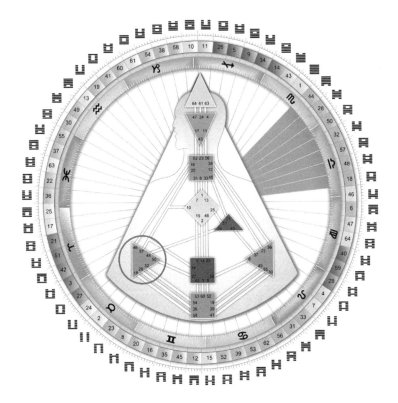

생물학에서는 열린 계(系)만이 존재한다고 한다. 열린 특성은 성장, 발전, 번식, 생명의 유지를 위한 전제 조건이다. 동시에 열린 특성에는 잠재적 위험이 존재한다. 유기체에 좋은 물질만 들어오지는 않기 때문이다. 따라서 무엇이 내부의 것이고 외부의 것인지 구분해 주는 자각 체계가 필요하다.

또한 외부 침입자가 이로운지 해로운지 파악하는 능력도 반드시 갖춰야 한다. 더군다나, 내부적 요소라도 해로울 수 있는 위험이 항상 존재한다. 암(癌)과 같은 것들 말이다. 환경과의 상호 작용, 그리고 그에 따르는 잠재적 위험이 다층적 수준에서 일어나기 때문에 스플린 센터의 역할은 어마어마하게 복잡하다. 바이러스, 세균, 위험 상황, 독물, 더위, 추위 등 잠재적 위험을 나열하자면 끝이 없다. 하지만 유기체는 이런 요소를 대할 때 '이제 퇴근'이라는 식으로 반응할 수 없다. 해로운 세균이 우리를 죽일 수 있지만 동시에 유익한 세균이 우리를 살게 한다.

다양한 규모로 많은 일들이 동시다발적으로 일어난다. 해로운 바이러스와 세균은 분자 수준에서 처리해야 하는 반면, 야생 동물과 맞닥뜨리면 유기체 전체가 움직여서 적절한 외부적 행동을 취해야 한다. 즉, 생존이란 다양한 수준에서 지속적이고 동시다발적인 작용이 이루어지는 어마어마한 과제이다.

스플린 센터가 인간만 유일하게 가지고 있는 것이 아니라는 사실이 명확해지고 있다. 다른 복잡한 유기체들도 생존을 위해 적(敵)을 알아채고 물리치는 나름의 투박한 체계를 갖추고 있다.

스플린 센터가 하는 역할 대부분을 의식적으로는 알 수 없다. 면역 체계가 수많은 공격 중 하나와 싸우고 있을 때도 주체는 이를 잘 모른다. 의식적 자각의 기저에 있는 분자적 체계에서 작용하기 때문이다.

소위 면역의 세계에서는 오직 '그렇다' '아니다'의 대답만 가능하다. 침입자(예를 들어 바이러스)를 물리치거나 놔두거나 둘 중 하나이지 그 중간은 없다. 해로워서 싸우거나, 이로워서 놔두는 두 가지 선택뿐이다. '뉘앙스'라든지 '아마도'와 같은 말은 통하지 않는다.

이 시점에서 우리는 의식(consciousness)이 아닌 지성(intelligence)의 관점에서 논의했음을 알아 둘 필요가 있다. 면역 체계는 지성적 체계 중 하나로서, 몸 안을 돌아다니거나 떠다니면서 어떤 물질이 내부의 것인지 아닌지를 탐지하고, 무엇이 해로운지 아닌지를 결정하는 체계이다.

면역 체계는 그 결정에 따라 움직이며 맞서 싸우거나 놔두거나 한다. 분자적 수준에서 일어나는 인지적 의사 결정 과정이 물리적 작용을 통제하는 것이다. 이 지성 체계는 놀랍게도 '과거의 적'(이미 몸 안에 들어와 한 번 싸워본 적 있는 바이러스 등)뿐만 아니라 새로운 바이러스에 대해서도 동일하게 대처할 수 있는 능력을 지녔다. 이는 면역 체계가 지성적 체계라는 사실, 즉 기억 기능과 학습이 가능한 체계임을 의미한다.

스플린 체계의 분자적 수준작용을 한 발짝 멀리서 보면, 직감이나 직관에 의거한 행동이 일어남을 볼 수 있다. 예를 들어 계단을 내려가다가 발을 헛디뎠을 경우, 엎어지지 않기 위해 우리 몸은 다양한 동작을 1/10초 단위로 조합한다.

물론 이 부분도 의식적으로는 알 수 없다. 자각의 형태를 갖춰야 그나마 알 수 있다. 우리는 면역 체계를 어떻게 자각할 수 있을까. 면역 체계는 단순한 이분법, 즉 '그렇다'와 '아니다'의 세계다. 이 이분법적 면역 체계가 우리의 의식 수준에서는 신체적 웰빙의 여부로 나타난다.

쉽게 말하면, 별일 없을 경우 우리는 모든 것이 순조롭다고 느낀다. 그런데 만일 무언가 잘못되면 신체적 불편함이 느껴지고, 우리는 그 불편함이 주는 경고 신호에 의식적으로 정확히 초점을 맞추게 된다(갑작스런 두통과 식은땀, 열이 발생하면 우리는 뭔가 잘못됐음을 의식하게 된다.).

스플린 센터는 아주 복잡하다. 스플린 센터는 일단 비장(脾臟, spleen)이라는 신체 기관과 소식세포, T세포, B세포라는 가장 중요한 3개 세포로 된 림프절로 구성된다(우리 몸의 '세탁기'). 또한 신체적 웰빙이나 불편감으로 표현되는 잠재적 자각 능력도 가지고 있다. 신체적 웰빙(면역적으로 문제가 없는 상태)은 의식될 수도, 아닐 수도 있기 때문에 잠재적이란 표현을 사용한다.

우리는 어떻게 미시적 차원을 이해할 수 있을까? 분자 수준에서 일어나는 일이 전체 유기체의 행동을 어떻게 결정할 수 있을까? 우리가 결정을 내리기 위해서는 감각을 통해 기본 정보를 얻어야 한다. 스플린 센터의 결정은 냄새, 맛, 직관의 흐름과 같다.

예를 들어 3일 된 소시지가 냉장고에 있다고 하자. 이것을 먹을 수 있는지는 아직 모른다. 어떻게 할까? 아마도 냄새를 맡거나 맛을 본 다음에 결정할 것이다. 직관만이 유일하게 감각에 의존하지 않는다. 직관은 뭐라 설명할 수 없지만 꿰뚫어 보는 경험이다(그렇다고 아무 이유가 없는 것은 아니다).

어원을 살펴보면 직관(intuition)을 더 잘 이해할 수 있다. 'tueor'은 '우러러보다, 유지하다, 보호하다, 방어하다, 주장하다, 감시하다' 등의 뜻이다.(24) 접두어 'in'을 붙이면 'intueor'이 되어 '조사하다, 바라보다, 꾀하다, 고려하다'라는 뜻이 된다.(25)

직관은 무엇을 보존하거나, 지키거나, 방어하기 위해서 자세히 들여다보는 행동과 유사하다. 직관은 (신체) 내부에서 우러나오며, 생존을 담당하거나(스플린 센터 자체의 가장 기본적인 기능) 개체의 고유성을 지키는 역할을 한다. 직관은 몸에 내재되어 있으며 특유의 경험에서 우러나오기 때문에 항상 그 자체로 고유하다. 건강하다는 의미는 궁극적으로 개체의 고유성이 유지된다는 사실을 뜻한다는 점에서, 직관의 이런 기능은 당연하다.

스플린 센터의 모든 일은 '순간'에 기반을 두고 작동한다. 면역 체계는 싸울지 말지를 찰나에 결정한다. 우리는 소시지 냄새를 맡거나 맛을 보는 즉시 먹을지 말지를 결정한다(내일 소시지 맛이 어떨지는 상관이 없다.). 직관은 언제나 그 즉시 일어나며, 순간을 위해 존재한다. 생존은 순간의 싸움이며 순간이 아닌 것에 대한 추측은 불필요하다.

이런 특성으로 스플린 센터는 순간순간의 생존을 보장하는 지성적 체제가 된다. 스플린 센터는 신체적 웰빙 및 불편감, 맛, 냄새, 직관을 통해 우리의 의식 수준에 도달한다.

인간 세계에서는 기대 행동은 의식적으로 이루어지며 이는 두려움에서 비롯된다. 스플린 센터의 모든 게이트는 두려움의 요소를 어느 정도 지닌다. 스플린 센터가 지닌 두려움은 인간에게 고유한 동시에 매우 건강한 두려움들이다. 두려움은 아주 강한 측면이 있음에도 불구하고 비정상인 경우도 있음을 유념하는 것이 좋다. 음식을 쌓아놓는 행동을 고치기 위해 두려움을 감소시키는 치료를 받는 사람도 있다(일반화를 주의해야 한다. 건강하지 못한 두려움도 있지만 건강한 두려움도 있다. 두려움이 모두 해로운 것은 아니다. 이점이 핵심이다.). 이 스플린 센터에 있는 두려움 중 하나는 내일에 대한 두려움이다. 이 공포는 우리가 내일도 생존이 가능하도록 지금 이 순간의 행동을 적절히 조절하는 자연적이고 건강한 역할을 한다.

바디그래프에서 볼 수 있듯이 스플린 센터는 루트, 새크럴, 에고, G 센터(셀프), 스로트 센터와 연결되어 있다. 스플린 센터는 솔라플렉서스, 아즈나, 헤드 센터와는 직접적인 연결이 없다.

2. 아즈나 센터 (Ajna) – 정신적 자각의 세계

이후부터 '아즈나' '마인드' '정신세계' '지식'이란 용어는 동일한 뜻으로 쓰인다.

사고와 언어는 불가분의 관계에 있다. 따라서 지금 형태의 정신적

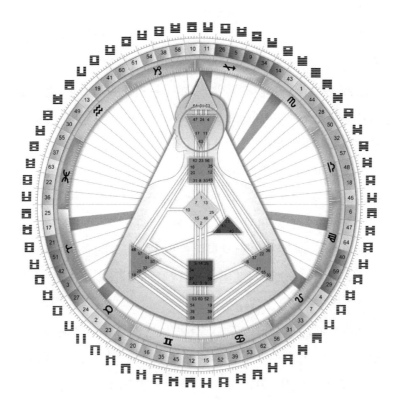

자각이 언제부터 존재했는지는 상대적으로 정확하게 유추해 볼 수 있다. 8만5천 년 내지 9만 년 전, 인간 후두(喉頭)의 형태가 변형되었다. 원래 인간은 삼키면서 숨 쉬는 일을 동시에 할 수 있었다. 하지만 후두 모양이 변형되면서 이것은 더 이상 불가능하게 됐다. 모든 돌연변이 과정에서는 오래된 것은 소멸하고 새로운 것이 등장한다. 후두의 변형을 통해 인간은 정교한 발음을 할 수 있게 되었고 이는 인간이 언어를 발달시키는 전제 조건이 되었다.

마인드는 오로지 스로트 센터를 통해 말할 수 있다. 정신세계는 말로 표현되기 이전의 내적 과정을 말한다. 마인드의 독특한 특성은 말 그대로 무한대를 다룰 수 있다는 점이다. 스플린 센터가 순간에 의해서만 기능하는 자각의 잠재력을 보여 주었다면, 마인드는 말 그대로 경계 없는 가능성의 세계를 열어 놓는다. 우리는 과거를 기억하고 현재를 들여다보며 미래를 예측한다. 모든 현실 세계의 제약을 없앨 수 있다. 우리는 죽은 사람과 미래의 시점에서 대화를 나누는 상상도 할 수 있다. 우리는 현실과는 거의, 아니 전혀 관계없는 세상을 머릿속으로 그려볼 수 있다.

정신세계는 최초의 가상현실이다. 이 가상현실에서 우리는 직접 물질을 다루는 대신 개념을 다룬다. 만일 개념이 현실에서의 물질세계를 매우 정확히 표상한다면, 우리는 생각만으로 어떤 것을 실험해 보면서 많은 시간과 노력을 절약할 수 있다(예를 들어, 목수는 옷장을 미리 머릿속으로 그려보면서 한 번에 성공할 가능성을 높인다.). 이런 생각의 방식을 '시뮬레이션(simulation)'이라고 한다. 개념이 정확하고 이를 다루는 정신적 처리 과정이 정교하다면 그 결과는 현실세계에 성공적으로 적용된다.

이 지식이 가진 능력 때문에 우리는 사고에 지나친 중요성을 부여한다. 지식은 일반적으로 전지전능함의 환상, 특히 사고의 힘이 전지전능하다는 착각을 심어준다. 이 시점에서 우리는 마인드가 그 무엇도 생각의 재료로 삼을 수 있으며, 심지어 완전히 말도 안 되는 것까지 상상 가능함을 깨달아야 한다. 그렇기에 생각은 반드시 과학적 실험으로 검증되어야 한다. 오로지 현실에서 실제 실험을 통해서만 생각이 맞는지 틀리는지 결정할 수 있다(만일 옷장에 대한 개념에 잘못된 부분이 있다면 목수는 실제 조립 과정에서 어떤 부품이 안 맞는 순간 그 사실을 깨닫게 된다.).

사고 과정은 개념의 습득과 창조뿐 아니라 개념을 정신적으로 조작하는 과정도 포함한다. 이를 통해 우리는 서로 다른 '공간'을 탐구할 수 있다. 하지만 사고 과정이 현실에서 멀어질수록 그 결과는 현실에서 유용하지 않다. 비현실성 그 자체로는 문제가 없지만, 그 사고 과정에 삶의 결정권을 부여하기 시작하면 문제가 된다(드넓은 우주 공간을 배경으로 한 SF소설은 재미있다. 하지만 그 내용이 사실이라고 믿는 순간 문제가 발생한다.).

우리가 지닌 정신 기능의 또 하나 중요한 특성은 정보의 전달이다. 이는 집단 기억(colletive memory)[1]의 바탕이 된다. 인간은 매 세대 처음부터 시작할 필요가 없는 종족이다. 언어나 도구, 돼지를 사육하는 방법을 20년마다 한 번씩 새로 개발할 필요가 없다. 그동안 축적한 방대한 집단적 지식과 경험 위에서 출발하면 된다. 모든 문화의 발달은 이 지식의 전수에서 비롯된다. 물론 전수되는 지식이 모두 절대적 진리는 아니다. 하지만 집단적 지식은 적어도 새로운 세대가 출발하는 데 도움을 주는 밑거름이 된다.

———

1. 흔히 부모 세대에서 자식 세대로 전달되는 한 공동체의 기억 – 역자 주.

생각은 절대 내적 결정권이 될 수 없음을 반드시 이해해야 한다. 만일 이 말에 충격을 받았다면, 다음 두 가지 예를 잘 살펴보라. 사적인 질문, 예를 들면 건강한 식습관에 관한 단순한 질문을 생각을 통해 결정하기로 했다고 하자.

이 질문을 진지하게 여겨서 건강한 식습관에 대한 그동안의 연구와 통계치를 샅샅이 검색하고, 읽고, 검토하고, 평가하고, 이해한다고 하자. 그 작업은 약 20년이 걸리기에 그 이후에 나온 수많은 최신 연구들은 미처 못 본 채로 그 이전의 결과를 통해 매일의 식습관에 적용할 수 있는 종합적 결론에 이르러야 한다. 결론을 얻게 되었다고 해도 당신은 다음 번 장보러 갈 때 그 방대한 지식을 머리에 넣고 가야 하며 구매할 식재료에 대한 완벽한 정보, 예를 들어 어디서 수확했고 어떻게 유통되었고, 얼마 동안 진열되어 있었는지 알 수 있어야 한다.

이 일이 불가능함은 명백하다. 설사 가능하더라도 종합적 결론은 결국 평범한 식단일 것이다. 당신이 추천하는 식단은 인구의 약 75% 정도에만 적용 가능할 것이다. 하지만 당신 또한 통계적 평균이 아닌 매우 특수하고 개별적인 생리 화학 기제를 지닌 고유한 존재이다. 따라서 통계적으로 '올바른' 음식을 먹는다고 해도, 개별적으로는 여전히 해로울 수 있는 것이다. 온갖 노력에도 불구하고, 어떤 음식을 먹어야 좋을지 절대적인 확신을 내릴 수는 없을 것이다. 기껏해야 크게 다르지는 않을 것이라고 기대하는 정도일 것이다.

할머니가 드셨던 전통적 식단에 따른 음식을 먹을 수도 있다. 하지만 전통 식단이 아무리 좋더라도 당신이라는 사람에게 개인적으로 맞을지는 알 수 없다.

조금 더 큰 질문, 예를 들어 완벽한 배우자는 어떤 사람일지 아이를 하나 더 가져야 할지 다른 나라로 이민을 갈지 등의 질문은 어떤가?

아마도 당신은 '그 문제에 대해 생각할' 것이다. 이 생각들은 가능한 선택지를 알 수 있게 해준다는 데 도움을 준다. 하지만 개인적 사정에 맞는 확실한 결정을 내리는 데는 전혀 도움이 되지 못한다. 더욱이 현실의 삶은 생각하는 주제에 대해 다양한 가능성을 제공한다. 생각 속에만 갇혀 있다면 그 가능성을 놓친다.

또한 우리는 이진법의 세계에 살기 때문에 우리의 사고도 이진법적이라는 사실을 알아야 한다. 정신적 차원에서는 언제나 찬성과 반대가 경쟁한다. 이 두 조건을 동시에 볼 줄 아는 것이 마인드의 뛰어난 능력이다. 만일 마인드에 내적 결정권을 부여한다면 – 만일 개인적 결정을 내리는 데 쓴다면 – 우리는 둘 중 한쪽만 보게 될 것이다.

어떤 결정을 내리든지 마인드는 회의적이다. 예를 들어 회사에서 해외 파견 근무 제안을 해왔다고 하자. 이때 마인드는 두 가지 주장을 준비한다. 한쪽은 해외로 떠나는 것을 지지하는 주장, 한쪽은 반대하는 주장이다.

생각 끝에 제안을 거절하기로 결정했다고 하자. 이제 어떤 문제가 생기는 족족 마인드는 이전 결정에 반대되는 주장을 내민다. "그때 해외로 가는 게 더 나은 선택이지 않았을까, 그때 그렇게 하지 말았어야 했나…" 이런 식으로 내적 평화를 이루지 못한 채 비참한 최후를 맞이할 때까지 계속 정신적인 고문을 당한다. 무덤에 누워서도 생각한다. "그때 그렇게 했다면 어땠을까…"

혹시 대뇌가 생명 유지에는 상관없는 장기라는 사실을 아는가? 사고 기능에는 생존에 필요한 기능이 단 하나도 없다. 숨 쉬기 위해, 소화시키기 위해서 생각을 할 필요가 없다는 말이다. 먹고, 마시고, 생식하는 행위 모두 사고가 필요하지 않다. 사실, 두뇌 피질 없이도 생존은 가능하다. 대뇌는 생존과 관련된 기능을 전혀 하지 않는다. 바디그래프에서도 볼 수 있듯이, 마인드 자체가 에너지 센터가 아닌데다 모터 센터와의 연결이 전혀 없다. 이 사실 하나만 봐도 우리는 생각대로 행동해야 하는 존재가 아님을 알 수 있는 것이다.

사람들이 그렇게 쉽게 마인드에 결정권을 주려고 하는 중요한 이유가 또 있다. 우리는 머릿속에 이미 개념이 있는 것들만 인지할 수 있다. 이누이트 족(Inuit)은 눈을 지칭하는 이름이 유난히 많다. 이들은 눈을 섬세하게 구분할 수 있는 감각을 필연적으로 기르게 된다. 즉 이들은 눈에 대해서는 산업 국가에 사는 사람들보다 훨씬 정확하게 의사소통할 수 있다. 이누이트 족이 서로 다른 눈이라고 말해줘도 우리로서는 알 길이 없다. 왜냐하면 우리는 그 두 가지의 눈에 대한 이름이 없기 때문이다. 당연히 우리의 생각도 우리가 아는 용어로만 구성되어 있고 그렇기에 종종 몸이 보내는 감각 신호를 무시하기도 한다. 왜냐하면 그 감각에 대한 이름이 없어서 설명할 수 없기 때문이다.

아즈나 센터는 생물학적으로 뇌하수체 전엽, 후엽과 신피질에 해당한다. 아즈나의 핵심 감각은 시각이다. 청각도 어느 정도 관여하지만 시각 정보 처리가 우세하다. 우리는 1차적으로 눈을 통해 세상의 정보를 얻은 다음 이를 해석한다.

아즈나 센터에도 여러 불안이 있는데, 병리적으로 발전할 수 있는 위험이 매우 높은 종류들이다. 아즈나 센터의 불안은 걱정과 집착의 형태를 띤다. 아즈나 센터를 통해 개인적 확신을 얻기가 애초에 불가능하기 때문에, 이 불안을 없애 줄 뾰족한 방법도 없다. 단지 마인드가 결코 내적 결정권이 될 수 없다는 사실을 받아들이는 순간, 불안의 영향력은 줄어든다(생각을 통한 결론이 건강과 행복을 가져온다고 믿는 이상, 우리는 언제나 걱정과 불안의 희생양이 된다. 생각을 통한 정답이 있든 없든 삶의 순간 순간에는 전혀 변화가 없다는 사실을 깨닫기만 한다면 우리는 불안에서 해방될 수 있다.).

아즈나 센터는 가능한 대안의 탐색, 사고 과정 자체의 즐거움, 특히 인간에게 고유한 의사소통을 통해 그 가치가 발견된다. 전적으로 인간만이 서로 대화가 가능하다. 의사소통을 통해 인간은 서로의 마음에 다가갈 수 있고, 서로의 생각과 경험을 나눈다. 더욱이 마인드는 결정을 일단 내린 다음에는 엄청난 도움을 준다.

아즈나는 정신 작용의 집합체, 즉 개념 구상이나 개념에 대한 정신적 조작 능력을 대표한다. 아즈나는 과거, 현재, 미래의 전(全)방향적으로 작용 가능하기에 시간의 구애를 받지 않는다. 마인드는 현실 세계의 제약을 받지 않는다. 마인드에 결정권을 주면 불신과 불안의 대가를 치르게 된다. 내적인 확신은 생각을 통해 얻어지지 않는다. 마인드의 진정한 가치는 세상을 탐구하는 능력, 인류 문화와 사회의 근간이 되는 지식을 전수하는 능력, 언어로 소통할 수 있는 능력에 있다.

3. 솔라플렉서스 센터 (Solar Plexus)
– 감정 센터

감정은 인간 경험에서 명백히 중요한 영역이다. 우리는 감정의 색깔을 즉시 알아차린다. 예를 들어 기쁨은 슬픔과 다르고, 증오는 분노와 다르고, 행복은 쾌락과 다르다. 사실 따지고 보면 인간은 다양한 감정

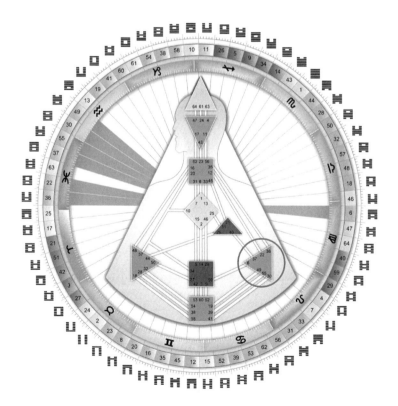

상태를 표현하기 위해 고차원적 언어를 발달시켰을 가능성이 있다.

감정은 다양한 색깔을 가지기 때문에 솔라플렉서스는 자각의 잠재력을 지닌 센터가 될 수 있다. 그러나 이는 스플린 센터의 오로지 '그렇다' '아니다' 수준이 아닌 더 복잡한 자각 체계이다. 만일 센터 분류를 눈여겨봤다면 솔라플렉서스 센터가 모터 센터와 함께 유일한 자각 센터임을 알아보았을 것이다.

따라서 감정은 질적으로 다양할 뿐만 아니라 모터 에너지 또한 지녔다. 우리는 감정의 강도를 통해서 이 에너지를 경험한다. 예를 들어 우리는 미친 듯 행복할 수도, 적당히 행복할 수도, 약간 슬플 수도, 깊이 슬퍼할 수도 있다. 이 센터는 거의 유일하게 강력히 경험되는 모터 센터다. 감정의 모터 에너지로 인해 우리는 결정을 내리거나 행동에 착수한다. 이 센터의 모터적 특성은 사실 매우 강력하기 때문에 솔라플렉서스 센터는 명료함의 잠재력이 있는 센터라는 표현이 더 정확할 수도 있다. 진정한 자각은 오로지 시간이 흘러서야 가능하다.

역사적으로 볼 때 감정 센터는 가장 최근에 발견되었다. 현재의 형태로 존재한지는 겨우 2, 3천 년밖에 되지 않는다. 따라서 감정 센터는 추후 중대한 센터가 될 가능성을 내포하고 있다. 진화적 관점에서 3천 년은 단지 눈 깜빡할 사이다. 인간은 감정 센터에 대한 충분한 경험이 아직 없다.

솔라플렉서스 센터에 대응하는 생물학적 기관은 소위 '배 속 두뇌' (gut brain)로 일컬어지는, 소화를 담당하는 기관이다. 특히 지난 몇 년간 이 '배 속 두뇌'는 아주 철저히 연구되고 있으며 개중 일부 놀라운 연구 결과도 발표되었다.

진화에 있어서 모든 복잡한 체계는 일단 단순한 것에서부터 시작한다. 감정 센터는 먹고 소화시키는 행위와 밀접한 관련이 있다. 먹는 것은 우리의 가장 단순하고도 원초적인 즐거움이다. 또한 소화 기관은 거의 독자적 체계에 의해 작동한다. 하지만 우리는 꽤 오랫동안 그 사실을 모르고 있었다. 대뇌에만 집착하여 사고와 자각만이 우리 삶을 결정하는 유일한 힘이라고 확신하느라 최근까지도 과학은 이 배 속 두뇌를 간과하고 있었다. 배 속 두뇌에 대해 연구한 몇몇 소수의 연구자들은 무시되거나 별다른 주목을 받지 못했다.

거의 매일 우리는 기분, 감정, 느낌을 전달하기 위해 소화 기능의 영역에 해당하는 이미지들을 연상시키는 비유를 쓴다. 영어에서는 심지어 '배 속 느낌(gut feeling, 직감)'이라는 말도 있다.

최근 연구 결과를 통해 배 속 두뇌가 존재하여 감정의 근원이 되고, 이 배 속 두뇌는 대뇌의 영향을 받지 않는다는 사실이 검증되고 있다. 뉴욕에 위치한 콜롬비아대학교의 해부학 및 세포학 학과장인 마이클 거숀(Michael Gershon) 또한 명백히 말했다. "우리 배 속엔 뇌가 있다." (27)

이 발견은 우선 조직학에 근거한다. 내장은 억(億) 단위의 신경 세포로 이루어져 있는데 이는 척수에 있는 신경 세포보다 더 많은 숫자다. 그리고 이 세포들도 신경 전달 물질과 수용기로 이루어져 있어 '머릿속 두뇌'의 세포와 그 유형이 정확히 일치한다.

이미 19세기 중반 독일 신경학자였던 레오폴드 아우어바흐(Leopold Auerbach)는 '내장벽 속에 있는 근육층에 가려진 아주 가느다란 두 개의 신경 세포 및 신경 다발 줄기'의 존재를 알아냈다.

배 속 두뇌가 오랫동안 알려지지 않은 주된 이유는 이 구조물이 눈에 띄지 않았기 때문이다. "그 신경 다발이 몇 개인지 감히 세어 보려는 사람이 없었다."라고 런던대학교 교수 데이비드 윈스게이트(David Winsgate)는 말한다. 억 단위의 신경 세포가 어떻게 뭉쳐 있을 수 있는지 이해하려면 먼저 인간의 내장이 총 7미터에 이른다는 사실을 알 필요가 있다.

내장을 단순히 음식물 통로라고 여길 때도 있었지만, 이제 배 속 두뇌는 통제 센터로 알려져 있다. 이 센터는 '감각 신경 세포, 연결 신경 세포, 운동 신경 세포의 복잡한 연결망으로 구성된 이 신경계는 영양분, 염분, 수분의 양을 대략적으로 분석하여 흡수와 배출의 기제를 조절하는 데 그치지 않고, 억제 및 흥분 신경 전달 물질, 자극 호르몬, 보호 물질 분비 체계 간 정교한 평형상태 유지를 담당한다.'

따라서 감정 센터도 스플린 센터처럼 헤아릴 수 없을 만큼 방대한 양의 일을 수행하고, 수백만 개의 화학 물질을 분석하고 처리하는 지적 체계가 된다(인간의 수명 75년 동안 30톤의 음식과 5만 리터의 음료가 이 체계에 의해 처리된다.).

"… 따라서 배 속 두뇌의 힘은 무시하지 못한다. 배 속 두뇌는 감각 기관의 정보를 자율적으로 발생시키고 처리할 수 있으며 일련의 반응을 통제한다. 배 속 두뇌는 이웃한 기관에 신호를 주어 감염을 막고, 근육이 조화롭게 움직이도록 한다. 이를 위해 신속한 판단과 저장된 정보를 인출해야 한다. 배 속 두뇌는 기능적으로 조직되어 있다. 피드백 과정을 통해 작동하면서 다양한 상황을 인지하고 그에 적절한 반응을 한다. 이 2차 두뇌는 종합 신경 체계에 필요한 모든 것을 갖추고 있다."라고 마이클 셰먼(Michael Schemann)은 말한다. "배 속 두뇌도 생각할 수 있다고 말할 수 있겠죠."(마이클 셰먼은 소화 기관 내 신경 전달 물질을 연구한다.). 이 2차 두뇌가 '장(腸) 신경계'라는 이름의 신경 체계로서 공식적으로 인정된 것은 당연한 일이다.

그렇다면 이 같은 내용이 감정과 무슨 상관이 있을까? 배 속 두뇌의 재발견은 1960년에 시작되었다(아우어바흐를 비롯한 초기 연구자들의 발견은 잊히거나 무시되었다.). 그때는 이미 정서에 영향을 주는 물질이 체내에서 생성된다는 사실이 널리 알려진 시기였다. 마이클 거숀은 자신의 연구에서 신경 전달 물질 중 하나인 세로토닌(serotonin)의 95%는 장에서 만들어지고 저장된다고 주장했다.(27) 하지만 세로토닌은 시작일 뿐이었다.

"얼마 지나지 않아 이 경이로운 신경 기관에는 세로토닌 말고도 다른 여러 구성 물질이 있다는 것을 알게 됐지요. 배 속 두뇌는 마치 대규모 화학 공장처럼 적어도 40개의 신경 전달 물질을 생산하고 운영합니다. 이 분자들은 복잡한 신경 세포 언어의 단어 하나하나가 되죠. 그리고 이 세포들은 우리에게 말을 걸니다."

쉽게 말하면, 배 속 두뇌는 우리의 '기분'에 영향을 미치는 온갖 물질들을 만들어 낸다. 즉, 우리 감정의 화학적 기제되는 물질을 생성한다. 아직도 우리의 사고나 자각이 이 과정에 개입한다고 믿고 있다면 실망을 금치 못할 것이다.

"최근에서야 과학자들은 뇌에서 장으로 내려오는 신경 다발보다 장에서 뇌로 올라가는 신경 다발이 압도적으로 많다는 사실을 알게 되었습니다. 두 기관 간 신경 다발의 90%가 장에서 뇌로 올라가죠. 왜냐고요? '위로 올라가는 정보가 훨씬 중요'하기 때문이지요."라고 거숀은 말한다. "내장 기관은 언제나 신호를 보냅니다. 우리가 모를 뿐이죠. 멀미, 구토, 통증 같은 경고 신호만 겨우 알아채는 수준이죠. 장에서 뇌로 보내는 이 의식 아래의 신호 체계는 생물학적으로 어마어마한 중요성을 띨 가능성이 충분합니다."(26)

생화학자 하니아 룩잭(Hania Luczak)은 자신의 훌륭한 논문을 다음처럼 맺고 있다. "우울과 공포는 장에서 비롯되는가? 지금 현재로선 증명할 방법은 없지만 심증은 충분하다."라고 LA 캘리포니아대학교의 에머런 메이어(Emeran Meyer) 교수는 말한다. 모든 연구 결과들이 배 속 두뇌가 '우울의 근본을 이루는 물질을 갖고 있고' '내장이 감정을 발생시킨다'라는 사실로 향하고 있다. 죽을 만큼의 허기 또는 터질 듯한 포만감의 즐거움이 의식 수준에서 정서 상태에 영향을 미치는 것처럼, 우리를 구성하는 매일의 의식되지 않는 작용 또한 동일한 능력을 갖고 있을 것이다.

감정 센터는 배 속 두뇌와 밀접한 관련이 있다. 감정 센터는 감정의 터전으로, 추후 우리의 '머릿속 두뇌'에서 감정으로 인지되고 해석되는 화학 작용이 일어나는 본거지이며 통제 센터다. 감정 센터가 모터 센터라는 사실(아즈나와는 달리)은 감정이 생각보다 훨씬 강력하다는 사실을 의미한다.

우리는 이를 매일 경험한다. 우리 모두는 생각이 감정에 의해 휩쓸린 경험을 해본 적이 있다. 하지만 이제 그 경험이 잘못된 것도, 실수도 아니라는 것을 알 수 있을 것이다. 이는 신체 조직의 기능에 근거한 현상으로 이해 가능하며 또한 생각이 감정을 절대 통제할 수 없다는 것을 의미하는 것으로 보면 된다.

그렇다고 그때그때 감정의 노예가 되라는 말은 아니다. 우리가 감정을 지적으로 통제할 수 없다고 해서 무조건 감정적으로 행동해도 된다는 말은 아니다. 사실 감정의 힘은 감정의 모터 에너지와 '우리의 일상을 실제적으로 끌고 가는 힘'을 통해 우리에게 올바른 방향을 안내한다. 지금 당장이 아니고, 나중에 말이다!

감정 센터의 생물학적 대응 기관은 장 신경계 외에도 신장, 전립선, 췌장뿐 아니라 피부까지 포함된다. 지금까지 자각의 잠재력을 지닌 센터들을 개괄하였다. 이제 모터 센터를 향해 남아 있는 여정을 시작해 보자.

자각의 센터 요약

지금까지 보았던 자각 센터들의 특징을 명확히 알 수 있도록 다시 한번 정리해 보자.

스플린 센터는 건강과 생존을 담당한다. 스플린 센터는 순간에 의해, 그리고 순간을 위해 작동하며 오로지 '그렇다'와 '아니다'의 결정 과정을 거친다. 모터 센터가 아닌 데다가 오로지 순간적으로 움직이기 때문에 우리는 스플린 센터의 신호를 쉽게 지나친다. 스플린 센터는 우리의 의식에 단 한 번 정보를 준다. 두 번째 기회는 없다. 아즈나 센터는 말 그대로 무한의 정신 자각 능력을 지녔다. 아즈나 센터는 시간의 구애를 전혀 받지 않으며, 현실과도 어느 정도 분리되어 있다. 이 독특한 특성이 내적 확신을 방해하기도 한다. 이 때문에 결국 사고 과정에 내적 결정권이 부여될 수 없다.

솔라플렉서스 센터는 모터 센터의 특성과 자각의 잠재력을 동시에 지닌 유일한 센터다. 솔라플렉서스 센터는 대뇌와는 별개의 독립적인 지식 체계이며, 이는 소위 배 속 두뇌로 불린다. 감정은 모터적 특성으로 인해 훨씬 쉽게 인식된다. 그러나 순간의 감정 상태는 자각이 아닌, 단지 '행동에 대한 강력한 영향력'을 의미한다. 따라서 명확한 의미를 알려면 시간이 필요하다.

우리가 다룰 다음 센터는 새크럴 센터이다. 지금 새크럴 센터를 다루는 데는 나름의 이유가 있다. 센터를 이야기할 때, 단지 3개의 센터 (2개의 아주 예외적인 경우를 제외하고), 즉 스플린, 솔라플렉서스, 그리고 새크럴 센터만이 진정한 내적 결정권을 지닐 수 있다. 이 3개 센터 중 새크럴 센터는 자각의 잠재력이 없는 유일한 센터다. 따라서 새크럴 모터는 특수한 위치에 있다.

4. 새크럴 센터(Sacral)

바디그래프를 보면 새크럴 센터가 루트, 솔라플렉서스, 셀프, 스로트 센터 등 다수의 센터와 연결되어 있음을 알 수 있다. 그 자체로 복잡할 뿐 아니라(스로트 센터처럼 새크럴 센터도 9개의 게이트를 지닌, 두 번째로

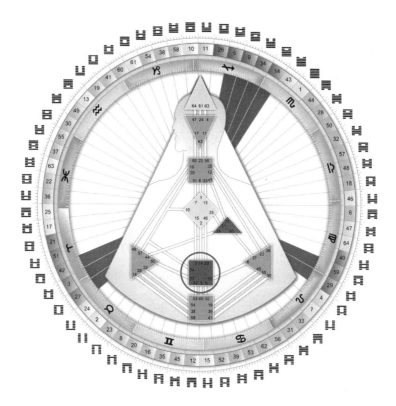

복잡한 센터이다.) 바디그래프 내의 연결도 상당히 다양하다.

새크럴 센터는 강력한 생명력의 모터 센터다. 새크럴 센터는 성(性)과 생식의 센터일 뿐만 아니라 지구상 만물을 만들고 창조하는 매일 단위의 생산력과 원동력을 공급한다. 새크럴 센터는 능력, 힘, 공격성의 원천이며 원동력의 센터로 재생산 및 퇴화와 관련된 센터이다. 새크럴 센터는 삶과 죽음을 생성한다고도 볼 수 있다.

다른 모터 센터도 힘을 발생시킨다. 하지만 새크럴 센터는 언제나, 하루 해가 뜨고 질 때까지 일정하게 동력을 발생시키는 유일한 모터 센터다. 휴일이 없는 19세기 농부를 생각해 보라. 매일 가축을 돌봐야 하고 적당한 때가 오면 곡식을 수확해야 한다. 이 모든 일을 수행할 수 있는 에너지는 새크럴 센터에서 비롯된다. 따라서 이 센터는 엄청난 인내력을 지니고 있다.

새크럴 센터의 모터는 나름의 주기가 있는데 이는 사람에 따라 천차만별이다. 새크럴 센터의 모터들은 공통적으로 '막다른 길에 다다르는' 시기를 갖는다. 발전은 항상 발전 없던 평평한 시기가 있어야 이루어진다. 즉, 발전 이전에는 아무 진척이 없는 더 긴 기간이 존재한다. 따라서 다음의 주기가 형성된다. 멈춤 – 멈춤 – 멈춤 – 더 높은 수준에 도달 – 멈춤 – 멈춤 – 멈춤. 만일 새크럴 센터를 올바로 다루지 못하면 고착의 시기는 좌절로 이어질 수 있다.

새크럴 센터는 남성과 여성에게 서로 다르게 작동하는 유일한 센터다. 새크럴 센터는 남성의 경우 약 18세경 가장 왕성하고, 여성의 경우는 약 30세 정도 되어야 최고점에 도달한다.

새크럴 센터는 또한 우리로 하여금 움직이게 하거나 '무언가' 하게 만든다. 이 근면함은 목표 달성과 상관없을 수 있다. 새크럴 센터의 생명력은 어떻게든 배출되어야 하기 때문에, 부지런함의 일부는 생명력의 단순 분출 현상일 수 있다.

아마도 새크럴 센터의 가장 모순적인 특성은 전혀 자각 능력이 없는데도 말할 수 있는 능력일 것이다. 새크럴 센터의 목소리는 언어가 아닌 '원시적인' 목소리다. 새크럴 센터의 태곳적 소리는 끙끙대거나, 한숨 쉬거나, 으르렁댄다. 이런 원시적 방법으로 새크럴 센터는 어떤 일에 힘을 낼지 말지를 결정한다. 또 하나의 중요한 사실은 새크럴 센터의 목소리가 이유 없이 떠드는 경우는 절대 없다는 점이다. 즉, 새크럴 센터는 스스로 먼저 말을 하지 않고 반드시 질문이나 가능성, 제안에 대한 응답의 형태로만 말한다. 새크럴 센터에 대응하는 생물학적 기관은 난소와 고환이다.

5. 루트 센터(Root)

루트 센터는 모터 센터인 동시에 압력 센터다. 루트 센터는 바디그래프 상에서 가장 아래에 위치하는데, 존재의 보전을 위한 가장 기본이 되는 센터이기도 하다. 루트 센터의 압력은 자체 생성된 것이 아니라 생물학적 존재라는 것 자체에서 나오는 압력이다. 지구상 살아 있

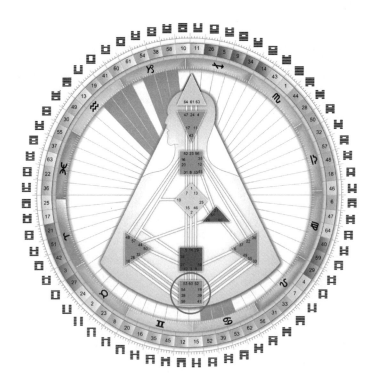

는 모든 생명체는 이 압력의 영향을 받는다. 먹이, 땔감, 하룻밤을 지낼 수 있는 거처를 어떻게 찾는가? 작금의 서양 문명에서 이 질문의 의미는 희박할 수도 있다. 그러나 존재적 압력은 이제 다른 이름으로 불리고 있다. 다음에 해야 할 일, 다음 달 월급, 마감 압력 등으로 말이다. 이 압력에 응답하려는 우리의 생물학적 기제는 여전히 그대로 남아 있다. 땔감을 찾지 못하는 것이나 난방비를 내지 못하는 것이나, 두 경우가 주는 스트레스는 결국 근본적으로 동일하다.

루트 센터와 다른 모터 에너지와의 차이점을 아는 것은 매우 중요하다. 다음 시나리오를 생각해 보자. 당신은 세계 여행을 가기 위해 3년 동안 저축을 했다. 드디어 내일 아침이면 떠난다. 짐도 싸놓고 예약도 다 했다. 내일 아침 7시 반 비행기다.

다음날 아침, 시계 알람이 울리지 않아서 그만 비행기 출발 시간 1시간 전에야 일어났다. 이를 깨닫는 순간 온몸에 어마어마한 에너지가 폭발한다. 이 상태에서는 생각, 지루함, 고통, 느낌 같은 것은 없다. 오로지 에너지만 있다. 아무 불순물이 섞이지 않은, 날것 그대로의 에너지이다. 이를 아드레날린 분출 상태라고 한다. 이 상태가 루트 센터를 가장 그럴 듯하게 표현한다. 만일 스플린 센터가 생존의 자각 능력을 지녔다면, 루트 센터는 생존의 힘을 지녔다. 이 극단적 상태에서 우리 몸의 주요 세포 기능은 말 그대로 완전히 뒤바뀌고, 물리적 양분은 급속도로 고갈된다. 이것이 바로 지속적인 스트레스가 그토록 위험한 이유다. 새크럴 센터와는 대조적으로, 루트 센터가 지속적으로 작동하면 몸에 손상이 간다.

루트 센터의 특징은 두 가지다. 하나는 루트 센터는 존재 자체에서 비롯되는 압력을 다루는 생물학적 응답 센터라는 것이다. 압력을 받는다고 해서 아드레날린이 항상 분출되거나 생리학적 스트레스가 유발되는 것은 아니다. 또 하나는 특수한 상황이 되면 루트 센터는 진정한 아드레날린 분출 상태로 돌입하여 어마어마한 힘을 발휘한다는 점이다. 이 아드레날린 분출 상태는 매우 특수한 상태로 돌입하는 신체적 화학 작용이다. 우리는 이미 이 상태를 반복 경험하기 위해 무엇이든 하려고 하는 사람을 '아드레날린 중독자'라고 지칭한다. 어떤 문화에서는 이 상태를 쿤달리니(Kundalini)라고 하기도 한다. 바디그래프를 보면 루트 센터만 스로트 센터와 연결이 없다. 이는 어떤 중간 기관을 거치기엔 그 기세가 너무도 엄청나기 때문이다.

루트 센터가 스로트 센터와 연결이 없다는 사실을 단단한 시작점으로 삼고서 다시 바디그래프를 살펴보면, 루트 센터는 좌측 스플린 센터로 가는 3개의 통로를 통해 여과되는 동시에 우측 감정 센터에 압력을 전달하며, 마지막으로 매우 중요한 3개 채널을 통해 새크럴 센터와 연결됨을 볼 수 있다.

존재의 센터로서 루트 센터는 만물의 시작을 의미한다. 모든 시작은 압력을 통해 일어나는데 공동체를 만들고 새로운 장소로 이동하고 개별성을 찾고, 어떤 것을 개선시키는 압력 등을 그 예로 들 수 있다. 이는 이론적 개념이 아니다. 왜냐하면 인간의 진화과정에서 이루어진 급격한 발전은 항상 이 거대한 압력을 받아서 이루어졌기 때문이다. 따라서 존재적 압력은 문화 및 개인 차원의 흥망성쇠라는 자연적인 조건이 되어 진화에 박차를 가하게 된다.

지금까지 스플린 센터의 두려움, 아즈나 센터의 걱정과 불안, 솔라플렉서스 센터의 고통, 루트 센터의 존재적 압력까지 다양한 센터의 역동적 힘을 알아보았다. 지구에 온 것을 환영한다!

루트 센터의 생물학적 대응 기관은 스트레스 호르몬을 분비하는 기관인 부신(副腎, adrenal glands)이다.

6. 에고 센터(Ego or Heart)

일반적으로 사람들은 '에고(ego)'라는 단어를 부담스러워 한다. 이기주의자(egoist)라는 말은 보통 도덕적인 비난으로 여긴다. 여기 휴먼 디자인 시스템에서 이 같은 가치 판단은 보류한다. 그것이 어쨌든 간에 진화를 통해 인간이 에고 센터를 발달시킨 이유는 이 센터가 필수

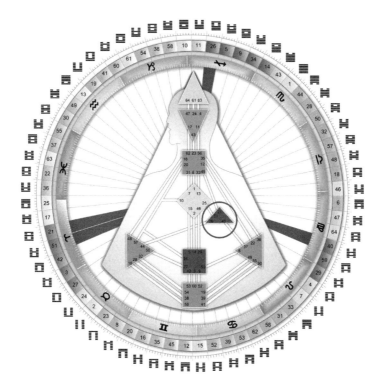

적이기 때문이다.

에고 센터는 의지력의 모터 센터다. 그러나 모터 센터일 뿐이기에 자각이나 결정을 내리는 위치에 있지 않다. 따라서 에고 센터와 관련된 중요한 질문은 다음과 같다. 에고 센터는 과연 누구를 위한 것인가?

에고 센터의 모터는 물질적 차원의 성공을 가져오는 일터와 관련 있다. 에고 센터와 새크럴 센터의 근본적인 차이는 끊임없이 일을 하는 새크럴 센터와 달리 에고 센터는 목표지향적일 때 가장 효율이 높다는 것이다. 목표 달성 후에는 재충전을 위해 휴식 기간이 필요하다(새크럴 센터는 아침부터 저녁까지, 연초부터 연말까지 계속 일을 할 수 있다.).

물질적 차원의 성공이란, 돈을 벌거나 이해관계를 확실히 하는 것만을 의미하지 않는다. 신혼집에 함께 들어서는 부부도 물질적 차원에서 확실한 이해관계에 묶여 있다. 구성원들을 잘 살게 하기 위한 도구로서의 인간 사회가 가정에서 잉태된다.

모터 센터의 요약

모터 센터 중에서도 새크럴 센터는 가장 강력하고 지속적인 모터 센터이다. 새크럴 센터는 매일 일할 수 있는 힘을 지녔고, 그 힘은 계속 재생된다. 새크럴 센터의 '장기간의 유용성'은 해를 끼치지 않는다.

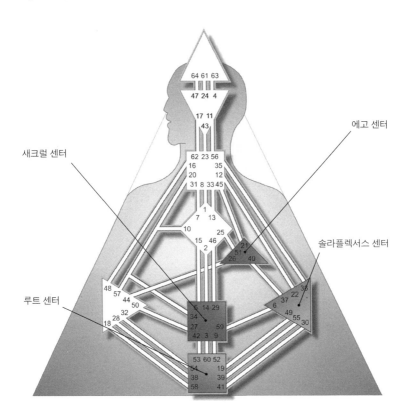

새크럴 센터

에고 센터

솔라플렉서스 센터

루트 센터

감정 센터는 기분에 따라 힘을 발휘한다. 우리가 기분이 좋으면 에너지가 솟고, 기분이 나쁘면 에너지가 줄어든다. 에고 센터는 목표 지향적일 때 엄청난 힘을 발휘한다. 따라서 에고 센터는 일정한 기간 내에 일한다. 그리고 그 이후엔 확실한 휴식이 필요하다.

루트 센터의 모터는 응급 상황을 대비한다. 스트레스 상태에서는 한정된 시간 내에 놀라운 일을 해내지만 그 대신 값비싼 육체적 손실이 따른다. 루트 센터가 지속적으로 가동되는 상황은 매우 파괴적일 수 있다.

7. 헤드 센터(Head)

바디그래프를 전체적으로 보면 맨 아래 존재적 루트 센터의 압력이
존재한다. 이 압력은 우리의 행동을 조절하고 발전시켜 인류 진화의
원동력이 된다.

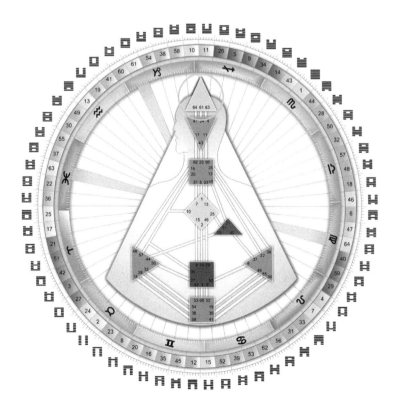

하지만 우리는 아래에서뿐 아니라 위에서부터도 압력을 받는다. 헤드 센터는 모터 에너지가 없는 압력 센터이다. 헤드 센터의 압력은 특이하게도 생각의 압력이다. 헤드 센터는 정신적 압력, 좀 더 부드러운 말로 하면 영감의 압력을 지닌 센터다. 우리는 주로 질문의 형식으로 이 압력을 경험한다. 루트 센터의 존재적 압력처럼, 헤드 센터에도 사고적 압력이 작용한다.

헤드 센터에서 비롯되는 질문을 통해 우리는 언어를 발전, 적용, 변형시켜 정신세계의 새로운 가능성들을 창조한다. 헤드 센터의 생물학적 대응 기관은 송과선이다. 송과선은 신피질과 뇌의 심층부 간 정보의 흐름을 조절한다. 즉, 뇌의 심층부에 있는 회질과 신피질 간 정보 전달에 관여한다.

이는 영감이 굳이 외부에서만 오는 것이 아님을 알려준다. 신피질은 영감을 외부에서 받는다. 왜냐하면 두뇌 심층부의 회질은 마인드에 접근할 수 없기 때문이다. 하지만 두 부분 모두 동일한 조직의 일부이다. 인간 정신 작용의 90% 이상은 우리가 의식으로는 접근 불가능한 뇌의 회질 영역에서 일어난다.

헤드 센터에서 일어나는 정신적 압력은 어마어마해서 심각한 장애까지 일으킬 정도다. 그럼에도 불구하고 이 압력이 필요한 이유는 압력이 없을 경우에 우리의 사고는 이미 존재하는 개념의 틀 안에 단단히 갇히기 때문이다. 바디그래프에서 볼 수 있듯이 헤드 센터는 아즈나 센터에만 연결되어 있다. 영감의 압력 또는 질문은 오로지 정신을 담당하는 기관에만 영향을 미친다. 전체적으로 보면 인류는 진화의 틀에 꽉 끼여 움직이는 듯하다. 위아래로 동시에 압력을 받으며 인류는 발전한다.

8. 셀프 센터(Self or G)

불행히도 '자아(self)'란 말은 다소 부정적인 의미로 쓰인다. '에고' 와 마찬가지로, '자아'는 종종 매우 평가적으로 사용된다. 예를 들어 '신성의 반짝임', '우리 안의 최고의 것', '진정한 자아' 등의 수식어가

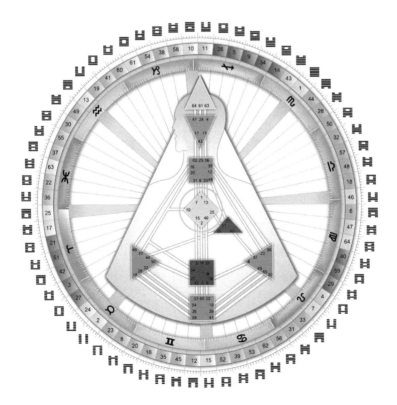

존재한다. 휴먼디자인 시스템에서는 우리의 모든 것이 우리의 본성을 나타낸다고 본다. 특히 이 셀프 센터의 개념은 휴먼디자인 시스템에서 특별한 위치에 있다. 자아 센터는 근본적인 정체성의 센터이며 사랑 및 방향성과 관련이 있다.

정체성에 대해 논할 때 우리는 먼저 표면적인 조건을 떠올린다. 여러분도 마찬가지이다. 열 개의 문장으로 자신이 누군지 설명한다고 치자. 시간도 있고 기분도 내킨다면 열 개의 문장을 종이에 써보라.

무엇을 썼는가? 이름, 나이, 직업, 국적, 출신, 좋아하는 것, 경력, 재산? 정체성은 그보다 더 본질적이고 근원적이다. 정체성이란 무엇보다도 자신이 위치한 곳을 의미한다. 이상하게 들릴지 모른다. 하지만 정체성, 즉 식별 가능한 존재임을 궁극적으로 구성하는 요소는 무엇인가?

이 문제를 좀 더 들여다보면, 존재란 특정한 시간에 특정한 장소에 있는 것임을 알 수 있다. 즉, 그 어느 누구도 똑같은 장소와 똑같은 시간에 있기는 불가능하다. 이 시공간의 구체적인 궤적이 바로 우리의 존재이며, 그런 의미에서 그 누구도 동일한 존재가 될 수 없다. 우리의 고유한 정체성은 기하학적으로 설명할 수 있다.

이는 다른 식으로도 볼 수 있다. 당신과 똑같은 사람이 하나 더 있다고 하자. 당신과 똑같은 복제인간이다. 언어, 취향, 재능 등 모든 것이 동일하다. 그 누구도 둘을 구분하지 못한다. 그래도 남게 되는 서로의 차이점은 무엇이겠는가? 바로 지금 당신이 위치한 시공간이다. 오로지 이 시공간을 통해 두 사람은(당신과 도플갱어) 서로 다른 존재가 되는 것이다. 이는 우리가 있는 장소가 생각보다 훨씬 중요하다는 사실을 의미한다. 하지만 우리가 언제 어디에 있는지 누가 결정하는가?

셀프 센터는 방향성의 센터다. 여기서 우리는 거시적, 미시적 관점을 나누어 보아야 한다. 우리는 실제로 공간 안에서 움직이는 실체이다. 이 움직임은 거시적 차원에서도 관찰된다. 태양을 도는 지구, 은하계 안의 태양계, 그리고 은하계 자체도 우주 안을 움직인다. 보통 우리가 이 사실을 잊고 있거나 따로 생각해 보지 않는다고 해서 그 중요성이 저하되지는 않는다.

미시적 관점에서 봐도 우리는 매일 움직인다. 쇼핑도 가고, 집에도 가고, 친구도 만나고 가끔 여행도 간다. 이 모든 궤적을 만드는 것이 바로 셀프 센터다. 우리는 이 몹시 새롭고도 낯선 개념을 아주 구체적으로 시각화할 수 있다. 휴먼디자인에서 바디그래프의 구성을 설명했던 부분을 아직 기억할 것이다. 우리가 가진 정보는 두 가지로 나뉜다. 그 둘은 탄생 시간 행성의 위치를 나타낸 검정색 정보와, 탄생 시간에서 태양88도 전에 있던 행성의 위치를 나타낸 빨간색 정보다.

셀프 센터가 어떤 일을 하는지 제대로 알고 싶다면 우리가 탄 자동차, 즉 무의식적 특성인 빨간색 정보와 그 차에 탄 승객, 즉 의식적 특성인 검은색 정보를 떠올리면 된다. 우리는 기껏해야 자신이 누구인지 알게 된 승객인 것과, 여전히 정체 모를 자동차에 앉아 있다는 것까지 알 수 있다. 어떤 경우든 운전자는 고려되지 않는다. 그 운전자가 바로 셀프 센터다.

기존 센터들과는 달리 셀프 센터는 모터의 힘도 자각의 힘도 없는데다 압력을 행사하지도 않는다. 이는 당신(승객)이 셀프 센터와 의사소통을 할 길이 없음을 의미한다. 어디로 갈지를 두고 운전사와 싸우는 사람들이 세상에 가득하지만 모두 쓸데없다. 운전사는 당신의 말을 들을 수가 없기 때문이다. 따라서 당신은 승객으로서 단지 긴장을 풀면 된다! 시트에 깊숙이 앉아서 긴장을 풀고 마음껏 풍경을 감상하라. 운전하는 사람은 운전사이지 당신이 아니다!

1950년대 헐리웃 범죄 영화에서 자주 나오던 구형 택시를 떠올리자. 당신과 운전사 사이엔 가림판이 있다. 우리의 경우 이 가림판이 절대 부서질 일이 없다. 그 어떤 무기도 뚫을 수 없다. 승객인 당신은 당연히 온갖 행동이 가능하다. 웃거나, 울거나, 소리치거나, 날뛰거나, 농담을 건네거나, 아니면 그냥 편히 앉아 갈 수 있다. 어떤 행동도 용인되기에 해서는 안 되는 일이 없다. 하지만 아무리 그래 봤자 택시가 향하는 방향엔 눈곱만큼도 영향을 미치지 못한다. 운전하는 사람은 운전사이기 때문이다. 따라서 풍경을 감상하며 편히 앉아 가도 크게 손해 볼 일은 없을 것이다.

앞서 우리의 존재는 시공간 안에서의 상대적 위치를 의미한다고 하였다. 하지만 특정 시간에 특정 장소에 있다는 사실이 왜 그리도 중요한가?

왜냐하면 인간은 고립된 섬처럼 살기가 불가능하기 때문이다. 컨디셔닝에 대해 설명했던 부분을 기억해 보라. 우리가 있는 장소에 따라 우리를 컨디셔닝시킬 사람은 자동적으로 결정된다. 우리는 반드시 컨디셔닝의 영향을 받으며, 궁극적으로는 정체성까지 영향을 받을 것이다. 말하자면 우리의 존재는 우리 자신에 더하여 당시의 컨디셔닝 그 이상 그 이하도 아니다. 셀프 센터가 그리는 원은 닫힌 원이다. 셀프 센터는 우리가 특정 시간에 특정 장소에 있도록 이끈다. 특정 시간의 특정 장소에 따라 누구에게 컨디셔닝될지 결정된다. 그리고 컨디셔닝하는 사람은 우리의 정체성을 어느 정도 결정한다. 이 복잡한 기제를 통해 "내가 있는 곳이 바로 내 자신이다."라는 말이 성립되는 것이다.

셀프 센터의 중요한 특징 중 또 한 가지는 우리가 독립적 존재라는 환상을 심어준다는 것이다. 실제적으로 인류는 불가분한 하나의 전체로 볼 수 있다. 공상과학소설에서도 그동안 이 사실을 계속 암시해 왔다. 브뤼셀 자유대학교의 인공두뇌학자 프랜시스 헤일리겐(Francis Heylighen)은 말한다. "하나의 사회는 다세포 유기체로 간주될 수 있다. 모든 개인들은 세포와 같다. 개인 간 의사소통 채널의 연결망은 이 슈퍼 유기체의 신경계와 같다."

생화학자 그레고리 스톡(Gregory Stock) 박사는 한걸음 더 나아간다. 그는 인류가 새로운 형태의 유기체로 진화하는 일이 현실화되고 있다고 말한다. 그에 따르면 인류 진화의 다음 단계는 '메타맨(Metaman)'이다. 스톡 박사는 "메타맨의 등장은 근본적으로 달라진 새로운 세상의 시작을 알릴 것."이라고 확신한다. 메타맨은 '인류와 인류가 이루어 낸 과학 기술이 결합된 행성 차원의 단일 슈퍼 유기체'를 의미한다.(28)

휴먼디자인 시스템은 이를 지속적으로 주장해 왔다. 지금에서야 사람들은 인식하게 된 것이다. 하지만 우리는 일상을 전체의 일부로 경험하지 않는다. 우리는 개별적 존재로서의 경험만을 인식한다. 이 환상은 우리의 시공간 안에서 차지하는 현실적 위치 때문이다. 시공간의 관점에서 독립적으로 존재하기 때문에 우리가 다른 모든 존재들과 떨어진 독립적인 존재라고 착각하는 것이다. 물론 이렇게 된 이유가 있다. 다원적 경험을 위해서다.

표면에 몇 개의 단면이 있는 커다란 크리스털 덩어리를 떠올려 보자. 각 단면을 통해 보는 크리스털의 형태는 각각 다르다. 이 단면들, 즉 크리스털의 '경험'들은 크리스털 표면에 위치하기 때문에 그 수가 유한하다.

이제 이 커다란 크리스털이 산산조각이 났다고 치자. 작은 크리스털 조각들도 여러 단면을 가지고 있고, 그 단면을 통해 보는 형태는 각각 다르다. 하지만 원래 크리스털의 전체 표면이 가진 단면은 이제 수

백 수천만 개로 늘어났다. 무수히 많아진 것이다. 만일 이 단면을 '개별적 경험'이라고 하면, 우리는 이 전체 과정의 목적이 크리스털의 발전과 학습을 엄청나게 가속화하는 것에 있음을 알 수 있다. 이 초기의 크리스털을 '집단적 의식'이라고 할 수 있다. 독립적 존재의 환상은 우리로 하여금 무수한 개별 경험을 가능하게 하고(크리스털 단면의 증가를 통해) 따라서 상상할 수 없이 가속화된 의식의 진화를 가능케 한다. 이는 실제로 물리적 실체가 있는 크리스털을 가리키는 게 아니라 단지 진화 과정을 그리기 위한 비유일 뿐이다.

승객은 사실 관객이다. 승객은 일어나는 일에 개입할 수 없다. 승객의 유일한 임무는 관람, 사려 깊은 관찰자가 되는 것이다. 따라서 뒤에 기대어 앉아 풍경을 즐긴다면 여정이 즐거울 뿐 아니라 주어진 임무를 다하는 것이기도 하다. 의식의 진화를 가능케 하는 이 독립적 존재로서의 환상은 셀프 센터에 의해 유지되며 그 기제는 시공간적 독립성이다.

그런데 우리가 개별적 방향성을 유지하도록 하는 주체는 정확히 무엇인가? 셀프 센터 안에는 '마그네틱 모노폴(magnetic monopole)'이라는 것이 자리 잡고 있다. 마그네틱 모노폴은 말 그대로 물리적으로 존재하는 실체로서, 머지않은 미래에 발견될 것이다. 아직까지는 알려져 있지 않다. 물리학에서는 마그네틱 모노폴이 존재하는 것으로, 아니 적어도 존재할 것으로 추측한다. 마그네틱 모노폴이 존재한다면 이론 물리학에서 논란이 되는 문제들 상당수가 연기처럼 사라질 것이다. 하지만 지금으로선 이 모노폴을 아무도 발견하지 못했다.(35)

우리는 마그네틱이 자석이란 것을 안다. 자석은 양극, 즉 두 개의 극이 있다. 두 개 자석을 가져다 놓고 가까이 대면 어느 극인지에 따라 서로 밀거나 당긴다. 마그네틱 모노폴은 단극의 자석이며 따라서 오로지 끌어당기기만 한다. 우리를 궤적 위에 있게 만드는 것이 바로 이 인력이며, 이 인력은 사랑으로 표현된다. 사랑과 방향성은 궁극적으로 동일하다. 인간의 마그네틱 모노폴은 흉골 아래 위치해 있다.

여기서 말하는 사랑은 연애나 성관계와 전혀 상관이 없다. 이 사랑은 상당히 개인초월적인 사랑이다. 셀프 센터에 자리 잡은 사랑은 자아에 대한 사랑, 육체에 대한 사랑, 인간애에 대한 사랑, 만물에 대한 사랑이기도 하고 아니기도 하다. 우리가 매일 겪는 사랑(친구, 커플 사이 등)은 다른 센터와 관련 있다. 셀프 센터의 사랑은 태초의 단일체에 대한 우리의 기억인데, 개별적 경험이 가능할 만큼 희미한 기억이다. 이 사랑의 방식이 끝까지 살아남는다면 우리는 최초의 단일체로 되돌아갈 수 있을 것이다. 셀프 센터의 황도 게이트를 보면 이 센터의 구조가 유난히 조화롭다는 사실을 금방 알 수 있다.

셀프 센터의 6괘는 정확히 45도씩 떨어져 있다. 만일 신성한 기하학적 형태가 존재한다면 이는 바로 셀프 센터의 구조일 것이다. 셀프 센터의 생물학적 대응 기관은 간과 혈액이다.

9. 스로트 센터

셀프 센터와 마찬가지로, 스로트 센터는 어떤 분류에도 속하지 않는다. 스로트 센터에는 에너지도 없고 압력이나 자각도 없다. 하지만 바디그래프 중간쯤에 위치한 이 센터는 일종의 구심점 역할을 한다.

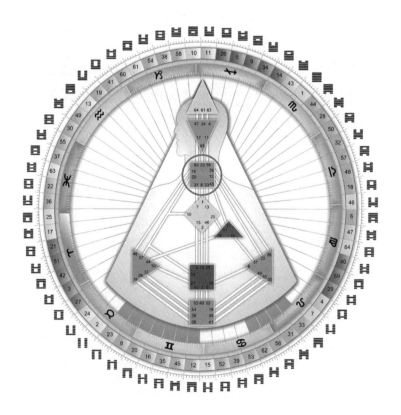

스로트 센터의 복잡함은 쉽게 알아볼 수 있다. 11개의 게이트를 가진 이 센터는 지금껏 봐 온 센터 중 가장 복잡하다.

스로트 센터의 주요 기능은 변형이다. 스로트 센터는 바디그래프 상의 다른 센터에서 출발하여 이곳에 도달하는 것들을 인지할 수 있는 무엇으로 바꾼다. 즉, 스로트 센터를 통해 우리는 외부 세상과 접촉하고 존재를 알릴 수 있다. 하지만 스로트 센터 혼자서는 아무 것도 할 수 없다. 다른 센터와의 연결이 핵심이다.

스로트 센터의 연결을 좀 더 자세히 보면 이 센터에 부여된 6괘의 구조에서 수용, 즉 순수한 음(陰)의 기본 3괘를 지닌 6괘 8개가 모두 스로트 센터에 있음을 알 수 있다.

따라서 스로트 센터는 무엇을 받고, 받은 것을 변형시키는 역할이 가능하다. 먼저 아즈나 센터와 스로트 센터의 연결을 보자. 생각, 개념, 통찰 등이 스로트 센터에 도착하면 어떻게 되는가? 소리로 표현된다. 이는 매우 당연하게 여겨지지만, 따져 보면 놀라운 변형 능력이다. 생각처럼 순수하고 내적인 무엇이 스로트 센터를 통해 타인이 인지할 수 있는 무엇으로 바뀌고, 심지어 이해 가능한 언어로까지 바뀐다. 말과 행동은 서로 본질적으로 다르다. 이는 아즈나 센터와 스로트 센터의 연결이 그 자체로는 어떤 실천력도 없음을 의미한다. 우리는 실제 아무 일도 하지 않고 상대와 끊임없이 이야기만 할 수 있다("이제 얘기는 충분히 했으니 뭘 할지에 대해 이야기해 보자."라는 실없는 농담도 있지 않은가.).

이제 스로트 센터와 직접 연결된 다른 센터들도 살펴보자. 스플린, 에고, 셀프, 새크럴 센터, 솔라플렉서스 센터가 있다. 스로트 센터와 직접 연결이 없는 센터는 루트와 헤드 센터다. 이 연결들은 각각 다르지만 공통점이 하나 있다면 말로 표현된다는 점이다. 스플린 센터가 스로트 센터에 연결되면 취향이나 직감이 말로 표현된다. 셀프 센터가 연결되면 셀프 센터가 말할 수 있다. 새크럴 센터가 연결되면 새크럴 센터가 말한다.

눈으로 봐도 알 수 있듯이, 4개 모터 센터 중 3개가 스로트 센터에 직접 연결되어 있다. 이 연결은 각각의 센터가 말로 표현될 수 있음을 알려줄 뿐만 아니라, 행동적 연결을 통해서 실제 실천으로 이어질 수 있음을 의미한다. 에고 센터는 채널 21-45를 통해, 감정은 채널 22-12, 36-35를 통해, 새크럴 센터는 채널 34-20을 통해 행동에 옮겨진다.

스로트 센터의 게이트는 표현을 가능하게 만드는 물리적인 토대를 마련하여, 모터 센터들에 의해 작동된다. 하지만 스로트 센터를 통해 실천으로 이행될 수 있는 다른 연결도 있다. 모터를 통해 스로트 센터로 가는 간접적인 연결들이 그렇다.

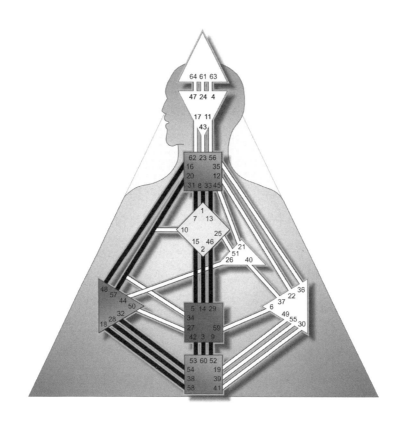

스플린 센터가 스로트 센터에 연결될 때는 직관만 말로 표현된다. 하지만 동시에 루트 센터가 스플린 센터에 연결되어 간접적으로 스로트 센터에 도달할 수 있게 되면 이 루트 모터 센터는 스플린 센터에서 걸러져 표현될 수 있다.

셀프 센터가 스로트 센터에 연결되면 셀프 센터가 말로 표현된다. 셀프 센터는 모터 센터가 아니기 때문에 실천과 관련된 어떤 행동도 일어나지 않는다. 하지만 동시에 새크럴 센터가 자아 센터에 연결되어 있다면 새크럴의 에너지가 간접적으로 행동에 옮겨질 수 있다.

결론적으로 모터 센터가 스로트 센터에 직접 연결된 경우 이 모터 센터는 말과 행동 둘 다로 옮겨질 수 있다. 모터 센터가 스로트 센터에 간접 연결된 경우 모터 센터는 말과 행동 둘 다로 옮겨질 수 있지만, 중간에 거쳐 가는 센터의 특성과 색채가 입혀진다. 모터 센터가 아닌 센터가 스로트 센터에 연결된 경우에는 말로는 옮겨지지만 행동으로 옮겨질 수는 없다.

이런 맥락에서 '행동'의 의미를 정의하는 것이 아주 중요하다. '행동'은 아무렇게나 움직이는 것이 아닌 무엇을 만들어 내고, 창조하고, 널리 알리는 행위를 의미한다. 새크럴 센터의 기능 중 움직이려는 충동이 있음을 앞서 배웠다. 만일 이 충동으로 인해 어떤 사람이 매일 운동을 한다면, 이는 단지 무엇을 '하는 것'뿐이지 무엇을 만들어 널리 알리는 행위는 아니다.

인간은 의사소통과 행동적 표현이라는 두 가지 고유한 능력을 지녔다. 인간의 언어는 우리가 인간답게 살 수 있게 만드는 진정으로 뛰어난 도구이다. 인간은 말로써 서로의 마음에 접근하기도 하고 서로의 본질을 전하기도 한다. 의사소통은 행동적 차원에서도 필수 요소이다. 인간의 협동이라는 놀라운 능력은 언어적인 의사소통이 없이는 불가능하다. 따라서 의사소통은 스로트 센터의 최우선적 기능이다.

하지만 인간은 행위 표현, 즉 뭔가를 행동으로 이루어 내는 존재이기도 하다. 바디그래프를 좀 더 자세히 보면 행동과 관련된 직·간접적 연결이 특별한 일을 담당한다는 것을 알 수 있다. 그런데 한편으로는 행동을 통해 의사소통하기도 한다. 이는 군이 특정한 사람을 향한 것이 아닌 경우도 있다. 예를 들어 정원에 울타리를 치는 행동은 '이 땅은 내 것이니 함부로 들어오지 않았으면 한다.'라는 의미도 있다. 행동을 통해 욕구를 간접적으로 충족하는 것이다. 내 행동의 결과는 분명하고 내가 무언가 했다는 것을 눈으로 확인할 수 있다.

현대에 들어서면서 '행동'과 '의사소통'은 그 경계가 급격히 희미해졌다. 의사소통을 통해 행동이 가능한 경우도 있다. 예를 들어 협동 작업(팀장일 경우), 또는 지적 작업(컴퓨터 프로그래머, 작곡가, 작가는 의사소통 전문가들이다.《해리 포터》의 작가 조앤 K. 롤링도 글쓰기라는 행동으로 옮긴 사람 중 하나이다.)이 그런 일들이다.

눈에 띌 정도로 복잡한 스로트 센터는 그 특성도 복합적이다. 스로트 센터의 생물학적 대응 기관도 마찬가지로 복합적이다. 스로트 센터의 생물학적 기관은 갑상선과 부갑상선이다. 이 두 기관은 변형을 촉진시키는 내분비 기관이다. 따라서 변형의 센터인 스로트 센터를 잘 상징하기도 한다. 생물학적 측면에서 이 변형은 신진대사를 의미한다. 갑상선은 음식물 대사를 관장하여 우리가 빠른지 느린지(갑상선 항진 및 저하), 키가 큰지 작은지, 뚱뚱한지 날씬한지를 결정한다. 갑상선이 스로트 센터와 동등한 위치라는 의미는 모든 변형이 스로트 센터를 통해 일어난다는 의미이기도 하다. 스로트 센터를 통해 변화가 가능하고, 우리 삶의 변화 또한 스로트 센터를 통해 일어날 수 있다.

-쉬어가기

휴먼디자인 우주론에 대한 간략 개관

다음의 내용은 '회색빛'이다. '라'는 강연에서 즉각적으로 검증되지 않는 내용을 설명할 때 이렇게 표현하곤 했다. 이 책에서 센터에 대해 배운 모든 내용은 각자 매일의 일상을 통해 검증할 수 있다. 그러나 휴먼디자인의 우주적 개념은 아직 실험으로 검증이 힘들다.

휴먼디자인에서는 소위 빅뱅을 '정자와 난자의 수정'으로 본다. 유일(ONE) 양(陽)인 크리스털(정자)은 유일 음(陰)인 크리스털(난자)과 부딪혔고, 그 순간부터 태아는 성장하였다(과학에서도 우주의 팽창을 말한다.). 두 개의 사실이 중요하다. 수정의 순간에 양과 음의 크리스털은 작은 크리스털 조각들로 산산이 부서졌다('크리스털'이란 용어는 비유적으로 쓰였다.).

음의 크리스털에서 나온 조각들은 디자인(design) 크리스털이다. 디자인 크리스털은 형태를 만들어 낸다. 양의 크리스털에서 나온 조각들은 의식(consciousness) 크리스털이다.

생명체가 되려면 세 가지가 필요하다. 형태를 만들 디자인 크리스털, 시공간 안의 형태에 방향을 부여할 마그네틱 모노폴, 그리고 집단적 의식의 일부인 퍼스낼러티(personality) 크리스털이다. 따라서 생명의 실험은 '형태 속 의식'의 실험이 된다.

"의식 크리스털의 어마어마한 수는 생명의 형태로 변환되지 않았고, 이것들은 육신화(肉身化)되지 않을 것이다. 이들은 '번들'(bundle)로 묶여 지속적인 의식의 행성적 차원 공간을 유지할 것이다."(29)

우연히도 이 수없이 많은 의식 크리스털 번들들은 소위 초자연적 현상의 원인이기도 하다. 사람이 이 번들들과 '접촉'할 때 자신의 지식으로 자신의 세계관에 맞게 해석한다. 어떤 사람은 성모 마리아, 어떤 사람은 UFO 외계인을 봤다고 한다(초자연적 현상이라 우기는 잡동사니들이 모두 번들과 접촉해서 생긴 것은 아니다.).

"각각의 번들 안에는 육신화를 기다리는 수많은 특수한 크리스털이 있다. 디자인 크리스털이 육신화되지 않을 경우 마그네틱 모노폴과 함께 지구 속 맨틀에 자리 잡고, 퍼스낼러티 크리스털은 대기 중에 떠 있게 된다."

여기서 우리는 인류가 태초부터 따를 수밖에 없었던 이원성의 기원을 발견한다. 지구 맨틀에 위치한 '어두운' 형태 영역, 매트릭스, 디자인 크리스털이 그 한쪽이고, 빛 속의 '천상의 왕국', 속세의 굴레를 벗어난 자유로운 다른 한쪽이 그것이다. 이 이원성의 양쪽은 '좋거나' '나쁜' 것이 아님을 이해해야 한다. 이 두 측면은 '형태 속 의식'이란 존재의 경험을 위해 필요하다. 또 하나 흥미로운 사실은 '늙거나' '어린' 영혼은 없다는 점이다. 태초부터 육신화된 크리스털이 있기도 하지만, 훨씬 많은 수의 크리스털은 육신화되지 않았다. 이 '번들'은 지구를 맨틀처럼 감싸고 있으면서 외부에서 흘러오는 뉴트리노 흐름을 걸러낸다. 따라서 지금의 의식 단계에서는 우주적 정보 흐름을 통한 프로그램의 영향력이 제한된다.

"남성의 마그네틱 모노폴이 지구 맨틀에 위치한 '번들' 중에서 마그네틱 모노폴 하나와 디자인 크리스털을 불러들이면서 수정란의 발생은 시작된다. 불려온 디자인 크리스털은 남성의 솔라플렉서스 센터 안으로 들어간다. 오르가즘의 순간에 디자인 크리스털은 단 하나의 정자 속에 있다. 정자는 크리스털의 마그네틱 모노폴에 이끌려 두 커플의 오라(Aura) 복합체 안에서 이동하는데, 남성의 솔라플렉서스 센터에서 생식의 채널인 6-59를 지나, 정자를 맞이할 난자가 위치한 여성의 새크럴 센터로 이동한다. 이것이 수정의 순간이며 육신화의 시작이다. 뉴트리노 흐름은 모체와 난자에 흐르고, 디자인 크리스털은 작동하기 시작하여 아이의 육신으로 나타난다."(31)

여기서 우리는 탄생 시간에서 태양 88도 전을 계산했던 것을 기억해야 한다. 이 시점에서 디자인 크리스털은 승객이 탈 수 있도록 자동차를 어느 정도 만들어 놓는다. 디자인 크리스털은 아즈나 센터에, 마그네틱 모노폴은 셀프 센터에, 퍼스낼러티 크리스털은 헤드 센터 위쪽에 '자리를 잡는'다.

이제 개별 존재로서의 환상 여행이 시작된다. 이 육신화의 마지막에 디자인과 퍼스낼러티 크리스털의 고유한 통합체는 죽음을 맞이한다. 마그네틱 모노폴과 해당 디자인 크리스털은 다시 지구의 맨틀로 돌아오며 퍼스낼러티 크리스털은 일반적으로 원래 있던 번들로 되돌아간다. 육신화 동안 겪었던 경험들은 번들을 더욱 풍성하게 만든다. 퍼스낼러티 크리스털은 뉴트리노 흐름을 통해 원래 속해 있던 번들로 세상의 경험을 전달한다. 육신화되지 않은 대부분의 퍼스낼러티 크리스털아 이 정보 전달 과정에 융화되는 동시에 번들이 지닌 필터의 성질도 조금씩 변화한다. 뉴트리노 스트림과 행성의 프로그램, 그리고 형태 내의 퍼스낼러티 크리스털의 구체적인 경험 정보를 통해 의식은 서서히 진화한다.

제3장

분석으로 가는 1단계 :
정의된 센터의 이해

지금까지 꽤 긴 여정을 통해 많은 내용을 다루었다. 또한 바디그래프의 가장 기초적 수준에서도 알 수 있는 정보가 많다는 것, 즉 센터에 대해서 알 수 있었다. 또한 휴먼디자인 시스템의 개념이 최근의 과학적 연구 결과와도 일치한다는 사실을 알 수 있었다.

하지만 지금까지 우리가 다룬 내용은 한 개인에 국한된 것이 아니다. 즉 모든 바디그래프에 공통적으로 적용되는 것으로, 개인 간 차이를 다루는 내용은 아니었다. 현실에서 우리는 언제나 특정인을 마주하게 되고 그 사람의 개별성이 그 사람의 바디그래프에 특별한 구조로 드러난다.

바디그래프를 통해 어떤 사람을 이해할 때, 우리는 이 사람이 올바로 기능하고 있는지 개인적 취약점은 무엇인지 이해하기 위해서 다시 센터부터 분석한다. 즉, 정의된 센터와 미정의 센터를 파악하여 센터 차원의 종합적 의미를 분석한다.

이제 센터들을 다시 살펴볼 텐데, 이번엔 각각의 센터가 정의되었는지 미정의되었는지에 초점을 맞출 것이다. 이 과정을 거치면 어떤 바디그래프라도 센터 차원에서 중요하고 올바른 정보를 알 수 있다. 또한 특정한 상황에 적절한 행동을 구체적으로 조언할 수 있다. 즉, 실제에 적용 가능한 내용을 지금부터 배우게 되는 것이다. 나, 부모, 자녀, 배우자의 바디그래프가 어떤 모양이든 상관없이 센터들은 정의되거나 미정의되거나 둘 중 하나다. 모든 다양한 경우를 살펴보게 되면 바디그래프 및 상대가 어떤 사람인지에 대한 기초적 이해가 가능할 것이다.

하지만 먼저, 어설픈 지식은 굉장히 위험하다는 점을 반드시 알아두어야 한다! 정의된 센터의 의미를 이해하고, 실제적이고 유용한 정보를 알게 되었다고 해서 종합 분석을 할 수 있다는 것은 아니다. 모든 센터를 다 살펴보았다고 해도 유형, 전략, 프로파일, 채널, 게이트, 라인과 같은 여전히 중요한 요소들은 생략되어 있다. 정의된 센터의 특성은 이 요소들로 인해 증폭되거나 조절되며, 그 중요성이 감소할 수도 있다. 하지만 한 사람을 이해하는데 정의된 센터 하나가 얼마나 유용한지 실제 상담자로서 거듭 경험하기도 한다. 따라서 다음의 내용은 상당히 중요하며, 자신의 삶에서 직접 실천을 통해 검증해보아야 한다. 또한 한 가지 사실이 전부는 아님을 항상 염두에 두어야 한다.

휴먼디자인 시스템은 모듈 시스템이다. 예를 들어 자동차 엔진의 작동 원리를 안다면 자동차에 대해 올바르고 유용한 정보를 하나 알고 있는 셈이다. 그래도 조향 장치나 기어 장치에 대해서는 여전히 모르는 것이다.정의된 센터를 알기 위해 앞서 정의와 미정의의 의미에 대해 언급한 부분을 떠올려 보자. 정의된 센터는 언제나 기본 출발점이 된다. 센터의 정의는 절대로 바뀌지 않으며 바뀔 수도 없다. 정의된 센터는 우리가 딛고 설 수 있는, 나아가 딛고 있어야 하는 단단한 바탕이다. 정의된 센터는 타인에 의해 컨디셔닝될 수 없고 오직 타인을 컨디셔닝시킨다. 마치 발신기처럼, 정의된 센터는 자체의 특성을 그 센터가 미정의된 다른 사람에게 발산한다. 정의된 센터에 대해 세상 사람들은 언제나 거울이 된다. 거울에 비춰 보이는 것은 이미 우리가 지닌 어떤 특성이다.

　센터가 정의됐다고 해서 아무 문제가 없다는 말은 아니다. 무엇보다도 일부 정의된 센터의 특성들은 부정적인 영향을 미칠 수 있다. 두 번째로, 주변 환경이 우리 본모습대로 사는 것을 방해할 수 있다.

　세 번째로, 정의된 센터라도 올바로 다루어져야 한다. 궁극적으로 센터가 정의되었다는 것은 우리가 가진 역량을 인지하고, 그 역량을 올바로 발휘하고, 나아가 우리 본모습대로 사는 것을 의미한다. 이제 자각의 잠재력을 지닌 센터부터 순서대로 하나씩 살펴보기로 하자.

1. 정의된 스플린 센터(Spleen)

앞서 우리는 스플린 센터가 신체적 웰빙 센터라고 하였다. 스플린 센터는 몸의 세탁기, 즉 청소와 보호 기능을 담당한다. 스플린 센터는 지금 옳은 것이 무엇인지 판단한다. 스플린 센터에 있어 '옳다'의 의미는 언제나 생존이나 건강에 도움이 되는 것을 의미한다.

따라서 스플린 센터가 정의되었다는 것은 무엇보다 신체적 웰빙이 정의되었음을 의미하는데, 이는 다른 사람과 상관없는 독립적 특성이다. 바로 그 때문에 스플린 센터가 정의된 사람들은 독립적인 생활이 더 수월하다. 동시에 웰빙은 신체적 건강도 의미한다. 만일 나쁜 균과 싸우느라 면역 체계가 '흐트러지면' 스플린 센터가 정의된 사람은 불편함을 느낀다.

스플린 센터의 기제는 즉 '신체적 웰빙 상태이기에 나는 건강하다'와 '신체적 웰빙 상태가 아니기에 나는 아프다'의 말로 잘 표현된다.

정의된 스플린 센터는 생존과 건강을 보호하기 위해 특별한 방식으로 작동한다. 이는 면역 체계뿐 아니라 사람들과의 관계에서 나타나는 행동에도 드러난다. 정의된 스플린 센터는 신체적 질환과 싸우는 일관된 방식이 있다. 병의 발생, 악화, 회복까지 일정한 패턴을 따른다. 예를 들어, 어떤 병에 걸리면 항상 고열이 동반된다. 고열을 잠시 앓고 나면 감염을 이겨 내어 급속도로 회복된다. 정의된 스플린 센터가 미정의된 스플린 센터보다 반드시 더 건강한 것은 아니지만 변함없는 일정한 방식으로 질병과 싸운다.

현실에서 더욱 중요한 점은 언제나 믿고 따를 수 있는 고유의 직감이 정의된 스플린 센터에 존재한다는 점이다(여기서 직감은 본능, 취향, 직관을 아우르는 포괄적 개념이다.). 따라서 정의된 스플린 센터는 현재 시점에서 무엇이 건강하고 생존에 도움이 되는지 확신 가능하다. 이 확신은 타인에 의해 컨디셔닝되는 일이 결코 없으며, 그 사람의 진정한 정체성의 일부가 된다. 정의된 스플린 센터는 보통 건강한 삶으로 우리를 이끈다. 정의된 스플린 센터는 심지어 당사자도 모르는 사이에 건강에 도움이 되는 판단을 내린다.

다음처럼 이해하면 된다. 우리는 어떤 것이 건강에 도움이 되는지 의식적 수준에서는 잘 모른다. 예를 들어, 정의된 스플린 센터를 지닌 사람이더라도 건강하지 못한 식습관을 지닐 수 있다. 그런데 이 식습관이 결국 어떤 한계점, 즉 건강을 위협하기 시작하는 순간 직감이 작동한다. 갑자기 어떤 음식이 먹기 싫어지는 것은 우리 몸에서 질병을 씻어내는 과정일 수 있다. 고열, 설사, 복통을 수반하는 독감을 앓기 시작하면서 입맛이 떨어지는 증상은 우리 몸을 청소하려는 본능의 작용일 수 있다.

그렇다고 해서 가장 기초적 수준의 행동에만(음식 섭취, 수면) 직감이 작용하는 것은 아니다. 직감은 인간관계, 직장, 취미의 건강성에도 작용한다. 정의된 스플린 센터는 종종 우리가 알지 못하는 사이에 필요한 일을 한다.

지금까지 설명한 내용은 의식 수준에서는 접근이 불가능하다. 즉, 이는 의식적으로 결정을 내리는 상황과 다르다. 정의된 스플린 센터가 저녁 초대에 응할지 말지 결정한다고 하자. 올바른 결정, 즉 건강한 결정은 즉각적으로 내릴 수 있다. 하지만 반드시 중대한 순간에만 가능하다. 즉, 월요일에 토요일에 있을 저녁 식사 초대를 받아 이를 수락했다고 해도 이는 아직 결정을 내린 셈이 아니다. 진정한 결정은 정의된 스플린 센터가 토요일 저녁에 실제로 식당의 문을 열기 직전에 이루어진다. 스플린 센터는 항상 그 순간에 올바른 결정을 한다는 점을 기억하라. 그리고 바로 그 지점이 문제가 발생하는 지점이기도 하다.

토요일에 있을 저녁 초대장을 해당 날짜 며칠 전에 받았다. 정의된 스플린 센터가 토요일 저녁 식사에 참석하기로 월요일에 결정한 것은 그 판단이 옳을 것이라는 가능성만 지닐 뿐이다. 하지만 토요일이 되어야 스플린 센터는 그것이 진정 건강한 결정이었는지 알 수 있다. 토요일 저녁 식사 시간 직전에도 그 식당에 가고 싶지 않은 스플린 센터의 충동이 충분히 일어날 수 있다.

스플린 센터는 모터 센터가 아니다. 이 충동은 뇌리를 관통하는 성질을 지녔지만 모터 에너지나 지속성을 지니지 못한다. 이 충동은 딱 한 번만 일어나기 때문에 쉽게 무시될 가능성이 아주 높다. 위의 예에서 정의된 스플린 센터가 식당 문을 열기 직전 '싫어'라는 충동적 신호를 발생시킨다 해도, 마인드는 이를 발로 뻥 차버리며 이렇게 말할 것이다. "그러면 안 되지. 이미 약속했잖아. 초대한 사람이 널 어떻게 생각하겠니? 지금 안 가면 넌 앞으로 절대 초대받지 못할 걸. 말도 안 되는 짓 하지 마."

만일 이 사람이 대부분의 보통 사람들처럼 마인드에 내적 결정권을 쥐어 준다면, 직감의 반대에도 불구하고 당연히 식당으로 들어갈 것이다. 그리고 자연스럽게 건강에 좋지 않은 일이 일어날 것이다. 예를 들어, 먹었던 음식이 체할 수 있다. 만일 이 일이 매우 자주 일어난다면 직감의 발생, 아니, 적어도 직감을 알아채기가 점점 어려워질 것이다.

정의된 스플린 센터는 순간을 위해, 순간에 의해 즉각적으로 작동할 수 있고, 또 그렇게 되어야 한다. 이 즉흥성을 활용하면 다른 사람을 놀라게 하거나 화나게 할 수 있는 상황이 올 수도 있음을 감수할 줄 알아야 한다.

정의된 스플린 센터 때문에 타인에게서 다음과 같은 말을 들었다고 하자. "넌 믿지 못하겠어. 넌 변덕이 심해. 도무지 종잡을 수가 없어." 이는 일이 아주 잘 돌아가고 있다는 신호다.

정의된 스플린 센터에 대한 상당히 기초적인 밑그림을 정확히 이해하고 넘어가기 위해서는 소위 정의된 감정 센터를 함께 보는 것도 도움이 될 수 있다. 스플린 센터는 감정 센터와 새크럴 센터가 미정의되어 있을 때만 내적 결정권이 될 수 있다. 이는 논리적으로 다음의 결론으로 이어진다. 즉, 어떤 센터를 말할 때는 반드시 다른 센터를 고려해야 한다는 점이다. 이제 정의된 스플린 센터에 대한 좀 더 심층적인 내용을 다뤄 보기로 하자.

스플린 센터가 정의된 상태에서 솔라플렉서스 센터가 미정의된 경우 또는 정의된 경우를 함께 생각해 볼 수 있다. 전자의 경우 스플린 센터는 내적 결정권이 된다. 이 사람은 즉각적인 결정에 따라 행동해야 건강하다.

후자의 경우 정의된 스플린 센터는 타인에 의존하지 않는 독립적인 신체적 웰빙을 뜻하며, 일정한 방식으로 질병과 싸울 수 있는 면역 체계 등을 의미한다. 하지만 다른 점이 있다. 스플린 센터가 정의되었다고 하더라도 정의된 감정 센터를 지닌 사람들은 절대 즉각적인 결정에 따라 행동하면 안 된다. 우리는 이를 다음 장에서 살펴볼 것이다.

2. 정의된 감정 센터(Solar Plexus)

우리는 앞서 솔라플렉서스 센터가 배 속 두뇌나 장 신경계와 상당히 밀접한 관련이 있음을 대략적으로 알아보았다. 장 신경계는 엄청나게 다양한 종류의 내분비 물질을 생산하는데 이는 우리의 마음 속 정서로 경험된다. 센터가 정의된다는 것은 항상 일관성, 정체성, 제한점이 있음을 의미한다. 정의된 감정 센터는 정의된 감정의 순서를 의미하며 이는 파동으로 설명할 수 있다.

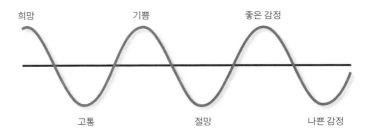

즉, 감정적으로 정의된 사람들은 일관되고 독자적인 주기적 감정 변화를 겪는다. 이들은 어떤 때는 기분이 좋다가도 또 어떤 때는 기분이 나빠진다. 두 상태 모두 뚜렷한 외적 변인 없이 일어날 수 있다.

감정적으로 정의된 사람은 어느 날 아침 일어났을 때 기분이 참 좋은 때가 있다. 새들은 지저귀고, 태양은 빛나며, 만물이 사랑스럽다.

그런가 하면 아침에 일어났는데 주변이 모두 칙칙한 회색빛에 답답하고 절망스러울 때도 있을 것이다. 대략적으로 말하면, 감정적으로 정의된 사람은 인생의 반은 기분이 좋고 반은 기분이 나쁘다. 다시 말하면, 기분이 좋고 나쁨은 큰 의미가 없다는 말이다.

그럼에도 불구하고 기분은 우리의 지각 전체에 색채를 덧씌워서 자신도 모르게 기분파로 만든다. 기분이 '좋은 날' 하는 계약은 더 좋은 기회처럼 여겨진다. 이때는 활기차고, 낙관적이며, 무비판적이다. 약간 들떠 있다고도 볼 수 있다. 얼른 서명하고 싶어 밑에 쓰인 글씨들은 보지도 않는다. 다음날이 되고 기분이 조금 바뀌어 정신이 약간 말짱해진 상태가 되면, 전날 무심코 지나친 사항들이 하나하나 눈에 들어오면서 그렇게 급하게 서명을 해버렸던 자신이 믿기지 않게 된다.

그런가 하면 만일 기분이 '나쁜 날'에 새로운 이성을 만났다면 실제보다 덜 매력적이게 보이고 관심이 덜 갈 수 있다. 그러다 며칠 후 다시 만났을 때, 왜 첫 만남에서 이 사람이 눈에 안 띄었는지 도무지 알 수가 없을 것이다.

근본적으로 감정적으로 정의되었다는 의미는 평생 정신이 말짱할 때가 없음을 의미한다. 항상 눈앞에 색안경을 쓰고 있기 때문에 때로는 분홍빛, 때로는 회색빛의 세상을 보지만 절대 있는 그대로는 볼 수가 없다. 시야에 다른 색깔이 항상 덧칠되기 때문에 실제 현상의 본질을 알 수가 없는 것이다. 바로 이 때문에 감정적으로 정의된 사람들의 금과옥조는 다음과 같다. "진실은 현재에 있지 않다. 미래에 있다." 감정적으로 정의된 사람들은 즉흥적 결정을 내려서는 절대로 안 된다. 즉흥적 결정에는 언제나 이 감정 파동이 덧입혀지기 때문에 상황 판단을 흐리게 만든다.

물론 우리는 감정 기복이나 감정의 변덕에 다들 익숙하다. 감정은 보통 부정적인 의미로 많이 쓰이는데, 현재 시점에서는 항상 뿌옇게 보일 수밖에 없는 딜레마를 정확히 의미한다.

하지만 아직 설명하지 않은 극적인 특성이 남아 있다. 감정은 그 색깔(좋은 기분, 나쁜 기분)만 있는 것이 아니다. 감정엔 에너지가 있다. 감정 센터는 모터 센터다. 그러면 이 에너지가 최고가 되는 때는? 당연히 파동이 최고점을 기록할 때다. 나는 이 지점을 축복의 시점(제일 높은 지점)과 절망의 시점(제일 낮은 지점)이라고 하겠다. 이 두 시점은 바로, 상황을 그대로 보기가 거의 불가능한 지점이기도 하다. 축복의 시점에서는 오로지 낙관적으로 보이고 절망의 시점에는 오로지 절망적으로 보인다. 그리고 이 시점에서 행동이나 결정을 내리고자 하는 충동이 가장 강력해진다.

감정적으로 정의된 사람들이 일상적으로 겪는 일은 감정에 따라 즉흥적인 결정을 내리고 나서 다음날 도대체 왜 그랬는지 납득을 못하거나 후회하는 일이다("내가 왜 그랬지?" "왜 그렇게 바보 같았지?").

감정 파동의 최고·최저점은 책임을 묻기 어려운 시점임을 완벽하게 이해하고 넘어가야 한다. 이 상태가 대단한 이유는 그 힘의 강도에 있다. 동시에 이 힘이 강하면 강할수록 명료함은 줄어든다. 하지만 최대치의 에너지를 지니고, 이는 행동이나 결정을 하게 만드는 충동으로 이어지기 때문에 감정적인 사람들은 일반적으로 잘못된 순간에 행동하고 판단해 버린다. 다음날 후회하는 것도 당연하다.

감정적으로 저지른 범죄에 대해서는 왜 정황이 인정되는가? 음주도 마찬가지다. 왜냐하면 극단적 감정 상태에서는 심지어 심리적인 문제가 없더라도 책임이 없다는 방향으로 사람들이 용인해 주기 때문이다.

모든 감정적 사람들이 지켜야 할 원칙이 있다. "밤에 자면서 생각해 볼게." 그 즉시 행동하지 않는다, 그 즉시 결정하지 않는다, 결정하기 전에 적어도 하룻밤의 여지를 둔다.

그렇게 한다고 해도 여전히 다음 날 감정적으로 맑지 않을 수 있지만, 적어도 책임을 물을 수 없는 시점은 지나게 된다. 감정은 주기적 파동이라서 흘러가게 되어 있다. 만일 전날 밤 축복으로 취해 있어서 사형 선고라도 자진해서 서명할 정도였다고 해도, 다음 날 아침이 되면 적어도 조금은 말짱한 정신이 되어 종이에 뭐가 쓰여 있는지 한번쯤 들여다보게 되는 것이다.

감정적으로 정의되었을 경우 올바로 감정을 다루는 첫걸음은 절대 즉흥적인 판단을 내리지 않고, 적어도 하룻밤의 시간을 주는 것이다. 감정과 씨름하라는 말이 아니다. 마인드는 감정을 제어할 수 없기 때문에 그 싸움은 이미 진 싸움이다. 하지만 축복이나 좌절의 감정에 휘둘리지 않고, 최고·최저 지점이 지날 때까지 파동이 흘러가길 기다릴 수는 있다.

세 가지 파동 형태

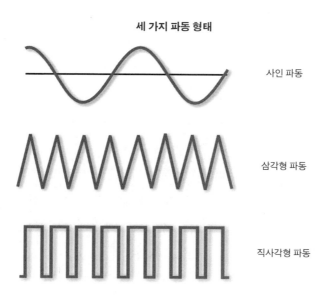

사인 파동

삼각형 파동

직사각형 파동

감정적으로 정의된 사람들의 핵심 주제는 '감정적 명료함을 어떻게 얻는가'이다. 지금, 현재 이 순간에는 절대 명료할 수 없으며 오로지 기다려야 된다는 것을 알았다. 하지만 우리가 감정적인 명료함을 어떻게, 언제 알게 되는가?

일단 감정 센터의 구체적 정의를 기억하고, 동시에 결정해야 하는 사안도 염두에 두고 있어야 한다. 솔라플렉서스 센터의 기원을 떠올려 보자. 배 속 두뇌는 소화 과정에서 비롯되었다. 감정적 명료함을 단순하게 소화나 숙성의 과정으로 생각해 보기로 하자. 빨리 소화되는 음식이 있는가 하면 '한참 더부룩한' 음식도 있다. 우리는 소화의 속도를 결정할 수 없으며, 단지 소화가 될 때까지 기다리는 수밖에 없다. 감정적인 사람들에게는 인내, 참을성이 커다란 미덕이 됨을 알 수 있다.

한편 우리는 거름더미를 상상해 볼 수 있다. 처음에 이 거름 더미엔 썩기 전 상태의 물질들이 있을 것이다(기분에서 비롯되는 다양한 가치 판단과 유사). 하나하나의 물질은 그다지 큰 의미가 없다. 하지만 시간을 충분히 주면, 이 거름더미 속 다양한 물질들은 점차 분해되면서 다시 새로운 어떤 것, 즉 영양가가 풍부한 비료로 거듭나게 된다. 마찬가지로 시간을 두고 이루어진 감정적 판단들은 성숙한 평가, 성숙한 감정 판단으로 이어진다. 이 판단은 순간적인 감정 파동에 영향받지 않을 뿐 아니라 오히려 순간적인 감정 판단들이 성숙된 판단으로 모아진다.

이 상태를 다양한 방법으로 알 수 있다. 중요한 신호 중 하나는 어떤 결정을 내리기 전에 조바심이 느껴지지 않는다는 점이다. 조바심은 솔라플렉서스 센터의 기능으로, 경고의 신호다. "기다려. 아직 때가 아니야. 시간이 더 필요해."

하지만 아마도 감정적 명료함을 알리는 가장 중요한 신호는 그 결정과 함께 기분이 정말 좋아진다는 점이다. 이 과정을 한 번 거친 다음 감정적 명료함을 가지게 되면, 심지어 그 실제 결과가 힘들지라도 자유롭고, 침착하며, 심지어 활력이 솟는 느낌이 든다.

그러면 자연스럽게 다음 질문이 떠오른다. 그 같은 과정을 신뢰해서 감정적인 사람들이 얻는 것은 무엇인가? 이 과정은 짜증이 나고(일단 기다려야 한다. 감정적 사람들은 종종 매우 참을성이 없다.) 어려울 뿐 아니라(감정에 집중해야 한다.), 비논리적이고 무책임하고 형언할 수 없는 결정으로 이어지기도 한다.

우선 나쁜 소식은 이 명료함으로 향하는 과정을 올바로 겪고 있다고 해도 그 결정이 옳을지는 여전히 미지수라는 것이다. 여전히 '잘못된' 배우자와 결혼하고, 아무 소득 없는 종목에 투자를 하고, 실패로 끝나는 직업을 택할 수 있다. 행복, 부, 건강이 무조건 보장된 사람은 아무도 없다.

좋은 소식은 비록 위의 경우에 해당되었다고 하더라도, 자신에게 문제가 있는 것은 아니라는 점이다. 헤어지게 되어서 슬프긴 하지만 자신에게 이렇게 말할 수 있다. "헤어지게 돼서 참 슬프다. 하지만 그렇게 할 수밖에 없었어. 나를 위한 결정이었고, 앞으로 비슷한 상황이 와도 똑같이 할 거야!" 즉, 얻게 되는 것은 마음의 평안, 자신과의 화해이다.

정의된 솔라플렉서스 센터가 할 수 있는 두 가지 실수가 더 있다. 우리는 이를 알아두어야 한다. 첫 번째 위험은 내적 결정권을 파동이 아니라 마인드에 주는 것이다. 이는 놀랍지도 않다. 감정적으로 정의된 사람들은 적어도 어릴 때, 그리고 나중에 늙어서도 파동에 의거한 감정적 결정을 내리고 그 다음날 후회하고 종종 성급한 행동이나 결정으로 인한 뼈 아픈 대가를 치르게 된다. 인간은 매우 적응적인 동물이다. 휴먼디자인이 아니더라도 감정적으로 정의된 존재들은 이 파동의 변덕을 잘 알고 있다.

하지만 이들은 파동을 감정과 동급으로 놓는 실수를 범한다! 이들은 파동이 아니라 감정을 신뢰하지 않기 시작하고 감정을 무시하기 시작한다. 이는 당연히 감정적 명료함을 낳지도 않을 뿐더러 파동만을 고유한 감정으로 생각하기 시작한다. 따라서 결정을 내리기 위해 이들은 감정을 차단한 다음 논리적, 즉 고민을 통해 결정을 내리려고 애쓴다. 이 경향성은 보통 여자보다는 남자에게 더 강한데, 왜냐하면 여성의 자기 이미지는 감정에 좀 더 밀접하기 때문이다. 남자들은 스스로나 타인에게 합리적인 사람이 되려고 하는 마음이 크다. 감정적으로 정의된 여성의 수만큼, 감정적으로 정의된 남성들도 많은데 말이다.

감정적 존재가 논리적 결정을 할 때 치르게 될 대가는 세 배로 치솟는다. 우선, 자신의 감정을 무시하면 행복이나 내적 평안에 절대 이르지 못한다. 둘째, 논리적 결정을 내리게 되면 우리는 이를 계속 자문하며 그 회의감 때문에 강력한 내적 불안과 걱정이 생긴다. 셋째, 배 속 두뇌를 지속적으로 무시하면 배 속 두뇌는 결국 신체적 증상을 통해 자신의 결정을 알리는 방식을 택하게 된다.

최근 널리 알려진 질병인 과민성 대장 증후군에 대한 최초의 약물이 시판되었다. 이 약은 배 속 두뇌와 생각 간의 강한 관련성을 밝히는 연구 결과에 기초하고 있다. 애초에 항불안제로 개발된 이 약은 과민성 대장 증후군으로 고생하던 수백만의 인구에게 도움을 줄 것으로 기대된다. 과민성 대장 증후군은 가벼운 불편감, 불규칙적 대장 운동, 부글거림, 복부 통증의 증상이 있다. 적어도 인구의 20퍼센트가 이런 증상을 앓고 있으며, 다른 20퍼센트는 만성 변비와 같은 여타의 기능성 장애를 앓고 있다.

이 사람들의 소화 기관이 왜 제 기능을 못하는지 아직 의사들도 그 원인을 모른다. 어떠한 해부학적, 생화학적 원인이 밝혀진 것이 없다. 이 때문에 과민성 대장 증후군 환자들이 가끔 중증의 건강 염려증을 지닌 정신병자로 취급받기도 한다. 마이클 쉐먼은 다수의 이런 질병들의 실제적 원인이 배 속의 '신경 이상'이라고 주장한다. 배 속 두뇌가 제멋대로 굴기 때문이다. 아니면 상-하향 정보 전달에 오류가 생겼을 가능성도 있다. 적어도 50개 이상의 질환이 이러한 의사소통 오류에서 일어난다.(32)

다른 말로 하면, 감정적으로 정의된 사람은 감정을 스쳐 지날 수 없다는 말이다. 이들은 파동보다는 감정을 믿는 법을 배워야 하며 감정의 이면으로 나아가기 위해 참을성을 길러야 한다. 마인드의 임무는 오로지 감정 상태를 관찰하는 것 뿐이다.

두 번째 위험은 파동의 남용이라 부를 수 있다. 종종 미결정의 상태를 견디기는 어렵다. 이를 위해선 인내심이 필요하며 또한 감정적 명료함을 얻기 위해 잠시 결정을 유보하는 신중함이 필요하다.

결정 내리지 않은 상태를 견디는 것도 어렵지만 동시에 감정적으로 명료하지 않아 불안하기도 하다. 사람들은 이 불안과 조바심을 해소하려고 강력한 파동이 오기를 고대하거나 심지어 파동을 일부러 불러일으켜 그 기세를 통해 결정하려 한다. 이러한 파동에 의한 결정은 바로 다음 날의 후회로 이어지지 않을지는 몰라도, 먼 훗날 어떻게든 결국 후회하게 될 섣부른 결정이 된다.

감정 센터의 위험성을 예를 들어 설명해 보자. 로버트는 감정적으로 정의된 사람이다. 어느 날 아침 로버트는 일어나 중얼댄다. "정말 일하기 싫어!"

로버트 씨, 진정하길 바랍니다. 기분이 안 좋은 것뿐일 수 있어요.

로버트가 만일 오늘 중얼댄 대로 행동에 옮긴다면 할부금을 떠올리며 바로 다음 날 후회할 수 있다.

그날 하필 로버트의 상사가 동료들 앞에서 로버트를 면박을 주기라도 하면 상황은 더욱 악화된다. 로버트는 분노로 타오른다. "더 이상 못 참겠어!" 그 어떤 결정을 내리더라도 전적으로 잘못된 결정이 될 수밖에 없다. 왜냐하면 지금 이 순간 로버트의 지각 능력은 완전히 제한되기 때문이다. 자신이 이 일을 즐기는지 아닌지 전혀 고려하지 않고, 돈에 대해서도 전혀 생각하지 못하고, 지금껏 누려 왔던 긍정적 경험도 전혀 기억을 해내지 못한다. 이는 "입 다물고 한 발짝 물러서서 하룻밤을 지내보자."를 지켜야 하는 전형적인 일화다.

만일 로버트가 감정적인 내적 결정권을 따른다면 그는 법석을 떠는 대신 이 문제가 불러일으키는 자신의 감정을 시간을 두고 몇 번이고 관찰할 것이다. 직장을 그만둔다고 하는 사실이 조바심을 불러일으키는가? 결정이 아직 애매하게 느껴지는가? 그렇다면 아직 이른 결정이므로 시간의 여유를 더 둔다.

점차적으로 로버트는 경향을 파악하게 된다. 아직도 상사 때문에 가끔 성질은 나지만 실제로 그 일을 즐기고 있고 돈도 적당히 받는다. 전체적으로 보면 상사를 개인적으로 대할 때 빼고는 별 문제될 것이 없다. 성숙의 기간을 좀 더 보낸 후, 로버트는 직장에 머물러 있기로 결정하되 이제 상사와 직접적으로 부딪힐 기회를 최소한으로 줄이기 위해 노력한다.

만일 로버트가 마인드에 결정권을 넘겨준다면, 다음의 사태가 발생할 것이다. 로버트는 파동을 그리 중요하게 생각하지 않을 것이기에 파동을 다루는 데 서툴다("감정은 중요치 않아."라고 마인드는 말한다. "우린 합리적이어야 해."). 로버트는 이제 자신의 현재 직장에 머물러야 하는 이유가 나열된 목록과 떠나야 하는 이유가 나열된 목록을 작성한다. 하지만 심지어 그 목록 자체에도 작성하는 순간의 감정적인 색깔이 덧입혀져 있음을 깨닫지 못한다.

그 다음 로버트는 이 두 목록 중 어느 쪽이 더 나을지 분석한다. 머릿속으로 치열한 궁리 끝에 드디어 결정을 내린다. 그 예는 다음과 같다.

- 상사의 행동을 더 이상 참지 않기로 하고 그만둔다.
- 요즘 구직이 어렵기 때문에 그냥 다닌다.
- 스트레스는 건강에 좋지 않기에 그만둔다.
- 연봉이 더 높은 직장이 없기에 그냥 다닌다.

등등…….

로버트가 어떻게 결정하든 그의 마인드는 언제라도 그의 결정에 대해 의문을 제기할 수 있다. 예를 들어, 로버트가 "상사의 행동을 더 이상 참지 않기로 하고 그만 둔다."라고 결정했다고 하자. 그래서 그만 뒀는데 적당한 직장을 구하지 못한다. 그때 마인드는 말한다. "요즘 구직이 어렵기 때문에 그냥 다니는 게 나았을 걸."

만일 로버트가 "요즘 구직이 어렵기 때문에 그냥 다닌다."라고 결정했는데 "스트레스가 건강에 좋지 않았다."라고 하자. 그럼 마인드는 말한다. "스트레스가 건강에 좋지 않다는 걸 알고 있었잖아. 바로 그만둬야 됐어." 로버트는 죽을 때까지 이런 자문자답을 계속할 가능성이 높다.

이 두 번째 위험은 '파동의 남용'이라 불린다. 로버트는 상사에게 매우 화가 났지만 즉각적인 대응을 하기에는 배짱이 부족했다. 직장을 그만둘지 계속 다닐지의 문제가 로버트의 머릿속을 가득 채웠다. 직장에서 일이 잘 풀리는 날은 계속 다녀야겠다고 생각한다.

직장에서 일이 잘 안 풀리는 날은 그만둬야겠다고 생각한다. 이 끝나지 않는 생각의 쳇바퀴는 로버트를 질리게 한다. 결국 그는 이제 지쳤다고 생각한다. 그는 침착하게 기다리는 대신에 상사에 대한 엄청난 감정의 파동을 불러일으키고, 분노의 힘이 몰아치길 기대하며 무엇이든 행동에 옮길 태세를 취한다. 행동에 옮긴 후 일말의 안도감은 느낄 것이다. 어쨌든 결정을 했기 때문이다. 하지만 분노가 서서히 사라져 갈 때, 무엇이 남을 것인가?

그리고 마지막으로, 모든 정의된 센터가 공통적으로 지닌 중요한 측면이 이 감정 센터를 통해 생생히 알 수 있는 또 하나의 중요한 점이 있다. 정의된 센터들은 타인을 컨디셔닝한다. 즉, 우리는 특정한 성질을 '전달'한다. 따라서 정의된 솔라플렉서스 센터는 감정을 전달한다. 이 감정은 미정의 솔라플렉서스 센터를 지닌 사람들이 받아서 증폭시킨다. 그 결과로 감정적으로 정의된 사람들은 자신들을 둘러싼 세상에서 언제나 자신이 갖고 있는 감정과 만난다. 만일 감정적으로 정의된 사람이 상대방의 행동에 화가 났다면, 상대의 바디그래프를 확인해 보라. 깜짝 놀랄 것이다. 당신 자신의 감정, 가끔 무시당하기도 했던 그 감정은 상대를 통해 그대로 비춰진다.

쉽게 얘기하면, 감정적으로 정의된 사람의 감정 상태는 항상 바깥 세상에 비춰 보인다고 말할 수 있다. 만일 그 사람의 기분이 좋으면 세상은 친절하고 도움을 주고 수용적일 것이다. 만일 기분이 나쁘면 세상은 불친절할 것이며 냉혹하고 골치 아픈 문제로 가득 차 있을 것이다. 여기서 실제적으로 중요한 결론을 도출할 수 있다.

만일 감정적으로 정의되었다면,
- 타인의 감정 상태를 탓하지 말라. 자신을 먼저 돌아보라.

- 자신의 기분이 좋지 않다면, 어떤 것도 억지로 하지 말라. 억지로 하게 되면 더 악화만 될 뿐이다. 세상은 당신에게 불친절할 것이며 당신은 감정에 더욱 상처를 입을 것이다. 주변 사람들은 이 악화된 감정을 그대로 받아 증폭시킬 것이다. 이 자기 증폭적인 과정은 악순환의 고리로 연결되어 순식간에 바닥을 치게 만든다. 해결책은 한 발짝 물러서는 것이다. 휴식을 취하고, 파동이 스스로 갈 길을 가도록 놔둬야 한다. 잠깐의 산책, 재미있는 신문 기사 읽기 등의 기분 전환은 벼랑 끝에 서는 당신을 막을 수 있다. 그렇게 시간을 보내고 나면 세상이 다시 당신을 잘 대해 주는 것처럼 느껴지는 감정 상태로 돌아오면서 안정을 찾을 것이다.

스플린 센터와 솔라플렉서스 센터를 함께 보면 다음의 세 가지 경우를 생각해 볼 수 있다.

- 정의된 솔라플렉서스 센터와 미정의 스플린 센터.
- 정의된 스플린 센터와 미정의 솔라플렉서스 센터.
- 두 센터 모두 정의된 경우.

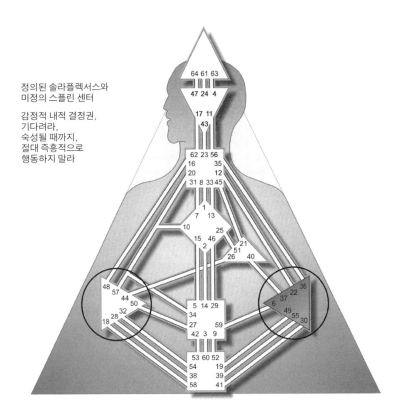

정의된 솔라플렉서스와
미정의 스플린 센터

감정적 내적 결정권,
기다려라,
숙성될 때까지,
절대 즉흥적으로
행동하지 말라

첫 번째 경우는 눈으로 봐도 감정 센터에 내적 결정권이 명확히 주어진 경우다. 이런 사람들은 그 순간 일어나는 자신의 직관이나 직감을 절대 믿지 말아야 한다. 왜냐하면 일관성이 없기 때문이다. 이는 "절대 즉흥적으로 결정하지 말라."는 의미다. 또한 감정 파동까지 존재하므로 더더욱 즉흥적이면 안 된다! 솔라플렉서스 센터의 심각한 영향을 받는 이 사람들에게 즉흥성은 치명적인 독이 될 것이며, 그 대신 인내, 신중함, 느림은 큰 자산이 될 것이다.

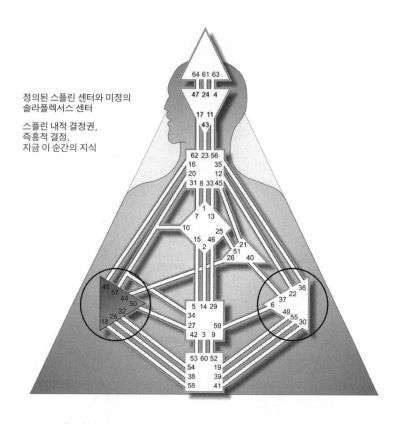

정의된 스플린 센터와 미정의
솔라플렉서스 센터

스플린 내적 결정권,
즉흥적 결정,
지금 이 순간의 지식

　　스플린 센터에 순수하게 결정권이 가려면 새크럴 센터는 미정의
되어 있어야 한다. 이 두 번째 경우에는 스플린 센터를 믿고 감정은
믿지 말아야 한다. 이 사람들은 그리고 오로지 이 사람들만 즉흥적일
수 있고 또 즉흥적이어야 한다. 즉, 지금 이 순간 내가 알고 있는 것에
집중해야 하며 나머지는 불필요하다. 하지만 앞서 보았듯이 진정한
즉흥성은 종종 타인의 불평을 불러오기 때문에 이는 생각만큼 쉽지
가 않다.

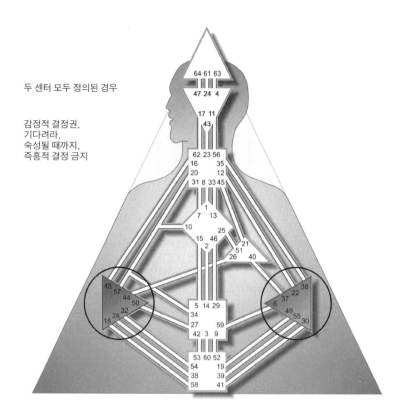

두 센터 모두 정의된 경우

감정적 결정권,
기다려라,
숙성될 때까지,
즉흥적 결정 금지

세 번째 경우는 조금 복잡하다. 이 경우에도 솔라플렉서스 센터에 내적 결정권이 주어진다는 사실은 현실에서 아무리 강조해도 부족하다. 자신을 '반쯤 즉흥적'이라고 여겨서 감정은 그냥 지나칠 수 있다고 생각한다면 오산이다. 정의된 감정 센터는 다른 바디그래프의 내용과 상관없이 언제나 내적 결정권을 갖는다. 즉, 음식이 소화될 때까지, 감정이 명료해질 때까지 기다리라는 말이다. 이 경우 정의된 스플린 센터는 모든 것이 순조로운 듯이 느껴지는 건강함과 관련이 있으며, 일관적이고 컨디셔닝 받지 않는 고유한 방식으로 일상의 자잘한 일에 대해 즉흥적 결정을 내린다(예를 들어 "오늘 뭘 먹을까?" 등의 질문은 하룻밤을 두고 생각할 거리는 아니다.).

3. 정의된 아즈나 센터(Ajna)

아즈나 센터는 헤드 센터 및 스로트 센터에만 직접적으로 연결된다. 자각의 잠재력을 지니고 있지만, 개인의 인생을 결정할 능력은 없다. 그럼에도 불구하고, 대부분의 사람들은 마인드 센터에 내적 결정권을 부여하며, 그 결과 정신적 불안, 걱정, 끊임없는 내적 갈등의 대가를 치른다.

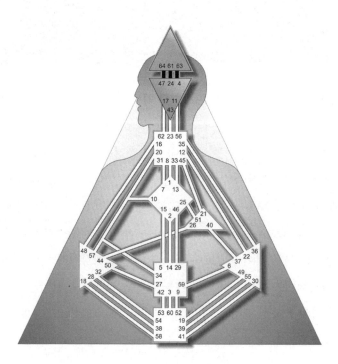

첫 번째 경우는 아즈나 센터가 헤드 센터와 연결된 경우이다. 헤드 센터와 아즈나 센터의 연결은 '사고의 연결'이다. 이 사람들의 생각은 잘 정의되고, 변함없으며, 지속적이다. 이는 생각의 내용이 아니라 생각의 방식이 그렇다는 말이다. 생각의 방식이 고정되어 있다는 의미는 특정한 정치적 의견, 종교적 선호, 정보에 편향되어 있다는 말이 아니다. 이 사람은 언제나 특정한 관점, 변하지 않는 관점에서 세상을 본다는 의미에 가깝다.

정의된 사고의 일관성이라는 특성 때문에 우리는 마인드 센터에 내적 결정권을 내주고 싶은 마음이 있다. 정의된 마인드 센터는 어쨌거나 믿을 만하며 관점을 절대 바꾸지 않기 때문이다. 이 특성 때문에 마인드 센터가 언제나 옳은 것처럼 보인다. 남들은 이를 속 좁다는 말로 표현하기도 한다. "생각을 바꿔서 문제를 좀 다른 식으로 볼 수 없어?" 정의된 마인드 센터는 이런 말을 자주 들으며, 또한 무슨 말인지도 이해 못한다. 정의된 마인드 센터의 입장에서는 자신의 관점 외의 다른 올바른 관점은 전혀 없다고 본다. 다른 말로 하면, 정의된 마인드 센터는 언제나 동일하고, 고정된 방식으로 세상을 보고 다른 관점은 고려하지 않는다는 말이다.

조금 단순한 예를 들어보자. 논리적 사고의 흐름이 정의된 사람은 모든 질문과 상황을 논리적인 관점에서 본다. 이 사람은 이해 가능하고, 일관적이고, 사실에 근거한 것들, 종종 증거라고 불리는 것에 집중한다.

그 결과, 이 마인드 센터는 이렇게 말한다. "논리적이지 않은 것은 사실이 아니다." 이 발언 또한 아주 논리적이다. 논리적인 마인드 센터에게 다른 방식은 없다. 왜냐하면 논리적이지 않기 때문이다. 세상에는 논리적 마인드 센터에 입력되지 못하는 많은 정보가 있다. 논리적인 방식으로 설명되거나 이해될 수 없는 정보들이다. 현대 미술 작품이나 다층적 구조의 소설을 논리적으로 설명하거나 이해하려는 무력한 시도를 예로 들 수 있겠다.

논리적인 마인드 센터는 논리적으로 설명될 수 없는 정보 대부분을 쓸데없는 것이라고 무시한다(설명되지 않거나 이해되지 않는다는 의미는 비논리적이라는 것이므로 따라서 쓸데없다.).

우리는 정의된 센터가 강점이 되는 동시에 약점이 되는 현상을 이 경우를 통해 매우 잘 볼 수 있다. 논리적인 마인드 센터는 비록 속 좁다는 말은 들을 수 있지만 그 일관성은 독보적이다. 하지만 여전히 제한적이다.

다시 한 번 말하지만 이는 좋다, 나쁘다의 평가도 아니고 한계를 극복하라는 말도 아니다. 단지 자신이 어떤 사람인지 알려주는 것이다. 논리적인 마인드 센터의 임무는 자신의 관점을 계속 보호하는 것이다. 다양성의 선물은 개인에게 주어지는 것이 아니라 개인들이 모인 집결체에 주어진다. 정의된 각각의 센터는 특수하면서도 제한점이 있는 능력을 의미한다. 이 모든 가능성을 종합하는 것은 개인의 몫이 아니라 인류의 몫이다.

따라서 정의된 마인드 센터를 지닌 사람이 자신의 관점을 지키고 이를 신뢰하려고 하는 행위는 전적으로 당연하고도 올바른 일이다. 그런 행동이 우리의 속을 긁는 한이 있더라도, 그 사람의 입장에서는 전체성 안에서 자신의 임무를 완수하는 것이다. 문제는 이 사람이 사고에 결정권을 부여할 때만 일어난다.

전적으로 논리적인 방식으로만 행동하는, 또는 행동했던 사람은 아무도 없다. 전적으로 논리적인 생활을 영위하려는 노력은 명백한 실패로 이어진다. 논리적으로 정의된 아즈나 센터에 감정적 결정권을 지닌 사람을 생각해 보라. 감정적 성숙의 과정에서 일어나는 결정은 절대 논리적일 수가 없다. 심지어 아주 현명한 결정일지라도, 마인드 센터는 이 결정이 논리적이지 않다고 언제나 불평할 것이다. 그렇다고 이 사람이 마인드 센터에 결정권을 부여한다면 그 순간부터 자기 자신과의 끊임없는 전쟁에 돌입하게 될 것이며 자신의 생각을 항상 의심하게 될 것이다. 더 심각한 상황은 이성적인 결정을 위해 자신의 감정을 무시하고 결국 되돌릴 수 없는 불행을 초래하는 상황이다.

만일 이 사람이 자신의 내적 결정권을 소중히 여긴다면 마인드 센터가 불평할 만한 다소 비논리적인 결정도 내릴 줄 알게 될 것이다. 하지만 마인드 센터의 불평은 더 이상 중요하지 않다!

마인드 센터는 자신이 생각하도록 설계된 방식으로 생각한다. 그래서? 논리적으로 생각하게끔 설계되었다고 해서 잘못된 것은 아니다. 자신의 내적 결정권을 따르면서도 동시에 모든 것에 대해 논리적인 추론을 해도 된다. "비논리적이야."라고 하는 마인드 센터의 소리는 사라지지 않을 것이지만, 더 이상 영향을 미치지 않을 것이다. 그리고 아마도 바디그래프의 도움을 받아 논리적 마인드 센터는 이 모든 상황을 다 이해할 수도 있다.

만일 우리가 정의된 마인드 센터에 내적 결정권을 쥐여 주면, 마인드 센터를 너무도 가혹하게 혹사시키는 셈이 된다. 종종 그 결과로 신체적 문제가 발생한다. 마인드 센터가 있을 곳에 그냥 놔두면, 마인드 센터도 긴장하지 않으면서 우리도 전반적으로 행복할 것이다.

아즈나 센터가 헤드 센터에 연결되어 있고 스로트 센터와는 연결이 없을 경우 상황은 더욱 극단적일 수 있다. 이렇게 연결된 사람들은 종종 생각을 멈출 수 없거나 같은 문제, 같은 질문을 되풀이한다. 만일 당신이 이런 사람 중 하나라면, 다음의 상황에 매우 익숙할 것이다. 밤에 누웠는데 잠이 안 온다. 왜냐하면 저 '윗동네'에서 항상 시끄럽게 굴기 때문이다. 어떤 때는 머릿속에서 들리는 커다란 소리에 오밤중에 잠에서 깰 수도 있다. 어떤 아이들은 머리를 벽에 계속 부딪히는 행동을 하며 내적 평온과 고요를 찾는다.

다음의 일화를 예로 들어보자. 축음기 바늘이 레코드판 홈집에 걸려 있는 방이 있다. 당신은 그 옆방의 책상 앞에 앉아 있다. 어떤 이유에서든 당신은 자리에서 일어날 수도 축음기를 끌 수도 없다. 이 상황에서 어떻게 할 것인가? 가장 흔한 실수는 이 소음에 짜증을 내며 원래의 음악 소리를 정확하게 듣기 위해 열심히 집중하는 것이다. 그렇게 하면 볼륨도 높아지는 것 같고, 이 축음기에 모든 감각이 매여 있는 것처럼 느낀다. 당연히 이 악순환의 이면에는 무시무시할 정도로 생각에 중요성을 부여하는 자신이 있다. 생각은 절대 내적 결정권이 아님을 기억하라. 마인드 센터가 답을 찾건 말건 당신이 내릴 결정과는 전혀 상관이 없다.

이제 당신이 관심을 주지 않아도 마인드 센터는 생각을 거듭한다는 사실을 알았으니 그렇게 놔두도록 하자. 그동안 당신은 다른 쪽으로 주의를 전환할 수 있다. 예를 들어 감정이든 직감이든 아니면 적어도 저녁 메뉴든…. 무엇에 집중해도 생각은 계속 떠들겠지만 이 머릿속 수다를 배경의 작은 소음으로 만들 수는 있다.

또 다른 흔한 실수는 레코드 바늘이 걸린 지점에 너무 지나친 중요성을 부여하는 것이다. 바늘이 어떤 홈집에 걸린 것과 그 부분(생각, 주제, 질문)이 중요한 것과는 별개 문제이다. 레코드에 나 있는 홈은 모두가 중요하다. 바늘이 어디에 걸렸다면 레코드 자체의 내용이 아닌 축음기의 문제이다.

앞서 얘기한 것과 마찬가지의 해결책이 적용된다. 정말 중요한 것, 당신의 경험, 내적 결정권에 집중하는 것이다. 그리고 생각은 그냥 자신이 맡은 일을 하게 둔다. 조만간 생각은 어떻게든 답을 내리고 다음 주제나 질문이 올 때까지 잠시 쉬게 될 것이다.

두 번째 가능성은 아즈나 센터가 스로트 센터에 연결되어 있을 때이다. 이 상황은 앞선 상황보다 좀 더 안정적이다. 아즈나 센터가 스로트 센터에 연결되지 않은 상태로 헤드 센터에 순수한 사고적 연결이 되어 있을 경우에는 생각의 쳇바퀴 현상이 일어날 가능성이 큰 반면, 지금의 경우는 그것이 표현될 가능성을 의미한다. 정신세계가 스로트 센터에 연결될 경우 마인드 센터는 말을 하게 되고, 이는 일반적인 의미의 언어적 의사소통이 된다.

하지만 이런 형태의 정의도 제한점이 있다. 세 개의 채널은 각각 특수하게 정의된 내용에 대한 특수하게 정의된 의사소통 방식을 의미한다.

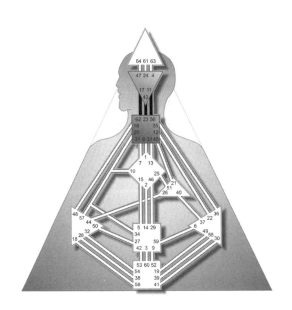

이전의 예를 좀 더 자세하게 살펴보도록 하자. 아즈나 센터와 스로트 센터 사이가 논리적인 방식으로 정의된 사람들은 논리적으로 말을 한다. 즉 사실에 근거한 이해가 쉬운 말을 한다. 이 의사소통 방식은 그 자체로 신뢰를 주며 변하지 않는다. 이런 사람을 논리적으로(또는 설명적으로) 말하는 사람이라고 하며, 이 사람 또한 자신이 가진 능력을 믿을 수 있다.

거기까지는 좋다. 이제 이런 사람으로 산다는 것이 어떠할지 살펴보자. 이런 사람들은 항상 동일하고 일관적인 방식으로 말한다. 그리고 항상 그렇게 말할 것이다. 그가 말한 그 어떤 내용도 논리적이며, 합리적이고, 이해 가능하다. 하지만 얼마 되지 않아 사람들은 더 이상 이 사람의 말을 듣고 싶어하지 않는다. 이제 그만하면 충분하다는 생각에 안 든다. 논리적으로 말하는 사람에게 이는 곧 자신이 끊임없이 말을 하더라도 그 말이 효과가 없고, 듣는 이가 아무도 없기 때문에 의사소통은 아무 소용이 없음을 의미한다.

이는 매순간 의사소통에 적용되는 철칙이 있음을 알려준다. "누군가 물어볼 때만 말하라. 그 외엔 입을 닫아라!" 의사소통과 관련된 오래된 격언처럼 들리는 이 말은 사실 성공적인 대화의 진정한 비결이다. 대화는 단지 한쪽의 일이 아닌, 상대방이 들어야 가능한 일이다. 말하는 사람이 아무리 영리하고 유식하고 유창하더라도 듣는 사람이 그 말에 관심이 없으면 그 말은 소용이 없다.

물론 아즈나 센터와 스로트 센터가 연결된 사람의 입장에서는 말해달라는 요청을 받을 때까지 입을 다물고 있기가 쉽지 않을 것이다. 이를 몸에 익히는 것은 상당한 노력이 필요하다.

또 한 가지 중요한 점은 마인드 센터가 말하는 내용이 현실과는 상관없어도 된다는 점이다. 다시 앞의 예로 돌아가서 이 사람의 내적 결정권이 솔라플렉서스 센터이고 마인드 센터가 스로트 센터에 논리적으로 연결되어 있다고 해 보자. 이 사람이 아무리 합리적이고 논리적이고 이해 가능한 말만 한다고 하더라도, 그 사람이 그런 사람인지의 문제는 별개다! 만일 그가 마인드 센터에 내적 결정권을 주면 상당한 문제가 발생한다. 그는 자문할 것이다. "나는 왜 말하는 것과 행동이 다르지?" 또는 "나는 느끼는 것과 말하는 것이 왜 다르지?"

우리는 물론 이 해결 방법에 이미 익숙하다. 정의된 의사소통을 목적대로만 활용하면 된다. 즉 논리적, 추상적, 개성적인 방식으로 설명하거나 가르치는 데 활용하면 된다. 하지만 이를 특정한 사고방식처럼 여기면 안 된다. 또한 질문을 받았을 때만 대답해야 한다는 점을 잊지 말라.

"요청을 받는다."라는 것은 반드시 말로 된 질문이 아니어도 된다. 예를 들어, 세미나에서 어떤 사람들을 가르치는 상황은 내가 말할 수 있는 초청장이 된다. 하지만 내가 친구를 만나자마자 떠들어 대기 시작한다면 성공적인 의사소통의 원칙을 위배하는 것이다.

정의된 마인드 센터의 핵심은 다음의 내용으로 요약할 수 있다. 정의된 마인드 센터는 일관적인 관점, 사물을 보는 고정된 방식이 있다. 이는 강점인 동시에 약점이 된다. 만일 아즈나 센터가 헤드 센터와 연결되어 있지만 스로트 센터와는 연결되어 있지 않은 경우, 우리는 끊임없이 '큰 목소리로' 생각하는 마인드 센터를 지니게 된다. 이는 아주 불편할 수 있다. 우리가 좀 더 본질적인 것에 집중할 때, 그리고 생각은 사적인 문제를 해결할 수 없음을 이해할 때 이 압력은 경감된다.

아즈나 센터가 스로트 센터와 연결되면 의사소통의 고리가 형성된다. 요청받지 않았는데도 끊임없이 떠드는 사람의 말은 더 이상 아무도 듣지 않을 것이며, 의사소통이 효과적이지 못한 사람으로 남게 될 것이다.

　성공적인 의사소통은 오로지 말하기를 요청받을 때만 가능하다. 이 요청은 명확한 질문이 될 수도, 또는 상황으로 나타날 수도 있다.

4. 정의된 헤드 센터(Head)

정의된 헤드 센터의 이해는 어렵지 않다. 헤드 센터는 아즈나 센터에만 연결되기 때문에 정의된 헤드 센터는 이미 앞서 기본적인 사항이 설명된 셈이다. 헤드 센터는 정신적 압력과 영감의 센터다. 따라서 헤드 센터가 정의되었다는 의미는 그 사람을 언제나 사로잡는 고정된 압력, 고정된 질문이 있음을 의미한다. 물론 이 질문은 아무 질문이 아니라 특정한 유형의 질문이다.

헤드 센터가 아즈나 센터와 연결될 경우 질문뿐 아니라 질문으로 인한 지속적인 생각의 고리가 생긴다. 그 때문에 마인드 센터는 언제나 바쁘다. 이 사고 과정을 지속시키는 충동, 압력, 연료는 헤드 센터로부터 온다.

여기서 무차별적인 일반화가 얼마나 위험한지 보여주는 고전적인 예를 하나 들어 보겠다. 마이클이란 사람이 있다고 하자. 마이클은 미정의(오픈) 헤드 센터를 지녔다. 마이클은 생각으로 언제나 꽉 차 있지 않기에, 가끔 생각 자체가 없어지는 순간이나 상태를 경험한다.

마이클은 어느 날 인도에 있는 위대한 도인을 만나러 떠난다. 도인의 핵심 가르침은 "마음을 비우라."였다. 힌두교 수행지에서 마이클은 생각과 생각 사이에 존재하는 진정한 고요를 만난다. 마이클은 이 도인에게 크게 감명 받고 '생각 버리기'를 잘 수행하게 된다. 그는 몇 달 후 편하고 행복한 상태로 다시 집으로 돌아와 단짝 친구 홀거를 만난다. 홀거는 친구의 변화를 금방 느낄 수 있었고 이에 인도 여행이 어땠는지 묻는다. 마이클은 힌두교 수행지에서의 경험, 만났던 도인, 그리고 '생각 버리기'에 대해 열성적으로 말한다. 홀거는 깊이 감동한다. 자신이 언제나 염원하던 바로 그 마음 상태였던 것이다. 홀거는 아까의 그 '생각 버리기' 도인을 찾아 배우기 위해 인도 여행을 계획한다.

홀거는 도인이 말한 모든 가르침을 따른다. 마이클도 그렇게 해서 놀라운 변화가 일어났으니 말이다. 홀거는 힌두교 수행지에서 행해야 하는 매일의 일과를 열심히 따르고 친구가 했던 명상 그대로 수행한다. 하지만 그가 노력하면 할수록 정신적 평안이라고는 단 1초도 경험할 수가 없다. 그는 점차 좌절하고 조급해져서 급기야 "나는 왜 자신의 생각을 놓지 못하는가."라는 질문에 사로잡힌다. 몇 달이 흘러 홀거는 깊은 절망감에 빠져 이전보다 더 악화된 상태로 수행지를 떠난다.

홀거가 자신은 '생각 버리기'가 애초부터 불가능한 사람임을 알았더라면…. 그는 그의 헤드 센터가 아즈나 센터와 연결되어 생각하는 존재로 태어난 것이다. 따라서 생각하기를 회피하는 대신, 그 능력을 어떻게 올바로 활용할지 배워야 한다.

5. 정의된 새크럴 센터(Sacral)

새크럴 센터가 정의되었는지의 여부는 유형(type)에 중대한 영향을 미친다. 유형과 전략은 휴먼디자인 분석에 있어 가장 중요한 요소이며 이 시리즈의 두 번째 책에서 설명할 것이다. 센터의 관점에서 새크럴 센터가 정의되었다면 성적인 정체성이 정의됨과 동시에 생산적, 창의적으로 일할 에너지가 정의됨을 의미한다.

예를 들어, 새크럴 센터가 정의된 여성은 여성으로서의 정체성이 변하지 않고 컨디셔닝되지 않도록 정의되었음을 의미한다. 이 정체성은 상대방에 의존하지 않기에 누구를 만나든 변하지 않을 것이다.

일의 에너지도 마찬가지다. 새크럴 센터가 정의된 사람은 언제나 바쁘며, 일을 해낼 수 있고 또 해야 하는 사람임을 의미한다. 정의된 새크럴 센터의 사람에게 일은 항상 좋은 의미이다. 이들은 기본적으로 일할 때 기분이 좋아지며 많은 일을 하거나 긴 시간 일하는 것이 문제되지 않는다. 문제는 일을 덜 하는 것에 있지 않다. 오로지 건강한 노력으로 건강한 보수를 받는 것에 있다.

역설적이게도, 정의된 새크럴 센터는 자각 능력이 없음에도 불구하고 내적 결정권이 주어질 수 있는 센터 중 하나다. 앞서 센터 소개에서도 보았듯이 새크럴 센터의 반응으로 의사 결정을 할 수 있다. 하지만 새크럴 센터가 내적 결정권이 아니더라도(감정적으로 정의된 사람의 경우처럼) 우리는 새크럴 센터가 내는 소리에 집중해야 한다.

그러면 새크럴 센터의 목소리는 무엇이고 어떻게 들을 수 있는가? 새크럴 센터의 목소리는 진정한 '배에서 우러나오는 소리'이다. 청각적으로 듣기 좋은 소리는 아니다. 배에서 나는 소리는 툴툴대거나 끙끙대거나 으르렁댄다. 이 소리는 말로 되어 있지 않기에 일반적으로 '무식한 소리'로 간주된다. 새크럴 센터가 정의된 아이들의 부모들은 이 소리를 내지 말라고 하거나 무시한다. 당연히 어른이 된 새크럴 존재들도 이 소리와 멀어졌거나 대수롭지 않게 여긴다. 다음의 전형적인 예를 보자.

새크럴이 정의된 사람의 애인이 묻는다. "오늘 영화 보러 갈래?" 이 사람의 새크럴 센터는 '싫다'를 의미하는 '으음' 소리를 뚜렷하게 낸다. 하지만 물론 이 소리를 무시하거나 지나쳐 버릴 수 있다. 이제 머릿속에서 상대와 토론을 하기 시작한다.

"왜 안 돼? 2주 전에 영화 보러 가기로 했잖아. 이 영화 진짜 괜찮은 영화야. 그리고 오늘 밤은 둘 다 시간이 비고."

물론 우리의 새크럴 존재에게는 이 모든 주장이 사실처럼 들리고 결론은 명백하다. 그는 마인드 센터에 결정권을 주고 '알았어'라고 한다. 하지만 이 정신적 추론은 새크럴 센터에 도달하지 못한다. 새크럴 센터는 생각하거나 토론하지 않기 때문이다. 새크럴 센터의 단순한 소리는 에너지를 쓸지 말지에 대한 결정만 한다. 만일 새크럴 존재가 이 목소리를 무시하고 그날 저녁 영화를 보러 간다면, 힘과 생기가 떨어질 것이다. 이 사람은 해야 한다고 생각하는 일을 해버린 것이다.

이는 정의된 새크럴 센터를 지닌 모든 사람에게 적용되는 매우 중요한 질문으로 이어진다. "자신에게 '해야 된다' '반드시'라는 말을 얼마나 자주 쓰는가?" 이런 말을 자주 하면 당신은 싸움에 지치고, 아무 일도 되지 않으며 무기력하게 된다. 이는 말이 안 된다. 왜냐하면 정의된 새크럴 센터의 사람은 에너지 유형이기 때문이다. 심지어 바디그래프에 정의된 모터 센터가 새크럴 센터 하나만 있더라도 말이다.

짧게 말하면 새크럴 센터가 정의되었다면 새크럴 센터의 목소리를 존중하는지의 여부에 따라 활력이 넘치는 인생일지, 무기력한 인생일지 판가름된다. 그런데 당신은 명백히 활력이 넘치는 인생을 영위하게끔 설계되었다. 이는 마인드 센터가 말하는 것과 상관없이 오로지 새크럴 센터의 반응에 따를 때 가능하다. 이는 다소 단순한 쾌락주의, 즉 '재미있는 일'만 하면 되는 것처럼 착각할 수 있다.

변기 청소를 하고 싶은 강렬한 욕망을 지닌 사람은 지구상에 아무도 없을 것이다. 하지만 행동 하나하나, 그리고 결정의 가능성 하나하나는 특정한 맥락을 지닌다. 따라서 변기 청소를 하는 것에 대한 새크럴의 반응이 그리 대단하지 않다고 해도 대부분의 경우 그 맥락, 즉 아늑하고 깨끗한 집에서 살기 위한 욕망이 에너지를 움직이게 만들고 심지어 변기 청소까지 하게 만드는 것이다.

만일 정의된 새크럴 센터를 지녔는데 어떤 것에 대해 에너지가 생기지 않고, 심지어 맥락 차원에서도 생기지 않는다면 이는 결과적으로 틀린 것이므로 그에 대해 고민할 필요가 전혀 없다.

또 다른 중요한 점은 대부분의 경우 정신적 추론은 당신의 머리에서 일어나지 주변 사람의 머리에서 일어나지 않는다는 점이다. 해변에 위치한 아주 로맨틱한 마을에 산책을 나간다고 하자. 맛있는 가재 요리를 하는 식당 옆을 지나친다. 새크럴 센터의 반응은 명백히 '냐~~암!'일 것이다. 하지만 곧 마인드 센터가 끼어든다. "그러면 안 되지! 너무 비싼데다 혼자 먹기에는 양이 너무 많아. 반은 남길 걸? 너무 아깝잖아. 그리고 큰 해산물엔 중금속이 많다던데. 아니 근데 가재도

멸종 위기 생물 아니었나?"

다음 이어질 내용을 상상할 수 있겠는가? 씁쓸한 한숨과 함께 발길을 돌려 다른 식당에서 밥을 먹는다. 먹어야 된다고 생각하는 음식을 먹으며….

만일 새크럴 존재라면 다음을 시도해 보길 바란다. 마인드 센터에 미소를 짓는 동시에 새크럴 반응을 따르는 것이다. 마인드 센터가 말을 하게 놓아두지만 나를 무기력하게 만드는 일을 시키도록 두지는 말라. 머릿속 미주알고주알 대신 새크럴의 목소리를 따르라. 마인드 센터에 미소를 지어 보이는 순간, 새크럴의 반응에 따라 결정하고 행동하는 순간의 참된 아름다움을 느낄 것이다.

6. 내적 결정권에 대한 질문 :
(스플린, 솔라플렉서스, 새크럴 센터)

지금까지 우리는 내적 결정권이 될 수 있는 세 개 센터인 스플린, 솔라플렉서스, 새크럴 센터를 살펴보았다. 어떤 결정권이더라도 해당 센터는 정의되어 있어야 한다. 이 세 개의 센터를 한꺼번에 고려할 때는 다양한 조합이 가능한데, 가장 간단하게는 한 개의 센터만 정의되었을 때다.

정의된 스플린 센터, 미정의 새크럴 센터, 미정의 솔라플렉서스 센터
이 경우 오직 솔라플렉서스 센터만이 내적 결정권이 된다. 이런 사람들은 매 순간 자신의 지각이 감정 파동의 영향을 받고 있다는 사실을 알고 있어야 한다.
감정적 명료함에 이르는 유일한 방법은 파동이 지나갈 때까지 기다리는 것이다. 감정이 성숙하는 과정을 거치게 되면 올바른 방향으로 행동하고 결정할 수 있다. 핵심은 "하룻밤은 두고 봐야겠어. 난 참을성이 있으니까."이다.

정의된 새크럴 센터, 미정의 스플린 센터, 미정의 솔라플렉서스 센터
이 경우 새크럴 센터의 반응에 내적 결정권이 있다. 이 반응은 청각으로 들리는 새크럴 센터의 소리 또는 에너지가 감지되는 식으로 표현된다. 강력한 새크럴 센터의 반응은 언제나 신체적인 에너지를 유발하며 이 상태는 끙끙대는 소리나 툴툴대는 소리가 없어도 쉽게 감지할 수 있다. 이때는 활기가 생기고, 집중력이 강해지며, 호기심이 증가하는 것이 느껴진다.

새크럴 센터는 자각 능력이 없으므로 새크럴 반응이 생기기 전엔 스스로 진실에 이를 수 있는 능력이 없다. 오로지 새크럴 센터의 실제적인 반응만이 무엇이 옳은지 알려 준다. 이런 사람들에게는 의식의 역할이 가장 눈에 띄게 축소되어, 자기 발견의 과정을 관조하는 관찰자의 역할에만 머물게 된다. 사실 이는 다른 바디그래프를 지닌 사람도 마찬가지다. 의식은 언제나 승객의 역할만 할 뿐이지 운전자는 될 수 없다. '나는 반응한다'가 핵심이다.

정의된 스플린 센터, 정의된 솔라플렉서스 센터, 미정의 새크럴 센터
이 경우 정의된 스플린 센터에도 불구하고 솔라플렉서스 센터에 내적 결정권이 부여된다. 실제적인 면에서 이 의미는 미룰 수 있는 모든 결정은 미뤄야 한다는 뜻이다. 중요한 결정일수록 성숙한 감정에서 비롯되어야 한다. 따라서 즉흥성은 명료함이 아닌 감정 파동에서 온다. 즉각적인 결정을 내려야 하는 상황에서는("지금 나랑 영화 보러 갈래?" 등) 현실적으로 가능한 답이 두 가지일 것이다. 그 순간 감정 파동이 매우 약해서 스플린 센터가 올바로 작동할 수 있거나, 감정 파동이 아주 강해서 결정을 주도할 가능성이다. 두 경우 모두 어쩔 수 없는 상황이며 그 결과를 감내할 수밖에 없다. 어쨌든 일상의 많은 소소한 결정들에 대해 내일 후회할 가능성은 낮다. 핵심은 "나는 참을성이 있다. 나는 내게 시간을 주겠다."이다.

정의된 새크럴 센터와 정의된 솔라플렉서스 센터, 미정의 스플린 센터

이 경우는 감정적 명료함과 새크럴 센터의 반응 간의 올바른 조합이 이루어진 경우이다. 실제적인 내적 결정권은 솔라플렉서스 센터이다. 하지만 이런 사람들이 일단 우선적으로 집중해야 할 것은 새크럴 반응이다. 하지만 이 새크럴 반응 하나로는 부족하다. 모든 것에 긍정적으로 반응하는 '고조된 시기'도 있고, 모든 것에 부정적으로 반응하는 '침체된 시기'도 있기 때문이다. 따라서 새크럴 반응은 첫 번째 신호이지 절대적이고 신뢰할 만한 판단 결과는 아니다. 오로지 시간이 지나면서 결정할 수 있다.

실제적인 문제에 대해서는 기다릴 수 있는지 없는지 아주 신중하게 살펴야 한다. 장을 보러 갈 때 새크럴 반응들은 순간의 감정 파동에 영향을 받을 것이다. 어떤 때는 쇼핑 카트가 너무 비싼 물건으로 잔뜩 채워질 때가 있는가 하면, 어떤 때는 가장 기초적인 식료품도 사기 힘들 때가 있을 것이다. 이는 그 순간에는 바뀔 수 없는 현상이지만 긴 시간을 두고 자신에 대해 알아가는 과정을 통해서 변화할 수 있을 것이다.

하지만 동일한 사람이 차를 살 경우에는 반드시 그 결정을 하룻밤 동안 두고 봐야 한다. 그렇지 않으면 값비싼 리무진이나 형편없는 중고차를 사게 될 확률이 높다. 두 경우 모두 다음 날 후회할 결정이며 그 여파 또한 오랫동안 지속될 것이다. 핵심은 "나는 시간을 두고 반응한다."이다.

정의된 스플린 센터, 정의된 새크럴 센터, 정의된 솔라플렉서스 센터

이 경우는 또한 앞서의 경우와 아주 비슷하다. 솔라플렉서스 센터에 내적 결정권이 있으며 올바른 결정은 자신에게 시간을 주고 성숙할 때까지 기다릴 때 가능하다. 또한 감정 파동에 의해 색깔이 덧입혀진 새크럴 반응도 경험할 것이다. 만일 파동이 약할 때는 순간의 결정이 건강할 확률이 높다. 반면 파동이 너무 강하면 자신의 본능과 반대로 행동할 수도 있다.

마트에서 너무 많이 사거나 너무 적게 살 수 있다. 하지만 보통은 적어도 자신의 건강을 해치지 않는 범위다. 만일 차를 사는 결정을 하게 되면 이전에 설명한 과정을 거쳐 결정하는 것이 제일 좋다. 즉, 하룻밤을 두고 보고 일시에 결정하지 않고 기다리는 것이다. 핵심은 또다시 "나는 나중에 반응한다."이다.

7. 솔라플렉서스와 새크럴, 스플린, 아즈나 센터의 실제적인 차이

지금까지 어떻게 하면 올바른 결정을 내릴 수 있는지 구체적인 사례를 통해 알아보았다. 이 개념들이 정말 실생활에 적용되고 매일 지켜지기 위해, 우리는 이 내용을 우리가 겪었던 경험과 관찰에 녹여야 한다. 나는 감정이나 직감, 새크럴 반응을 감정과 헷갈리는 사람들을 많이 보아 왔다. 우리는 우리 안에서 들리는 이 많은 목소리들을 어떻게 구분할 것인가?

우선 단순한 구분부터 시작해 보자. 감정과 새크럴 반응들은 모터 센터에서 오며 따라서 서로 에너지로 연결되어 있다. 생각과 직감은 모터 센터가 아닌 다른 센터에서 오며 따라서 에너지가 없다.

감정 – 개별적 에너지를 지닌 개별적 성질

감정은 에너지를 지닐 뿐만 아니라 어떤 성질, 또는 가치를 지닐 수 있다. 분노, 슬픔, 기쁨은 에너지의 강도 면에서 차이가 있다. 감정을 서로 분리할 수 없는 덩어리로밖에 경험할 수 없다 해도('좀 슬퍼'나 '아주 기뻐') 우리는 항상 감정에 질적이면서도 양적인 면이 있음을 인식할 수 있다.

새크럴 반응 – 서로 다른 에너지를 지닌 두 개의 성질

새크럴 반응의 특성은 오로지 긍정적이거나 부정적이거나 둘 중 하나다. 차이점은 반응의 정도이다. 정의된 새크럴 센터는 아마도 백 달러를 딸 수 있는 가능성보다는 만 달러를 딸 수 있는 가능성에 더 강한 반응을 보일 것이다. 이는 '틀리고 맞고'나 '기분이 좋고 나쁨'의 문제가 아니다. 새크럴 센터는 다양한 강도의 에너지를 운용할 수 있다. 오로지 '그렇다'와 '아니다'의 가치만이 부여되며, 긍정과 부정 모두 상당한 에너지를 끌어 모을 수 있다.

새크럴 반응은 아주 강력하기도 하지만 때로는 눈에 띄지 않을 수 있다. "나랑 극장에 갈래?"라는 질문에 대한 새크럴 센터의 '그래'라는 반응은 단순히 극장에 갈 만큼의 에너지(시간과 돈)를 모은다. 같은 질문에 '아니'라고 하면 에너지는 모아지지 않는다. 이는 새크럴 반응의 범위가 아주 넓다는 사실을 의미한다.

직감과 직관 – 두 개의 성질과 하나의 명확성

직감과 직관은 섬세하면서도 무언가 꿰뚫는 특성을 지녔다. 이 둘은 에너지가 없기 때문에 질적으로 따질 수 없다. 이 둘은 고요함에서 비롯되기에 언어적 성질이 없다. 여기엔 오로지 '그렇다'와 '아니다'라는 두 개의 대답만 가능하다. 그 중간은 없다. 에너지 대신 오로지 단 한 번, 그 순간에 나타나는 명확함이 있다. 그러나 이 명확성에도 정도의 차이는 없다. 명확성은 명확성일 뿐이며 더하고 덜함이 없다.

생각 – 에너지나 명확함이 없는 가능성의 끊임없는 연속

생각은 본질적으로 언어적이다. 따라서 생각은 이미 존재하는 생각이나 개념에 제약을 받는다. 생각이나 개념은 그 자체의 본질적 특성이 없다. 단지 이름일 뿐이다! '설탕'은 '죽음'처럼 단순히 이름일 뿐이다. 실제 설탕보다는 실제 죽음을 더 심각하게 여긴다는 사실에 이르러야 생각이 힘을 얻는다. 그러나 이름 그 자체는 언제나 이름일 뿐이다.

우리가 이 이름들을 이론적으로 다룰 때에는 거의 무한대의 가능성을 지닌 별도의 세계가 눈앞에 펼쳐진다. 그러나 우리는 순수하게 이론적인 근거만 가지고 결론을 내릴 수는 없다. 즉 "설탕은 달다."라는 문장도 "설탕은 시다."라는 문장도 만들 수 있다. 오로지 우리의 경험에 근거하여 틀린 문장과 맞는 문장을 구분할 수 있을 뿐이다. 모든 생각, 즉 개념의 모든 이론적인 조작은 실제적으로 맞고 틀릴 수 있다. 그러나 순전히 이론에만 근거해서 맞을지 틀릴지를 알아내기는 절대 불가능하다. 따라서 순전히 이론적인 수준에서 명확함은 존재할 수 없다.

생각과 관련된 또 하나의 뚜렷한 특징은 에너지의 부재이다. 아즈나 센터는 모터 센터가 아니다. 헤드 센터만 단순히 자각의 정신세계에 압력을 행사하여 사고의 흐름을 작동시킬 수 있을 뿐이다.

그러나 생각에 에너지가 없다는 주장을 많은 사람들이 믿지 않고 있다. 인류의 정신을 다루던 사람들, 즉 교사, 신비주의자, 밀교 숭배자, 여타의 사람들은 셀 수 없이 많은 세대에 걸쳐 생각의 중요성을 강조해 왔다. 실제로 생각하는 대로 된다는 말을 우리는 반복 주입한다. 그렇게 되면 생각이 바뀔 경우 우리의 삶도 바뀌고 운명도 바뀐다는 주장도 할 수 있다. 결국 이는 우리가 받은 교육에 부합하는 생각만 하면, 되고 싶은 그 어떤 것도 될 수 있다는 일종의 전지전능한 환상으로 이어진다.

그러나 무엇보다도 먼저 말하고 싶은 점은 그 주장, 즉 "생각만 올바르면 나를 바꿀 수 있다."라는 말은 현실성이 없다는 것이다. 우리 모두 의식적으로 원하는 바를 생각하고 산다. 나는 언제라도 생각할 수 있다. "난 행복하고 건강하고 부자다." 당연히 그 누구라도 자기가 원하는 것을 말로 생각할 수 있다. 그러나 나는 건강하고 행복하고 부자라고 수백 번 말해도 저절로 고지서 납부가 되거나 일주일 간 앓던 감기가 떨어져 나가진 않는다. 감기에 걸려서 말로만 건강하다고 하는 것은 말장난에 지나지 않는다. 그렇게 말한다고 해서 감기가 떨어지지는 않는다.

한편 정신 수련 기법 또는 생각의 흐름을 바꾸는 기법들이 도움이 되었다는 수많은 사람들의 사례를 담은 책들도 많다. 생각에 힘이 없다면 어떻게 이런 일이 가능한가?

생각 자체엔 힘이 없다. 힘을 주거나 뺏는 것은 우리 자신이다. 대부분의 사람들, 적어도 서양인들은 생각을 내적 결정권으로 사용한다. 그렇게 하면서 자신이 상상하거나 믿는 것에 의해 삶의 광범위한 영역을 제한한다. 더군다나 특정한 사고 패턴 때문에 인식의 틀이 신념의 법칙을 따라 움직이기도 한다. 예를 들어, 만일 당신이 여자이고 엄마가 "남자들은 다 짐승."이라고 20년 동안 말해왔다고 하자. 이 경우 그 말에 들어맞는 사건들이 이상하게도 더 자주 일어난다. 어떤 남자와 사귈 때도 당신은 '남자들은 다 짐승'이라는 마음 속 신념을 지니고 있을 것이다. 이 신념에 결정권을 주면서 당신은 그 남자를 짐승 취급한다. 곧 얼마 지나지 않아서 이 남자는 정말 짐승처럼 굴게 되고, 당신은 또다시 그 말을 굳게 확신한다.

휴먼디자인이 우리에게 알려주는 것 중 하나는 우리가 이런 생각에 구애받지 않고 사는 방법이다. 심지어 생각을 없애지 않고도 말이다. 생각 자체가 힘이 있는 것이 아니라 우리가 그것을 '사실'이라고 믿을 때 힘이 실리는 것이다.

　이론에 근거한 치료자(넓은 의미에서)는 그런 자기 파괴적인 신념을 건설적인 신념, 또는 확장된 신념으로 바꾸려고 한다. 건설적인 신념은 다음과 같다. "내 남편은 좋은 사람이고 나를 사랑해준다." 확장된 신념은 다음과 같다. "짐승이 아닌 남자도 많다." 이렇게 신념은 다른 신념으로 대체되기도 하지만, 새로운 신념 또한 해롭기는 마찬가지다. 당신의 남편은 실제 짐승일 수 있는데 당신은 다음의 문장에 결정권을 주기 시작한다. "남편은 나를 사랑하는 좋은 사람이야." 당신은 남편의 본모습을 깨닫지 못한 채 상당한 상처를 입는다.

　이런 식의 접근으로 바뀌지 않는 것, 바뀔 수 없는 것은 바로 사고 과정에 결정권을 준다는 근본적인 실수다. 부정적인 신념이 너무도 많아 평생 치료를 받아도 그 신념을 다 깰 수 없는 사람도 있다. 이 사고의 과정이란 것이 거의 무한대였음을 기억하라.

　관찰을 해보자. 나는 부정적 신념을 얼마나 많이 갖고 있는가? 아마 수천 개는 될 것이다! 이 중 아직 현실에서 구현되지 않고 겨울잠 자듯 얌전히 머릿속에 대기하고 있는 신념은 또 얼마나 많을까. 만일 사고 과정에 결정권을 주는 것을 멈추기만 한다면 그 생각들로 걱정하지 않아도 된다. 결정권을 빼앗는 순간 생각이 지닌 그 힘 또한 박탈하는 것이며, 그때부터 그 생각은 서서히 시들어 죽게 된다.

　여기서 우리는 최종적으로 중대한 반론을 만나게 된다. 생각이 떠오르면 감정도 함께 따라오는 경험은 이미 다 했을 것이다. 예를 들어, 어떤 특정한 사람을 떠올릴 때 분노나 그리움이나 슬픔을 느낄 수 있다. 생각은 감정을 불러일으키는 힘이 있는가?

　이미 센터를 소개한 부분에서도 다뤘지만 그럴 가능성은 없다. 우리의 감정을 일으키는 것은 배 속 두뇌에서 제조된 여러 화학 물질들의 조합이다. 사실 이 배 속 두뇌도 나름대로의 방식으로 사고한다. 하지만 생각의 형태는 아니다. 사실 실제 일어나는 일은 신체적 화학 작용이 일어나면 그 이유로 해석될 수 있는 정신적 딱지가 '붙여지는' 것이다. 따라서 약간 슬프다는 감정이 들도록 몸속 화학 물질이 제조되는 동안 우리의 마인드는 곧장 그 슬픔의 이유가 될 수 있는 원인을 찾는다. 그런데 사고 과정은 화학 작용보다 더 빨리 작용한다. 슬프다고 느끼기도 전에 이미 누군가를 생각하는 것이다. 슬퍼지는 것은 그 다음의 일이다. 그러면 우리는 이를 "내가 X를 생각하니 슬퍼졌어." 라고 해석한다. 사실 실제 일어난 순서는 그 반대다. 즉, 이미 슬펐기 때문에 X를 생각한 것이지만 우리는 이를 의식하지 못한다.

이 기제는 마야(Maya) 문명의 거대한 환상이 기반을 둔 바로 그것이다. 생각이 어떤 일을 하든, 심지어 생각 덕분에 일종의 평안함을 얻더라도 생각이 하는 일은 매번 이 거대한 환상을 증폭시킨다. 이 환상은 우리가 사고 과정에 결정권을 주는 것을 멈춰야 열어진다.

우리가 생각과 감정, 생각과 새크럴 반응, 생각과 직감을 구분하는 것이 우리에게 어떤 도움을 주는가?

언어적이라면 그것은 생각이다. "방 정리를 해야겠네."라는 생각은 단순한 정신적 발화일 뿐이다. 이 생각에 결정권을 주면 방을 청소하기 시작할 것이다. 많은 경우 이런 시도는 그 결과가 탐탁지 않다. 방 정리하는 데 두 시간을 보냈지만 여전히 마음에 들지 않는다. 그러면 다시 머릿속에서는 스스로를 책망한다.

방이 깔끔하지 않아 기분이 좋지 않다면 이는 감정이다. 하지만 이 첫 번째 감정은 진실이 아니다. 아마도 낮은 파동일 가능성이 높다. 기분이 좀 나쁘고, 당신은 깔끔하지 않은 방이 그 다음 그 이유라고 생각한다.

8. 정의된 루트 센터(Root)

정의된 루트 센터는 기본적으로 존재적 압력을 다루는 이미 고정된 방식을 갖추고 있다. 존재적 압력을 다루는 고정된 방식은 그 자체로 압력일 수 있으며 스트레스로도 느낄 수 있다. 결정적으로 이는 자기 내부의 스트레스, 내부의 압력이다. 바디그래프에 정의된 루트 센터가 있다면 이는 우선 압력을 만들어 내는 주체가 있다는 의미인데, 이는 다름 아닌 당신 자신이며 언제나 같은 방식(이미 설정된)으로 압력을 줄 것이다.

루트 센터의 모든 게이트는 압력이 되며 이 압력은 어떤 일을 행동으로 옮기는 임무를 띠고 있다. 이 게이트들은 항상 모든 일의 시작이 된다. 우리는 이 특별한 압력이 채널의 다른 쪽 끝에서 처리되는 방식을 알 수 있다. 바디그래프 상에서 루트 센터를 보면, 루트 센터의 압력은 직관적, 감정적, 새크럴적 방식으로 처리될 수 있음을 알 수 있다. 게이트 41에서 생긴 압력은 게이트 30에 이어지는데, 따라서 게이트 41을 통과하는 압력은 감정으로 이어지는 셈이다. 만일 게이트 58에서 압력이 생기면 게이트 18을 만나 스플린 센터로 이어진다.

따라서 어떤 사람의 루트 센터가 채널 41-30을 통해 정의되었다면 이 사람의 압력은 항상 게이트 41을 통해 매번 감정적 결과를 낳도록 설계된 셈이다. 루트 센터의 압력은 항상 작동하지 않고 가끔 일어나지만 아주 강렬한 힘으로 경험된다. 이 압력은 게이트 30을 통해 상당히 특수한 감정 파동을 일으킬 수 있다. 좀 더 자세히 알아보면, 매우 구체적인 그림을 그려 볼 수 있을 것이다.

정의된 루트 센터는 이미 설정된 방식으로 특수한 압력의 힘을 처리하는 잠재력을 의미한다. 압력이 '들어올 때' 당사자는 스트레스를 경험하는데, 이 스트레스는 순전히 내적인 스트레스로서 그 자신에게 필요한 스트레스다(꼭 즐거운 상태라는 말은 아니다.).

또한 스트레스를 받는 다른 사람이 옆에 있어도 이 사람은 그리 방해받지 않는다. 이 사람은 다른 사람의 스트레스에 면역력을 가지고 태어났다. 자신이 원래 지닌 스트레스가 있기 때문이다. 따라서 만일 정의된 루트 센터가 있는 사람이 일간지나 광고 기획사 편집부에서 일하고 싶은 마음이 간절하다면 그렇게 하라. 스트레스는 자신이 주는 것 외에는 없다. 이 사람에게 주변 환경은 자신의 스트레스와 크게 상관이 없다.

한편, 당신은 정의된 루트 센터의 특성을 전달하기도 한다. 즉 스스로의 스트레스를 발산한다. 루트 센터가 '작동하고' 몸속에서 아드레날린 분출이 느껴질 때 이는 주변 환경에 상당한 영향을 끼친다. 그리고 주변 환경은 당신의 스트레스를 받아서 이를 증폭시킨 다음 당신에게 되돌린다. 애들 때문에 스트레스를 얼마나 받는지 불평하고 싶다면 잠시 멈추고 당신 자신과 스트레스의 관련성을 살펴보라.

정의된 센터는 다 목적이 있다. 정의된 루트 센터는 존재적 압력을 특별한 방식으로 처리한다. 하지만 정의된 센터의 목적은 동시에 약점이 된다. 채널 41-30이 정의된 사람과 있을 때는 스트레스는 언제나 감정으로 이어질 것이다. 존재의 구체적 압력에 대한 지금 이 순간 적절한 대응이 아닐지라도 말이다.

9. 정의된 에고 센터(Ego or Heart)

'에고(Ego)'는 항상 가치 판단을 수반하는 아주 무거운 단어다. 사람들은 강력한 의지력을 가진 사람이 되고 싶어 하지만, 이기적인 사람으로 비춰지긴 싫어한다. 또한 사람들은 돈이 전부가 아니라고 하지만 모든 수단과 방법을 통해 돈을 벌고 싶어 한다.

에고 센터의 핵심 과제는 우리의 물질적 존재성을 보호하는 데 있다. 에고 센터는 물질적 차원에서 활성화된다. 따라서 정의된 에고 센터는 물질적 차원에서 강제성을 띠는 이미 확실한 방식이 있음을 의미한다. 에고 센터의 목적을 가장 일반적으로 표현하자면 바로 의지력이다.

정의된 에고 센터는 일관된 의지를 지녔고 목표 지향적으로 접근할 능력이 있음을 의미한다. 강제성을 지닌 이 능력은 본질적으로 배려의 부족으로 이어진다. 실제로 정의된 에고 센터를 가진 사람은 타인에 대한 배려가 부족하다고 자주 지적된다.

이 힘에 대한 일반적 평가는 모순적이다. 즉, 일반적으로 의지력 자체는 미화되지만 이해타산적인 성향은 악한 것으로 여겨진다. 만일 정의된 에고 센터를 지녔다면 이기적인 사람임을 의미하기도 한다. 그 힘은 스스로가 지닌 힘이며 정체성의 일부다. 만일 이렇게 생각하지 않는다면 그 생각에 어떤 결정권도 주면 안 된다. 만일 주변 사람들이 당신의 성향을 끊임없이 비난하고 포기하길 권유한다면, 다른 사람들을 찾아가라.

정의된 에고 센터의 진정한 핵심은 상당히 독특한데, '목표를 설정하는 주체는 무엇 또는 누구인가?'이다. 에고 센터는 의식이 아닌, 단지 힘의 센터다. 따라서 에고 센터가 정의되었다고 해서 내가 뭘 원하는지 인식하게 되지는 않는다. 예를 들어, 목표를 생각하며 이를 달성하기 위해 노력을 기울인다. 이 경우 당신은 생각을 돕기 위해 의지를 사용하는 셈이다. 그러나 당신이 감정 결정권을 지녔으며 그에 따라 행동하는 사람이면, 다소 불행하게 느낄 수 있을 것이다. 목표를 달성해도 말이다.

따라서 우리는 대부분의 경우 의식하지 못하더라도 에고 센터가 누군가를 위해 일한다는 점을 반드시 이해해야 한다. 내 안의 '결정권'이 결정을 내리면, 에고 센터는 단순히 이 결정을 실행에 옮길 힘을 내는 것이다. 이렇게 되면, 정의된 에고 센터에 대해 중요한 질문이 떠오른다. '누가 목적을 부여하는가?'

우리가 이미 알고 있듯이, 에고 센터의 주된 결정권은 언제나 내적 결정권이다. 만일 스플린 센터가 내적 결정권이라면 당신은 그 즉시 목적을 세울 수 있다. 만일 감정적 결정권이라면 목적을 세우는 데 시간이 좀 걸린다. 만일 새크럴 결정권을 가지고 있다면 새크럴 센터의 반응에 에고 센터의 힘을 실을 것이다. 그리고 오로지 그때에만 목적은 올바를 수 있다. 이기적이라고 비난받는 한이 있어도 말이다.

그렇다고 배려의 부족이 바람직한 것이며 그렇게 해야 되는 것은 아니다. 이와 관련한 다음의 예를 생각해 보자. 중요한 일을 하는 중인데 계속 전화가 온다. 받아 보면 반은 서류를 보내 준다거나 따로 만나자는 영업 사원들의 전화다. 그때 만일 내가 예의 바르게 군다면, 잠깐의 대화를 한 후 서류를 보내라고 했을 것이다. 2주가 지나서, 그 서류를 받았는지 영업 사원에게서 전화가 온다. 서류는 잘 받았지만 이미 쓰레기통에 버린 지 오래이다. 이제 나는 내 시간뿐 아니라 저쪽 전화기를 붙들고 있는 영업 사원의 시간까지 낭비하는 또 다른 전화 통화를 한다.

배려가 부족한 성향의 의미는 즉각 이렇게 말하는 것이다. "싫습니다. 제게 소용도 없고 전혀 관심도 없습니다." 이 성향은 둘 간의 시간 낭비를 최소화하면서 내 목적을 달성하는 데 도움을 준다. 즉, 정해진 시간 안에 해야 할 일을 하게 만드는 것이다.

이러한 면에서 정의된 에고 센터의 또 다른 중요한 특성을 볼 수 있다. 싫다고 말할 수 있는 힘이다. 우리는 끊임없이 우리에게 시간, 돈, 약속, 동정을 바라는 사람들이 가득한 세상에 살고 있다. 만일 모든 이의 요청을 다 들어준다고 한다면 우리는 언제나 다른 사람 둥지만 짓고 내 둥지는 짓지 못한다. 정의된 에고 센터는 자신의 둥지를 짓기 위해 싫다고 말할 수 있는 사람이다.

정의된 에고 센터의 핵심어는 용기다. 실패할 수도 있기에 목표를 세운다는 일은 용기가 필요하다. 특정 목표를 달성하기 위해서는 큰 힘이 필요하다. 그렇지만 그 이후에는 회복할 시간도 필요하다. 따라서 정의된 에고 센터는 정해진 시간 안에 상당한 노력을 필요로 하는 일에 이상적인 모터 센터이다.

10. 정의된 셀프 센터(Self or G)

이상하게 들릴지 모르지만 우리는 정의된 셀프 센터를 진정으로 인식하지는 못한다. 정의된 셀프 센터는 개인 초월적인 어떤 종류의 사랑이나 방향성이 정해졌다는 의미다. 궁극적으로 보면 사랑과 방향성은 서로 동일하다. 셀프 센터는 그 특성상 운전자이기 때문에 승객에게 절대 접근할 수도, 의식될 수도 없다. 따라서 정의된 셀프 센터는 기본적으로 운전자가 일정한 방향성을 지니거나, 일정한 방식으로 운전하여 방향을 찾아간다는 의미이다. 우리는 이중 어느 것도 의식할 수 없다. 우리는 '쇼핑 간다' '일하러 간다' '휴가 간다' 등 우리가 의식적으로 방향을 정하는 것으로 알고 있다. 우리는 항상 이런 말을 쓰고 이는 언제나 "나는 일하러 가기로 결정했다." "나는 쇼핑하러 가기로 결정했다." "나는 이번에 쉬기로 결정했다."를 의미한다.

그러나 이는 사실이 아님을 알려주는 일들이 언제나 발생한다. 휴가를 떠났는데 30km 넘게 길이 밀린다. 어떻게 하겠는가? 분명한 것은 시공간적 위치를 바꿀 수는 없다는 점이다. 만일 군대에 자원했는데 석 달 후 어느덧 자신이 고향에서 3천km 떨어진 장소에 있음을 알게 된다. 정말 자신의 방향을 스스로 정할 수 있는가? 심지어 마트에 간다고 해도 계산대 앞에서 계산해야 하기 때문에 자신의 방향을 임의로 결정할 수 없다는 사실을 알 수 있을 것이다.

실제 발생하는 사실은 다음과 같다. 일상에 필요한 경험을 저장해 놓는 것이다. 일하러 가기 위해서는 35분이 걸리고 쇼핑을 가려면 45분이 걸린다. 현실이 과거와 대략적으로 일치한다면 스스로 운전자처럼 느껴질 것이다. 터무니없이 차이가 나는 경우에 당신은 전혀 통제할 힘이 없게 되고 분노나 짜증으로 반응할 것이다. 어떤 의미인지 전혀 모르는 상태라도 말이다.

이런 면에서 정의된 셀프 센터는 타인에 의해 영향 받지 않는 시공간적 위치가 정해져 있음을 의미한다.

정의된 셀프 센터는 정체성으로 경험된다. 어느 정도 우리는 "나는 누구인가?"라는 질문에 익숙하다. 하지만 정의된 셀프 센터를 지닌 사람들에게 이 질문은 중요하지 않다. 우리가 어떻게 정의되든 일반적으로 그 센터와 관련하여 "나는 누구인가?"라고 묻지 않는다.

간단한 실험을 해 보라. 만일 당신이 자신의 방향을 통제할 수 없다는 생각을 받아들이면, 조만간 당신은 운전자의 행동을 지켜볼 수 있는 위치에 있게 되고 쉽게 승객의 태도를 가질 수 있다. 즉, 뒷좌석 깊숙이 앉아 될 수 있는 한 편안히 풍경을 감상하는 것이다.

11. 정의된 스로트 센터(Throat)

우리는 스로트 센터가 세상으로 나가는 문과 같음을 알 수 있었다. 우리가 무엇을 행하고 말하든 이는 스로트 센터를 통해 특정한 방식으로 표현될 수 있어야 한다. 따라서 정의된 스로트 센터는 그 사람이 세상에 접근하는 방식, 그리고 세상에 드러내는 방식이 정해져 있음을 의미한다.

정의된 스로트 센터는 공적인 이미지를 결정한다. 바디그래프 내에 센터가 몇 개나 정의되든 스로트 센터에 닿는 정의된 센터들이 세상에 대한 이 사람의 첫인상을 결정한다.

센터의 소개 부분에서 우리는 스로트 센터의 연결 구조가 다양함을 알 수 있었다. 연결되고 정의된 센터는 이 사람이 항상 행동하고 말하고 표현하는 방식을 결정한다.

이 주제에 대한 설명은 유형과 전략이라는 휴먼디자인의 가장 중요한 부분을 알아야 비로소 완전해진다. 이는 이 시리즈의 두 번째 책에서 설명할 것이다. 유형과 전략은 센터의 특별한 구성을 따르므로 지금은 센터를 설명하면서 이해를 위한 적절한 토대를 형성할 것이다.

그렇지만 정의된 스로트 센터의 역할을 구체적으로 살펴보는 것이 불가능하지는 않다. 다양한 연결을 이해하기 위해서는 이 각각의 연결이 나름대로 언어적 능력이 있음을 아는 것이 중요하다. 일반적으로 언어적 능력은 마인드와 연결된다. 그러나 사실 스로트 센터의 각 게이트는 각각 말할 수 있는 능력이 있다. 따라서 바디그래프에서 보듯이 다음의 센터들이 스로트 센터에 말을 할 수 있음을 알 수 있다. 이들은 스플린, 셀프, 새크럴, 감정, 에고, 아즈나 센터이다. 오직 헤드와 루트 센터만이 압력 센터로, 스로트 센터와 직접적 연결이 없다.

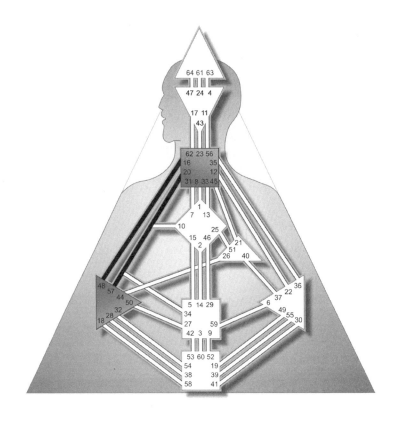

만일 이 두 연결 중 하나라도 존재한다면 스플린 센터, 즉 직감, 직관, 취향이 그 순간 말을 할 수 있다. 우리는 스플린 센터가 오직 그 순간에 의해서만 움직임을 알고 있다. 따라서 이 연결을 지닌 사람은 자신이 무슨 말을 할지 미리 알지 못한다. 그는 즉흥적으로만 말할 수 있

다. 그러나 동시에 이 사람은 생각도 할 수 있다. 일단 무슨 말을 할지 먼저 생각한다. 이는 마인드 센터를 통해 일어나며 지금 이 순간에 구애받지 않을 수 있다. 그 다음 마인드 센터는 대화를 위한 준비를 한다.

그런 다음 이 사람이 대화를 시작하면 우리의 스플린 존재는 자기가 생각했던 바와는 완전히 다른 내용을 말하기 시작한다. 그 스스로도 당황하고 이해가 되지 않아서 스스로를 비난할 수도 있다('부적절한' 말을 했다며). 이 사람은 자신이 언제든 예상치 못한 발언을 할 수 있음을 받아들여야 한다.

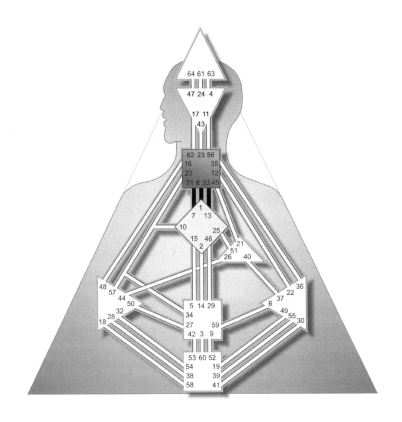

이런 연결이 되어 있을 경우 셀프 센터가 말을 할 수 있다. 즉, 모든 대화는 자기 표현의 수단이 되며 진정한 정체성이 말을 하게 된다. 이는 앞서의 예와 동일한 문제점을 발생시킬 수 있다. 즉, 대화가 시작되면 이 사람은 자신이 하는 말이 그 전에 말하려고 했던 내용과 전혀 다름을 깨닫게 된다(예를 들어, 사고 과정은 정체성과는 전혀 다른 특성을 지니도록 결정된다.). 두 번째는 이 사람들은 비판에 매우 예민할 수 있다. 왜냐하면 대화 속에서 일어나는 모든 비판은 자기에 대한 비판, 즉 자신의 진정한 정체성에 대한 비판이 되기 때문이다.

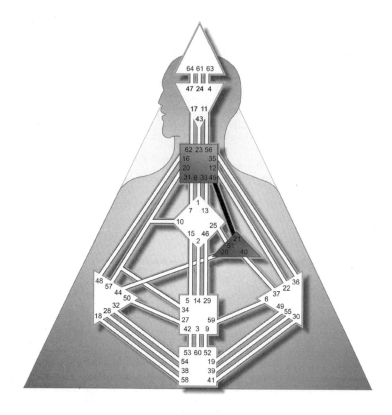

　만일 이 연결이 있다면 에고 센터가 말하게 된다. 물론 에고 센터는
자신에 대해, 물질적인 것에 대해 이야기할 것이다. 에고 센터는 '나,
나의, 나에 의한'을 외칠 것이다. 왜냐하면 그렇게 말하도록 정해져 있
기 때문이다. 이런 사람들은 너무도 이기적이고 자기중심적이라고 비
난을 받는다. 그렇지만 이 의미는 단지 에고의 힘이 말하고 있음을 의
미할 뿐이다. 휴먼디자인을 통해 자신의 '자기중심성'을 바꾸거나 극
복하지 않아도 된다는 사실을 알았을 때, 이 사람들이 얼마나 안도감
을 느끼는지 모른다.

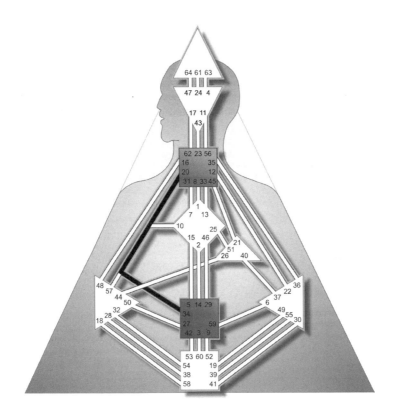

스로트 센터가 이런 연결을 가지고 있다면 새크럴 센터가 말하게
된다. 이 사람들은 새크럴 센터의 소리를 통해 자신을 표현하거나 움
직이려는 충동, 또는 지금 이 순간의 행동으로 자신을 표현한다. 여기
서 스로트 센터는 어마어마한 에너지원에 연결되었기 때문에 이는 매
우 심란한 행동, 어쨌거나 상당히 신경을 곤두세우게 만드는 괴상한
행동으로 이어질 수 있다. 이 연결을 지닌 여섯 살짜리를 생각해 보라.
"가만히 있어! 조용히 앉아 있지 못해? 왜 그렇게 맨날 산만하니!" 이
런 제안이 도착할 때만이 새크럴 에너지가 채널을 통해 새크럴 반응
을 나타낼 수 있다. 그 산만함은 단순히 강렬한 생명력이 정상적으로
표현된 결과이다.

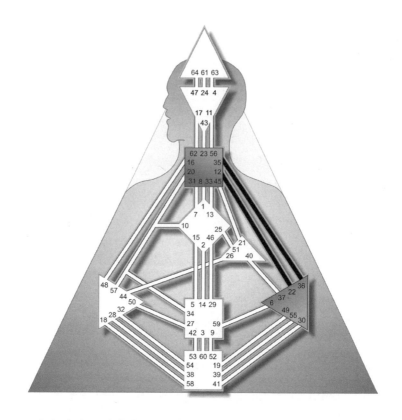

이런 형태로 연결이 되어 있을 경우 감정이 말을 할 것이다. 즉, 순
간적 감정 상태, 목소리든(음악적 톤) 흉내든 제스처든 감정 파동이 분
명히 모습을 드러낼 것이다. 따라서 이 사람들은 감정적이기도 하지
만, 사람들에게도 그렇게 보이기 때문에 비난받는다. "그렇게 항상
감정적이어야 돼? 좀 차분히 이야기할 수 없을까? 스스로 조절이 안
돼?"

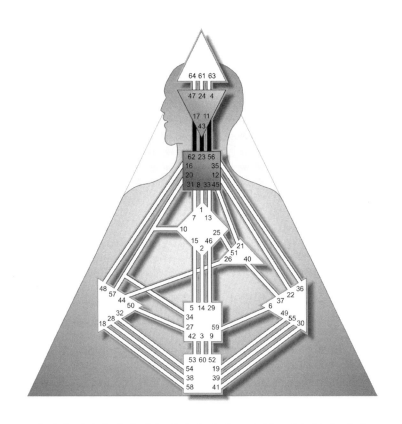

이렇게 연결이 되어 있을 때에만 마인드 센터는 말을 할 수 있다. 보통 말을 해야 되는 센터는 당연히 마인드 센터여야 한다는 집단적 착각이 존재하는데, 그 착각에 어느 정도 들어맞는 연결이다. 예를 들어 채널 17-62의 연결을 지닌 사람은 언제나 합리적이고 논리적으로 말한다. 그러나 사람들이 항상 좋아해 주는 것은 아니다. "평생 단 한 번만이라도 인간적일 수 없어? 왜 항상 그렇게 감정이 없는데? 단 한 번이라도 스스로를 좀 놓아줘 봐!"

만일 바디그래프에 이런 연결이 되어 있다면 당신에게는 이 방식이 적절한, 그리고 세상과 접하는 고정된 방식임을 이해해야 한다. 방향을 돌리려는 시도, 이 능력을 무효화시키려는 그 어떤 시도도 당신의 진정한 본질을 공격하는 행위이기 때문에 단호히 물리쳐야 한다. 만일 스스로의 본성을 억압하면 이 능력은 당신을 공격하게 될 것이다. 그 결과는 단순히 심리적인 문제에 그치지 않고, 신체적인 문제로 나타나서 급기야 심각한 질병으로 이어질 것이다.

이제 초창기 휴먼디자인 종합 매뉴얼에 인용되었던 말로 이 장을 마무리하고자 한다.

"당신의 목소리가 어디에서부터 오는지 알게 된다면, 삶에 있어 엄청난 변화가 일어남을 경험할 수 있다. 당신은 본모습대로 자신을 표현할 수 있으며 거기에는 어떤 죄책감이나 다른 감정이 개입될 필요가 없다. 당신의 어깨에 짊어졌던 부담이 사라지는 것이다. 여기에는 근본적으로 정직함의 미덕이 있다. 당신은 자신의 모습 그대로 살아도 된다. 우리는 타인의 본질을 끊임없이 변화시키려는 편견과 아집으로 가득 차 있다. 우리는 그들에게 달라져야 한다고 말한다. 자신의 목소리가 어디서부터 오는지 깨닫는다면, 변화시킬 수 없는 개성적인 존재로 타인을 보게 될 것이며 그들의 목소리를 존중하지 않을 때 상처를 준다는 사실을 알게 된다.

무엇보다도 말은 마인드 센터가 아닌 스로트 센터에서 나오는 것임을 알고 있어야 한다. 편견 버리기, 도덕적인 옳고 그름 따지기를 버리는 것이 첫 단계이다. 타인에 의해 자신의 존재가 억압 받는 희생자가 되면 안 된다. 휴먼디자인은 도덕에 관한 체계가 아니다. 휴먼디자인에는 그 어떤 선입견도 없다. 또한 계율이나 율법도 아니다. 휴먼디자인 시스템은 사람들에게 스스로의 고유한 개성을 알리고 존재의 고귀함을 일깨우기 위한 체계이다."(33)

제4장

미정의 센터의 낫셀프와 잠재력

들어가기에 앞서, 먼저 미정의 센터 각각의 공통적인 특성을 기억해 보자. 미정의 센터에서는 영구히 정의되는 특성이 없다. 따라서 미정의 센터는 믿을 만한 대상이 아니다. '미정의'는 단순히 정의되지 않았다는 의미를 훨씬 넘어선다. 어떤 센터가 미정의되었다면, 우리는 항상 그 센터를 통해 컨디셔닝된다. 그 가능성은 사람마다 약간씩 다를 수는 있지만 항상 존재한다. 이 부분을 좀 더 명확히 이해하기 위해, 각 센터별 정의 및 미정의 비율을 보자.

센터	정의(%)	미정의(%)
스플린	53	47
아즈나	51	49
솔라플렉서스	50	50
루트	58	42
새크럴	59	31
에고	35	65
헤드	29	71
셀프	56	44
스로트(G)	71	29

만일 어떤 사람이 새크럴 센터와 헤드 센터가 미정의되었다고 하자. 이때 새크럴 센터에 컨디셔닝이 일어날 확률은 헤드 센터보다

2.5배 높다고 볼 수 있다.

이 표에 나온 수치는 거의 변동이 없다. 즉, 시대와 문화가 달라도 거의 차이가 없다. 엄격하게 보면 세대 간 차이 정도는 약간 있을 수 있다. 예를 들어, 명왕성이 게이트 61에 도달하면 3년간 머무른다. 이 3년 동안에는 당연히 채널 61-24가 정의될 확률이 높아진다. 달, 태양, 지구, 수성, 금성, 화성이 게이트 24를 활성화시킬 때마다 정의된다. 따라서 명왕성이 게이트 61에 위치할 때, 헤드 센터가 정의되는 아이들의 수는 평균보다 더 높아진다. 하지만 248년의 전체 주기 동안 자체적으로 균형이 맞춰진다. 한편 명왕성이 마지막으로 게이트 61에 머물렀던 시기는 200년도 더 전이다. 따라서 이 명왕성이 지금 우리 세대에 끼치는 영향은 없다고 보아도 된다.

이제 미정의 센터에 관한 세 가지 측면을 알아보기로 하자.

- 미정의되었다는 것은 본질적으로 무엇을 의미하는가?
- 낫셀프(Notself)는 미정의 센터를 통해 어떻게 작용하며 어떤 영향을 미치는가?
- 미정의 센터는 어떻게 다루어야 하며 미정의 센터의 긍정적 기능은 무엇인가?

위의 질문에 답하려면 지금껏 거의 쓰이지 않았으며 설명을 미뤄왔던 낫셀프라는 용어를 보게 될 것이다. 낫셀프는 특히 중요한 개념이다. 보통 낫셀프는 미정의 센터에 결정권을 주어 결정을 하게 만들거나, 미정의 센터를 자신의 정체성이라고 여기게끔 하여 미정의 센터의 일부 특성에 집착하는 상태를 의미한다.

1. 미정의 스플린 센터(Spleen)

우리는 이미 스플린 센터가 몸의 세탁기로서 면역 체계, 직감, 직관, 취향과 관련된 센터라는 것을 알았다. 미정의 스플린 센터는 이런 특성들이 정의되지 않음을 의미한다. 하지만 성급한 결론을 내리지는 말자. 정의되든 되지 않든 당연히 모든 사람은 면역 체계를 지니고 있다. 미정의 스플린 센터의 사람에게 없는 점은 건강에 위협이 되는 요소와 싸우는 일관적인 체계이다. 미정의 스플린 센터는 대처 방식에 있어서 정해진 것이 없다.

미정의 스플린 센터는 즉흥적으로 이끌어 줄 그 어떤 일관된 직감이 없다. 미정의 스플린 센터의 사람들은 따라서 어떤 것이 옳을지에 대한 자신의 즉흥적인 직감을 믿을 수 없게 된다. 즉, 이를 통해 유도되는 명백한 원칙이 있다. 즉흥적으로 행동하지 말라! 정의된 스플린 센터의 경우 즉흥성은 오히려 건강하다. 미정의 스플린 센터라면 직감, 직관을 가끔 경험할 수는 있어도 신뢰할 수 있는 수준은 아니다. 우리는 단단히 믿을 수 있는 센터에 근거해서 살아가야 한다. 따라서 미정의 스플린 센터의 사람이 즉흥적인 행동을 할 때는 위험하다.

신체적 웰빙의 문제도 중요하다. 미정의 스플린 센터의 사람들은 혼자 지낼 때 몸 상태가 좋지 않은 경우가 많다. 이는 단점인 것 같지만 신뢰하지 못할 직감을 보완해 주는 기능을 수행한다. 즉, 이 신체적 불편은 주의 깊은 예방 행동, 말하자면 건강한 불신을 하게 만든다. 전반적으로 의심을 해보는 행동은 구체적이지만 정의되지 않은 직감을 대체할 수 있다. 위험 감지 능력이 떨어지는 사람은 애초에 위험과 맞닥뜨리지 않는 것이 좋다. 즉, 이 사람들에게는 즉흥적 대응보다는 의심을 통한 예방 행동이 더 도움이 된다.

이를 황금률적으로 설명하자면, 미정의 스플린 센터의 사람들은 《공주와 완두콩》에서 나오는 공주처럼 사는 것이 좋다. 언뜻 이상하게 들릴 수는 있지만 다시 말하면 까다롭고 조심스러워야 한다는 말이다. 오만하다는 말을 듣는 한이 있더라도, 품질에 대해서는 까다롭고 높은 기준을 유지하는 것이 좋다. 말하자면 될 수 있으면 최고급품이 좋다. 양질의 음식, 양질의 음료, 양질의 의류를 소비하고 명저, 명작 등을 보아야 한다.

청결 문제도 미정의되어 있다. 무엇을 섭취하든 몸에서 배출하기가 쉽지 않을 가능성이 높다. 따라서 섭취하는 음식의 질이 높을수록 문제는 덜 발생할 것이다. 그렇지 않을 경우 2주 전에 본 삼류 공포 영화 내용이 현실이 되는 일이 닥칠지 모른다.

1) 미정의 스플린 센터의 낫셀프

미정의 스플린 센터의 사람이 세 살 아기였을 때는 어땠을까. 아이는 혼자가 되면 기분이 나빠진다. 아이는 혼자 있지 않으려고 애쓴다. 흔히 엄마 곁을 떠나지 않는 아이가 바로 이들이다. 엄마는 급기야 이렇게 말한다. "나도 좀 혼자 있어 보자. 엄마도 놀아 줄 시간이 없어. 가서 혼자 놀아."

이 현상의 함축적인 의미를 이해하려면, 미정의 센터가 어떤 것을 흡수하고 증폭한다는 사실을 기억해야 한다. 미정의 스플린 센터가 정의되는 순간 그 기쁨은 그 어느 것과도 비견될 수 없을 만큼 크다. 우리의 지각은 차이가 생길 때만 인식한다. 미정의 상태와 정의된 상태 간의 격차는 특히 크기 때문에 사람들은 정의되는 그 순간을 최우선으로 둔다.

실제로 이 현상은 엄마나 아빠가 아이들을 말 잘 듣게 하기 위해 많이 이용한다. "나쁜 짓하면 멀리 보내버릴 거야! 말 안 들으면 혼자 두고 갈 거야."

아이를 교육할 때 아이를 혼자 두는 방법으로 벌을 주면 줄수록 아이는 스플린 센터가 정의되도록 만드는 데 더욱 의존하게 된다. 그리고 정의된 상태를 만들기 위해 아이는 실제적으로 온갖 것을 감수한다. 이런 사람들이 바로 혼자되지 않기 위해서 무슨 일이든 감수하는 사람이다. 알코올 중독 남편을 수년 간 견뎌 온 여자가 있다. 사람들은 그 여자를 이해하지 못한다. 삼촌에 의해 성추행당했지만 아이는 끝까지 입을 열지 않는다. 여자 친구가 계속 바람을 피우지만 남자는 '떠나지' 못한다. 여기서 미정의 스플린 센터를 지닌 사람들의 핵심 문제가 정확히 보인다. 나는 무엇 때문에 계속 여기에 있는가? 상처 입으면서도 왜 이곳을 못 떠나는가?

이는 또 다음과 같이 설명할 수도 있다. 미정의 스플린 센터의 사람들은 정의된 스플린 센터의 사람이 옆에 있으면 몸이 편해진다. 당연히 이들은 정의된 스플린 센터의 사람들을 믿고 따르게 된다. 이들은 공식을 만든다.

"내가 어떤 사람과 함께 있을 때 기분이 좋아지면 그 사람은 나한테 도움이 되는 사람이다." 그러나 이 공식엔 오류가 있다. 정의된 스플린 센터가 '기계적으로' 기분을 좋게 만드는 것이지, 당신에게 도움이 되는 사람인지는 모른다. 즉, 도움이 되는 사람일 수도 아닐 수도 있다.

흔히 미정의 스플린 센터의 사람은 정의된 스플린 센터의 사람이 즉흥적으로 하자는 대로 잘못된 방향으로 이끌린다. 이는 확실히 좋지 않은 경우다. 정의된 스플린 센터를 가진 사람의 입장에서는 좋을 수 있다. 하지만 미정의 스플린 센터의 사람은 그 사람의 존재로 기분이 좋아질 수는 있지만 이 같은 즉흥적인 행동 때문에 손해를 본다.

미정의 스플린 센터의 사람들은 따라서 자신의 결정, 특히 누가 믿을 만하다는 결정에 근거해서 신체적 웰빙을 꾀하지 말아야 한다. 미정의 스플린 센터의 사람들은 스스로 조심스럽고 까다로울 때, 그리고 즉흥적으로 결정하지 않을 때 가장 건강해진다.

상황을 변화시키는 다양한 변수들도 있다. 예를 들어, 미정의 스플린

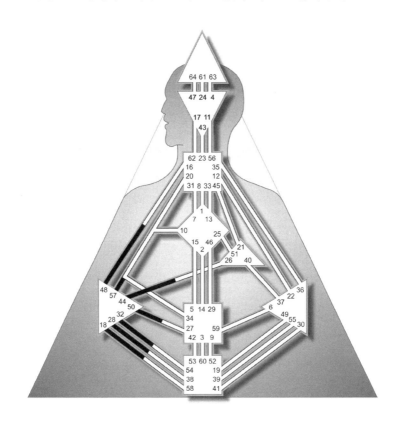

센터에 활성화된 게이트가 많으면 이 경향성에 더 취약해진다. 트랜짓으로 인해 스플린 센터가 자주 정의될 수 있기 때문이다. 트랜짓(transit)은 바디그래프를 변화시킬 수 있는 행성의 현재 위치를 의미한다.

이 바디그래프는 가장 극단적인 경우이다. 스플린 센터는 분명히 정의되지 않았는데 스플린 센터에 연결된 모든 게이트는 활성화되어 있다. 예를 들어, 달이 게이트 16, 20, 27, 34, 54, 38, 58에서 트랜짓될 때마다 스플린 센터는 일시적으로 정의된다. 다른 행성, 태양, 수성, 금성, 화성, 그리고 서행하는 행성들의 경우도 모두 마찬가지다. 따라서 미정의 스플린 센터를 지녔지만 일생 거의 대부분의 시간 동안 트랜짓으로 인해 스플린 센터가 정의된 상태로 사는 것이다. 정의된 스플린 센터의 사람의 경우 이 같은 의존 경향은 훨씬 덜 하다.

다섯 아이의 엄마일 경우에도 마찬가지로 의존 경향이 다소 약화된다. 특정 인물에 의존할 확률이 낮아지기 때문이다. 그렇지만 자녀 한 명을 둔 미정의 스플린 센터의 사람인 경우, 특히 혼자 놔두거나 어디 보내 버린다고 하며 아이를 훈육할 때 의존성의 문제가 부각된다. 이런 사람들의 아즈나(마인드) 센터는 이 모든 일에 대해 합당한 이유를 찾아 나서게 되고, 흔히 다음의 두 가지 해석을 내리게 된다. 첫 번째는 "내가 잘못해서 내 기분이 나쁜 거야." 두 번째는 "어려운 일을 해냈기 때문에 내 기분이 좋은 거야." 이 둘이 복합적으로 작용하기도 한다. 물론 이 두 해석이 틀렸음은 두말할 나위도 없다.

다행히도 의존성을 줄여 주고 자율성을 길러 주는 간단한 방법이 있다. 숲이나 산으로 산책을 나가는 것이다.

다른 생명체들도 디자인이 있다. 인간의 디자인과는 형태가 다소 다르지만, 유사한 부분이 있기도 하다.(34) 숲길을 지나갈 때 우리는 엄청나게 큰 정의된 스플린 센터를 통과해 가는 것과 같다. 사람과는 달리

이 숲은 떠나지도 않고 고민거리가 되지도 않으며, 잘못된 방향으로 끌고 가지도 않고 의존하게 만들지도 않는다.

더군다나 숲속을 산책하면서 몸이 깨끗해진다. 스플린 센터는 몸속 세탁기 역할을 한다. 미정의 스플린 센터의 사람은 세탁기가 언제 돌아가는지, 돌아가긴 하는지 알 길이 없다. 그런데 숲속을 산책하면 스플린 센터는 계속 돌아간다. 개인적 위생을 위해서라도 규칙적인 산책이 권장된다. 매일 하는 샤워나 목욕처럼 일주일에 한 번씩 산속으로 긴 산책을 나가라. 이는 당신의 자율성을 돕고 몸을 깨끗하게 만들어 준다.

2) 미정의 스플린 센터의 특별한 잠재력

미정의 센터들은 우리가 세상을 접하는 창구 역할을 한다. 미정의 스플린 센터를 통해 우리는 타인의 건강 상태를 감지한다. 미정의 스플린 센터는 건강 여부를 진단하는 아주 정교한 도구와 같다. 그렇지만 이 도구로 감지되는 신체적 웰빙 또는 신체적 불편함을 자신의 것으로 착각하지 않을 때에만 비로소 이 도구를 진단에 유용하게 활용할 수 있다.

이는 생각보다 까다롭다. 우리의 몸 안에서 일어나는 일 또는 감지된 것을 우리는 자동적으로 자신의 것이라 여기고 '나는…'이라고 표현한다. 미정의 스플린 센터의 사람들이 '나는…'이라고 말하지 않게 될 때만이 이 센터를 진단을 위한 도구로 활용할 수 있다. 위대한 의사들(정통 의학이든 대체 의학이든)은 미정의 스플린 센터를 지닌 경우가 많다.

2. 미정의 아즈나 센터(Ajna)

아즈나 센터가 미정의된 경우 헤드 센터 또한 미정의된다. 헤드 센터는 아즈나 센터와의 연결을 통해서만 정의되기 때문이다. 따라서 미정의 아즈나 센터는 완전히 미정의된 정신세계를 의미한다. 하지만

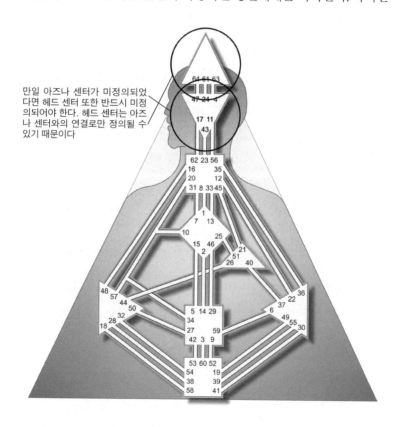

만일 아즈나 센터가 미정의되었다면 헤드 센터 또한 반드시 미정의되어야 한다. 헤드 센터는 아즈나 센터와의 연결로만 정의될 수 있기 때문이다

그 반대는 일어나지 않는다. 즉, 스로트 센터와의 연결로 아즈나 센터는 정의되었지만 헤드 센터는 미정의될 수 있다.

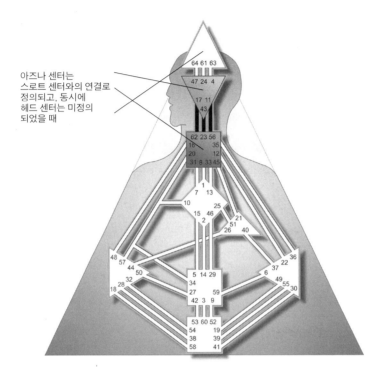

아즈나 센터는 스로트 센터와의 연결로 정의되고, 동시에 헤드 센터는 미정의되었을 때

아즈나 센터는 정신적 자각이 일어나는 본래의 터전으로, 바로 이 곳에서 개념이 형성되고, 탐구되고, 조작된다. 아즈나 센터를 통해 우리는 반성하고, 평가하고, 비교한다. 미정의 아즈나 센터는 이런 사고 작용이 미정의되어 있음을 의미한다.

그 의미를 좀 더 명확히 이해하려면 중요한 구분을 할 수 있어야 한다. 즉, 우리가 사고하는 방식과 우리가 사고하는 내용 간의 구분이다. 우리가 정신적으로 집중하는 것은 내용인데, 이는 언제나 컨디셔닝의 대상이 된다. 우리는 진공 상태가 아닌, 특정한 시간대, 사회 계층, 문화 안에서 산다. 이 요소들 때문에 사고 내용이나 판단 기준들이 형성된다. 예를 들어, 중세 시인들은 전장에서 두개골이 쪼개지는 소리의 아름다움을 노래했다. 현대인의 시각에서는 이 시의 의미와 미학은 굉장히 이질적이다. 15세기 사람 중에 상대성 이론을 생각한 이는 없었다. 아예 존재하지 않았다.

이런 이유로 우리는 정신적으로 컨디셔닝되며, 이는 정의된 아즈나 센터의 사람의 경우도 마찬가지다. 그러면 미정의 아즈나 센터는 왜 특별한가?

바로 미리 정해진 사고방식이 없다는 점이다! 컴퓨터만 있는 세상을 생각하면 가장 이해가 빠르다. 컴퓨터들은 운영 체제가 각기 다르다. 아즈나 센터의 경우 세 개의 운영 체제가 있다. 64-47, 11-56의 체제, 63-4-17-62의 체제, 61-24-43-23의 체제다.

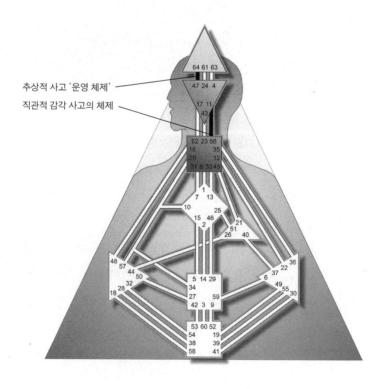

추상적 사고 '운영 체제'
직관적 감각 사고의 체제

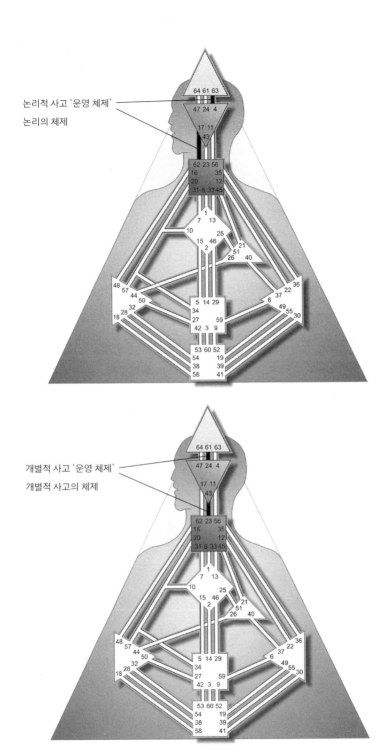

논리적 사고 '운영 체제'

논리의 체제

개별적 사고 '운영 체제'

개별적 사고의 체제

컴퓨터만 존재하는 세상을 비유적으로 상상해 보면, 세 개의 운영 체제가 존재한다. 윈도우즈, 매킨토시, 리눅스 체제다.

바디그래프에서 아즈나 센터가 미정의되어 있다면, 당신의 운영 체제, 즉 정보를 해석하고 조작하는 방식이 반드시 컨디셔닝된다는 것을 의미한다. 즉, 정보 자체는 변하지 않더라도 다양한 정보 처리 방식을 통해 다양한 결론과 관점을 낳을 수 있다.

미정의 아즈나 센터의 사람은 아즈나 센터가 컨디셔닝이 되면서 그 어떤 정보든 다양한 방식으로 생각하고 조작할 수 있다. 하지만 영원히 그 방식만 고수하지는 않는다. 윈도우즈를 장착한 사람 옆에 있다면 윈도우즈를 사용해서 정보를 처리하게 된다. 다음 날이 되어 매킨토시를 장착한 사람과 함께 있다면 그때는 또 매킨토시를 사용해서 정보를 처리하게 된다. 이제 미정의 아즈나 센터의 의미를 확실히 짚어 보자. 내가 생각하는 내용, 내가 생각하는 방식은 내 것(정체성)이 아니다! 내가 생각하는 내용은 시간, 문화, 현실의 환경에서 가져온 것이다. 내가 생각하는 방식은 컨디셔닝으로 인해 매 순간 다시 재구성된다.

우리는 보통 생각을 나 자신이라고 여기기 때문에 이런 컨디셔닝을 겪는 것 자체가 힘겨울 수 있다. 이는 한때는 확고했던 사고방식이 사는 동안 근본적으로 변할 수 있다는 것을 의미하기도 한다. 예를 들어, 18세 때는 주변의 영향에 의해 정치적 극좌파나 자유주의를 따랐다고 해보자. 그런데 40세에 이르러 보니 극단적 보수 성향이 되어 있다. 여기서 중요한 것은 좌파든 우파든 당신의 진정한 정체성과는 상관이 없다는 것이다. 당신의 생각에는 그 무엇이든지 들어올 수 있으며 당신은 이를 어쩌지 못한다.

만일 사고 과정이 당신 자신의 정체성이라고 생각한다면, 더 심각한 경우 사고 과정에 결정권을 쥐어 준다면 그때는 진짜 문제가 발생한다. 하지만 이런 일은 파다하게 일어난다. 우리는 생각이 중요하다고 알고 있고, 남들과 생각이 비슷해야 한다고 믿기 때문이다.

따라서 개념, 생각, 의견을 접할 때, 마치 스쳐가는 관람객처럼 그것에 힘을 실어주거나 집착을 보이지 않으면 된다. 미정의 아즈나 센터에 해당하는 건강한 핵심 용어는 '글쎄' 또는 '그렇게 볼 수도 있겠지'이다.

1) 미정의 아즈나 센터의 낫셀프

물론 미정의 아즈나 센터의 낫셀프가 지니는 본질은 이 마인드 센터의 내용과 일치한다. 하지만 우선 미정의 센터는 받아들여서 증폭시킨다는 점, 그리고 미정의 센터에서 일반적으로 자신이나 타인에게 무언가 증명해 보이고 싶은 중독과도 같은 욕망이 자라난다는 점을 잊지 말자.

브리짓이란 아이에 대해 알아보자. 여덟 살 브리짓은 미정의 아즈나 센터를 지닌, 즉 무엇이든 빨리 배우는 아이다. 만일 브리짓의 부모가 논리적 정의가 된 사람들이면, 브리짓은 논리적으로 생각하게끔 컨디셔닝된다. 부모가 옆에 있을 때만 논리적으로 생각할 수 있다. 부모에게는 논리적인 사고가 유일하게 적법한 사고방식이며 브리짓도 그에 동의한다. 그런데 만일 브리짓의 단짝 친구가 회화적인 사고를 하는 아이라고 해보자. 브리짓은 단짝과 있을 때 회화적으로 사고한다.

그리고 심지어 똑같은 내용을 부모님과 단짝 모두에게 이야기하더라도, 브리짓의 입장에서는 이는 서로 다른 것이며 따라서 각각의 결론을 다르게 내릴 것이다. 브리짓이 친구와 이야기를 한 후 집에 와서 친구에게서 배운 생각을 부모님께 얘기하면 부모님은 "그런데 참 말이 안 된다. 좀 똑똑하게 생각해야지. 진짜 이치에 안 맞지 않니?"라고 답할 것이다. 부모님과 있을 때면 브리짓은 부모님을 이해한다. 단짝과 있을 때면 단짝을 이해한다. 둘 중 어느 쪽이 맞는가?

그래서 브리짓은(낫셀프 상태) 두 개의 의견을 지니게 된다. 그녀는 이 두 개의 의견 중 하나의 편을 들고, 진짜 불확실하다고 느낄수록 더더욱 미친 듯이 이 의견을 옹호한다. 그러다 그녀는 모두를 집합시키고 "이게 진짜 확실하다는 걸 내가 증명할게요!"라고 외친다.

아니면 브리짓은 진리를 찾아 다닌다. 오래 전래되어 온 진실도, 개인적인 사실도 아닌 진리 그 자체를 말이다. 이 경우 브리짓은 지나치게 배움에 열중한다. 나중에 집은 커다란 서재와 수백 장의 DVD로 꽉 찰 것이다. 브리짓은 항상 의지할 수 있고 안내해 줄 단 하나의 진리, 단 하나의 생각, 믿음을 매 순간 찾으러 다닌다. 이 진리에 대한 집착과 함께 브리짓은 미정의 센터의 함정에 차츰차츰 빠져들어 간다. 일단 브리짓은 그 어떤 영구한 진리도 찾지 말아야 하며 둘째, 찾을 수 있다 하더라도 진리가 그녀의 개인적인 인생을 이끌어 주지 않을 것이다.

만일 사고 과정에 결정권을 내주게 되면, 브리짓의 인생 전체는 끊임없이 무너져 내리는 카드로 만든 집과 같을 것이다. 일이 잘못되었을 때 사람들이 항상 반응하는 바로 그 방식대로 브리짓도 반응할 것이다. 즉, 하던 대로 하는 것이다. 어디에선가 반드시 진리를 찾을 것이라는 일념 하에 아무리 큰 좌절이 올지라도 그녀는 진리를 찾아 헤맬 것이다.

2) 미정의 아즈나 센터의 잠재력

미정의 마인드는 놀라운 잠재력을 지니고 있다. 미정의 아즈나 센터는 진정으로 사고 과정을 학습할 수 있다. 미정의 아즈나 센터는 모든 관점의 이해가 가능하다. 아즈나 센터는 미정의 상태로 모든 것에 대해 질문하고 호기심을 갖는다. 만일 브리짓이 이 사고 과정을 자신의 것으로 여기지 않는 법을 배운다면, 커다란 서재를 둔다 하더라도 이곳은 이제 더 이상 진리에 대한 의미 없는 탐색의 발현이 아니라 즐거움의 장소가 될 것이다. "와, 그렇게도 볼 수 있네. 진짜 재미있다." 또는 "와, 진짜 독특한 생각이야."라고 말하면서 말이다.

브리짓은 지식, 사고방식, 철학, 과학, 역사에 대한 순수한 즐거움을 느낄 수 있다. 모든 종류의 생각을 받아들일 수 있고, 때때로 컨디셔닝을 통해 모든 정신적 가능성을 경험해 볼 수 있다. 어느 정도 시간이 흐른 40세쯤, 브리짓은 마인드 센터의 외적 결정권을 쥐게 될 것이다. 그녀는 타인에게 서로 다른 접근 방식을 알려 주고, 철학을 가르치거나 중재자가 되어 있을 것이다. C. G. 융과 같은 역사상 위대한 지성들도 미정의 마인드 센터를 지니고 있었다.

레이브 챠트 개요/C. G. 융

유형 : 제너레이터	출생 시각(표준 시각) : 1875.7.26 19:36:24
프로파일 : 2/4	출생 시각(현지 시각) : 1875.7.26. 19:19
정의 : 이중 분할	디자인 시각(표준 시각) : 1875.4.25. 23:55:31
내적 결정권 : 감정-솔라플렉서스	출생 장소 : 스페인 아베노자
전략 : 반응하기	표준 시간대 : LMT(UT+0:17)
낫셀프 주제 : 좌절	
인카네이션 크로스 : 뜻밖의 우측 각 크로스(31/41 | 27/28)	

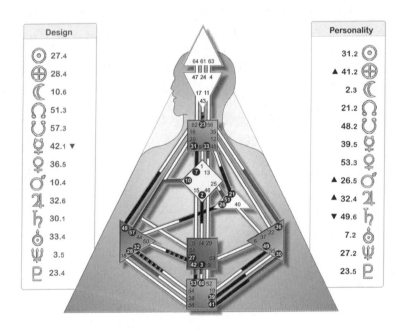

아인슈타인 또한 미정의 아즈나 센터를 지니고 있었다. 이는 모든 관점이 지닌 본질, 그리고 그 한계 또한 인식하는 것이다. 브리짓이 발견하게 될 진리는 말 그대로 모든 관점과 접근 방식을 섭렵하는 것이지, 더 이상 변할 가능성이 없는 경직된 무엇이 아니다.

정의된 아즈나 센터는 특정 관점에 부합하는 목소리를 낸다. 미정의 아즈나 센터는 모든 관점을 이해할 수 있는 능력을 지니지만 특정 관점을 고집하지는 않아야 한다.

위의 내용을 그려 볼 수 있는 이야기를 들어 보겠다. 브리짓이 민족학자가 되어 머나먼 타지에서 아주 희귀한 원주민 종족을 연구하느라 몇 년을 보낸다고 하자. 브리짓은 점차적으로 이 부족의 세계관을 이해하게 된다. 비록 이 부족의 세계관이 서구와는 엄청난 차이가 있음에도 불구하고 브리짓은 이 부족의 신화도 이해하게 된다.

5년 후 브리짓은 이 부족에 대한 책을 쓰고, 그 책을 통해 큰 명성을 얻는다. 브리짓은 서구 세계관의 틀 안에서 그 부족의 이야기를 들려준다. 그 부족의 이야기를 우리에게 풀어서 해석해 주며, 이는 우리가 그 부족과 문화를 이해하는 데 도움을 준다.

그러나 만일 브리짓이 그녀의 개인적 인생이나 개인적 결정을 이 부족의 세계관에 의거해 내린다면, 이는 상당히 파괴적인 결정이 될 수 있다. 우선 이 세계관은 그녀의 정체성과 전혀 관계가 없으며, 브리짓이 다시 돌아오면 이것은 또 바뀌게 될 것이다. 시간이 지나면 다시 서구인처럼 생각하게 될 것이다.

3. 미정의 헤드 센터(Head)

미정의 아즈나 센터가 있다는 말은 헤드 센터 또한 언제나 미정의 상태임을 의미한다. 따라서 아즈나 센터 다음에 바로 이어서 헤드 센터를 살펴보기로 하자.

미정의 헤드 센터는 두 가지 경우로 나뉠 수 있다. 아즈나 센터 또한 미정의되어 있을 경우, 또는 아즈나 센터가 스로트 센터와 연결되고 정의되어 있을 경우다. 당연히 미정의 헤드 센터는 언제나 헤드 센터의 주제가 되었던 자기 성찰과 영감의 압력이 미정의되었음을 의미한다. 미정의되었다는 것은 이 주제들이 컨디셔닝을 통해 불러일으켜지며 언제라도 바뀔 수 있음을 의미한다. 미정의 헤드 센터의 중대성과 상관없이 이 사람은 자기 성찰을 하도록 디자인되지 않았다.

우리는 일반적으로 이 상태를 결함이 있는 것으로 생각하기 쉽지만 그렇지 않다. 반성을 하지 않으면 내면적 고요를 경험할 수 있다. 성찰을 하지 않으면 잠을 좀 더 편히 잘 수 있다. 반성하지 않아도 된다는 것은 다른 일에 더 잘 집중할 수 있음을 의미한다.

1) 미정의 헤드 센터의 낫셀프

언제나 그렇듯이 낫셀프는 미정의 센터에 결정권을 주는 순간 미정의 센터에서 비롯된다. 미정의 헤드 센터는 이런 종류의 질문을 받아들이도록 항상 컨디셔닝될 수 있음을 의미한다. 모든 종류의 컨디셔닝과 마찬가지로 이것이 꼭 부정적이지는 않다. 사실 이 컨디셔닝의 효과는 우리가 타인이 가진 문제로부터 영감을 받을 수 있음을 의미한다. 그러나 동시에 이 영감은 내 정체성, 내 소유가 아니다.

앞서 예로 든 브리짓을 다시 생각해 보자. 브리짓의 헤드 센터는 미정의되어 있어서, 그녀에게 영향을 미치는 문제들은 그녀 정체성의 일부가 아니다. 다른 말로 하면, 이 문제들은 중요하지 않은 것들이다. 만일 이 원주민 부족의 다양한 설화가 서로 어떤 관련이 있는지 그녀의 친구가 그녀에게 질문한다고 하자. 이 질문은 가치 있는 영감이 될 수 있다. 이때 브리짓은 자신이 이미 지닌 지식을 다시 떠올려 보고 자신에게 내재된 능력을 발휘한다. 친구가 제기한 문제는 말하자면 브리짓의 지식을 재정비하고 재구성해 보는 촉매가 된다.

우리는 브리짓에게 강한 에고 센터를 장착해 주었다. 그녀가 그녀의 디자인에 따라 물질적인 것에 이끌리고 또한 아주 가족 중심적인 사람이라고 가정해 보자. 그녀의 마인드와 헤드 센터는 둘 다 미정의되어 있다. 그녀는 특정한 생각을 옹호하지도 않고, 하나의 질문에 너무 많은 비중을 두지도 않을 것이다.

브리짓이 18살 때에 이 원주민 부족의 신화를 다룬 어떤 사람의 책을 읽고 나서 이 주제에 큰 관심을 가지게 되었다고 하자. 만일 이 흥미로운 수수께끼가 그녀로 하여금 민속학을 공부하게 하고 추후 이 부족을 공부하러 멀리 떠나게 만들었다면 과연 브리짓은 누구의 인생을 산 것인가? 분명 그녀 자신의 것은 아닐 것이다. 브리짓이 이 질문에 결정권을 줄지 말지, 이 질문의 결과에 따라 결정을 할지 말지, 또는 이 질문에 답하기 위해 상당한 투자를 할지 말지에 따라 이것이 축하할 만한 영감인지 낫셀프에 의한 것인지 판가름된다.

따라서 미정의 헤드 센터를 다루기 위한 질문은 다음과 같다. 당신과 전혀 상관없는 질문에 대해 답을 찾으려고 여전히 노력하는가?

이제, 아즈나 센터가 스로트 센터와 연결로 정의되었지만 헤드 센터는 미정의된 바디그래프를 보자. 저변에 깔린 주제는 여전히 동일하다. 즉, 영감과 관련된 질문들을 중대하다고 여겨서는 안 된다는 것이다. 질문들, 또는 답을 찾으려는 시도는 삶에 있어 그리 중요한 영향을 미치지 않아야 한다. 그러나 동시에 이 사람은 의사소통하는 나름의 방식이 있도록 설계되었다. 이 사람은 정신 작용 면에서는 미정의되지 않았지만 다양한 문제와 영감에는 미정의되어 있다. 그에 대해 이 사람이 답하는 방식은 이미 정해져 있다.

하지만 우리는 헤드 센터 자체와 관련하여 두 가지 서로 다른 경우를 반드시 구분해야 한다. 헤드 센터가 완전히 미정의되어 있을 경우, 즉 그 어떠한 게이트도 활성화되지 않았을 경우 또는 헤드 센터는 미정의되어 있지만 특정 게이트가 활성화되어 있는 경우이다.

여기서 우리는 다른 센터에는 없는 특별한 성질을 발견할 수 있다. 헤드 센터를 제외한 다른 모든 센터의 경우에 미정의 상태에서 활성화된 게이트는 그 게이트의 특성이 단순히 잠재적일 뿐이며 오로지 그 센터가 정의될 경우에만 인식될 수 있다.

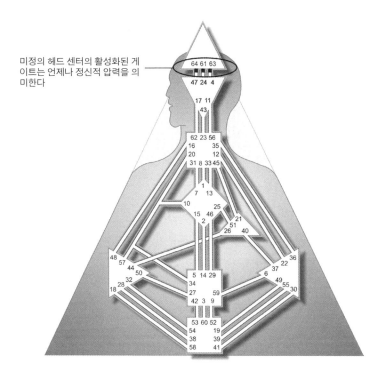

미정의 헤드 센터의 활성화된 게이트는 언제나 정신적 압력을 의미한다

　　그러나 헤드 센터의 경우는 다르다. 헤드 센터의 게이트가 활성화되자마자, 이 게이트는 정신적 압력을 즉시 행한다. 그러나 헤드 센터가 미정의되어 있기에 그 어떤 사고 과정도 이 압력에 개입하지 못한다. 이 현상은 당사자에게 매우 불쾌한 상황으로 여겨진다. 이런 사람들은 다른 많은 사람들을 만날 수 있는 장소에 있는 것이 상당히 큰 도움이 된다. 그 사람들을 개인적으로 아는지는 전혀 문제가 되지 않는다. 단지 채널의 연결로 인한 문제이기 때문이다.

　　한편, 완전히 미정의된 헤드 센터를 가진 사람들은 내부에서 발생하는 정신적인 압력이 전혀 없다. 이제 우리는 앞서 설명된 경우의 조합을 각각 생각해 봐야 한다.

미정의 아즈나 센터와 미정의 헤드 센터 : 미리 정해진 사고 작용도 없고 정신적 압력도 없다.

미정의 아즈나 센터와 미정의 헤드 센터, 그런데 적어도 게이트가 한 개 이상 활성화된 경우 : 정해진 사고 과정은 없지만 정신적 압력이 존재하며 보통 다른 사람이 함께 있을 경우에만 완화될 수 있다.

정의된 아즈나 센터와 미정의 헤드 센터, 그런데 적어도 게이트가 한 개 이상 활성화된 경우 : 정해진 의사소통 방식이 있지만 의사소통을 통해 압력이 감소되지 않을 수 있다. 정신적 휴식은 말하기를 통해 얻어지지 않고 특정한 사람들과 함께 있을 때 얻어진다.

당연히 미정의 헤드 센터는 모든 질문을 통해 영감을 받을 수 있으면서도, 그 질문에 답하는 것에 지나치게 큰 중요성을 두지 않는 것이 가능하다.

2) 미정의 헤드 센터의 잠재력

여기서의 문제는 이 사람이 바깥 세상의 질문을 다루는 올바른 방식은 무엇인가이다. 이 질문들은 꽤 임의적이라서 개인적 경험뿐 아니라 정치, 심지어 십자 낱말 풀이에서도 발견할 수 있다.

핵심은 모든 미정의 센터와 마찬가지로, 우리가 아닌 무엇을 쫓아가지 말라는 것이다. 그러므로 질문에 '미정의되었다'라는 말의 건강한 의미는 일말의 개인적 중요성을 부여하지 않으면서 그 질문을 다룰 수 있다는 것을 의미한다.

그렇게 되면 시간이 흘러 이 특별한 잠재력은 질문을 중요도와 성질에 따라 선별할 수 있는 능력이 된다. 오로지 특정한 질문에만 몰두하는 사람보다 모든 질문에 미정의된 사람은 필연적으로 더 효과적으로 영감을 받을 수 있다. 더 나아가, 질문의 성질을 평가하는 방법을 함께 배운 사람은 궁극적으로 일상의 찌꺼기 속에서도 가치 있는 영감을 구분해 낼 수 있는 위치에 이르게 된다. 따라서 이런 사람은 영감을 줄 만한 가치를 지닌 질문에 이끌리게 된다.

4. 미정의 솔라플렉서스 센터(Solar Plexus)

미정의 감정 센터에서 일어나는 컨디셔닝은 가장 중요한 컨디셔닝 중 하나이다. 감정적으로 미정의 된 사람이 이 의미를 이해하고 미정의 센터를 다루는 법을 깨닫는 것은 올바른 인생을 찾는 데 핵심이 된다. 미정의 감정 센터는 감정이 개인적으로 중요하지 않다는 의미다. 즉, 인생에서 절대로 감정에 이끌리지 말고, 절대로 감정에 근거하여 결정을 내리지 않아야 한다.

이는 신의 '진정한 감정'을 찾는 데 인생을 소비할 가능성이 아주 높다는 것을 의미하며, 그 과정을 통해 점점 더 혼란감이 가중된다. 감정 센터가 미정의된 경우 자신이 주변 환경과 함께 움직인다는 것을 느낄 수 있다. 아침에 집을 나서서 지하철이나 버스를 타고 몇 정거장 가던 중 맞은편에 앉은 사람의 기분이 저조하다, 그러면 당신 또한 기분이 나빠진다. 좀 더 정확히 말하면, 오히려 그 사람보다 더 기분이 나빠질 수 있다. 왜냐하면 미정의 감정 센터는 타인의 감정을 받아들이는 동시에 증폭되기 때문이다.

그런데 버스에서 내린 후 오랜 지인을 만난다. 그 사람의 기분은 밝고 긍정적이다. 친구와 몇 분 정도 이야기를 나누는 과정에서 당신의 기분은 또다시 좋아지게 된다. 친구와 헤어지고 드디어 회사에 도착했다. 그런데 어제 애지중지하던 강아지가 죽어서 절망의 슬픔에 빠진 직장 동료를 만난다. 그러면 또 슬퍼지는 것이다.

만일 첫 번째 기분으로 몹쓸 결정을 내렸다면, 그리고 두 번째 기분으로 희망찬 결정을 내렸다면, 그리고 세 번째 기분으로 슬픔에 찬 결정을 내렸다면, 당신은 누구의 인생을 산 것이고 누구의 결정을 내린 것인가? 당신의 '진정한 감정'은 어디서 찾을 것인가?

모든 미정의 센터와 마찬가지로 미정의 센터의 내용을 자신의 것이라고 착각하지 말아야 한다. 당신은 자신에게 이렇게 말하지 말아야 한다. "나는 기분 나쁘다, 나는 기분 좋다, 나는 슬프다." 이 표현은 오로지 이렇게 바뀔 수 있다. "내 기분이 나쁘다, 내 기분이 좋다, 내 기분이 슬프다." 그리고 이런 말을 할 경우 이런 기분이 들게 한 원인 제공자를 찾아본다. 그러면 열에 아홉은 반드시 원인 제공자가 있다.

자신이라고 생각하지 않는 것은 모든 미정의 센터를 다루는 데 있어 궁극적으로 취해야 할 태도다. 그런데 이런 태도는 감정 센터의 경우에는 엄청 더 어렵다. 미정의된 감정 센터의 자연스러운 기분 상태는 약간 무뚝뚝한 평정 상태이다. 하지만 감정 센터가 정의되면, 그보다 더 강렬히 감정을 경험할 수는 없다. 또한 감정에는 각각의 특성이 있을 뿐 아니라 모터로 움직이기 때문에 당신은 감정을 통해 행동하거나 결정하고 싶은 충동을 느낀다. 감정을 이해하려는 행동, 감정에 충실하려는 행동은 지금 느끼는 감정에 대해 그럴 듯한 이야기를 꾸며 내는 것에 불과하다.

다음의 상황을 생각해 보자. 이성을 만난다. 딱 당신의 취향이다. 이 사람에 대한 관심과 흥미가 생기며 더 알고 싶다. 이제 이 사람과 대화를 시작한다고 치자. 이 사람은 자신이 얼마나 열심히 잘 사는지, 얼마나 무난한 인생인지 이야기한다. 하지만 실제로는 조바심과 긴장이 느껴진다. 감정적으로 미정의된 당신에게 이는 그대로 전해진다(조바심은 솔라플렉서스 센터의 작용이다.).

그런데 당신은 이 조바심을 자신의 것이라고 생각하고 속으로 말한다. "나는 조마조마하다." 당신의 마인드는 그 즉시 그 이유를 찾기 시작할 것이며 이 상황에 그럴 듯한 이유를 고안해 낼 것이다. 그러면 당신은 이 꾸며낸 이유에 걸맞은 행동을 하기 시작할 것이다. 하지만 그 이유란 것은 사실 결코 일어나지 않은 사건에 대한 이유다. 조바심을 느끼는 사람은 당신이 아니라 상대방이기 때문이다!

내 것 아닌 것을 내 것이라고 여길 때 인생 전체는 앞을 가늠할 수 없는 추측과 거짓 설명과 비일관적인 행동에 둘러싸인 안개 속으로 묻힌다. 미정의된 감정 센터의 많은 사람들이 병원을 찾는 것도 무리는 아니다. 이들은 상대방의 감정을 '자신의 감정'이라고 여긴다.

앞서 나는 감정에 절대 휘둘리지 말라고 하였다. 그런데 어떻게 보면 이미 감정에 의해 이끌리는 경우도 있다. 자신에게 올바른 환경을 선택한다면 말이다. 예를 들어, 근무 환경은 좋지 않은데 연봉이 높고 재미있는 일을 하는 회사에서 제안을 받았다고 해서 이를 수락해서는 안 된다. 이 책에서 말한 모든 지식을 다 알고 있다 하더라도, 타인의 좋지 않은 기분으로부터 당신을 보호하지 못한다. 이런 회사에서 일하게 되면 당신은 굉장한 스트레스를 받고 결국 무거운 마음의 짐을 얻게 될 것이다.

'내 자신의 감정은 어떤가?'라는 질문이 마음속에 항상 있을 수 있다. 이 질문을 하게 될 수밖에 없다. 주변 환경의 감정을 취하기도 하지만, 실제로 과거의 경험으로부터 누적된 감정 또한 존재한다. 그러나 당신 '자신의' 감정 또한 당신의 인생을 안내하기에는 적절치 않다.

우선, 나는 이 미정의된 감정 센터가 텅 빈 것과는 다르다는 점을 알려주고 싶다. 미정의된 감정 센터는 잠긴 밸브가 달린 가스통과 같다. 밸브가 잠겨 있는 한, 무슨 가스가 들어 있는지는 알 수가 없다. 현실에서 이 의미는 비록 접근할 수는 없지만 정상적인 감정 흐름을 타고 있다는 의미이다. 만일 이 감정들에 접근하려면 감정 센터는 반드시 정의되어야 한다. 그리고 이는 타인의 존재 또는 트랜짓을 통해 일어난다. 이때가 밸브가 열리고 가스통의 내용물이 밖으로 누출되는 시점이다. 이 과정은 매우 갑자기 일어날 수도 있기 때문에 역설적이게도 너무 감정적이라는 오해를 사게 되는 경우도 있다.

그러나 '자신의' 감정은 인생을 안내하지 못한다는 것은 매우 중대한 사실이다. 여기 한 일화를 통해 설명해 보겠다. 오늘 아침 매우 사소한 일로 화가 났다. 나머지 시간을 혼자 집에서 보냈다면 가스통의 밸브는 닫힌 상태, 즉 화는 없어지고 홧김에 행동하지 않는 상태가 된다. 당신은 일상의 자신이 된다. 침착하고, 고요하고, 잘 정리되어 있다.

그런데 만일 누군가 그날 저녁 당신의 집을 방문하여 당신의 감정 센터를 정의한다면, 이 밸브는 열리게 된다. 즉 오늘 아침의 분노에 접근 가능하게 된다. 하지만 이 분노에는 '오늘 아침의 분노'라는 꼬리표가 생략되어 있다. 그냥 화가 나는 것이다. 그리고 마인드는 또다시 그 이유를 찾아낸다. 주로 감정 인식과 동시에 일어나는 사건 탓을 한다. 이미 당신은 "너 때문에 화가 난다."라고 말하고 있다.

이제 그날 저녁의 패턴은 결정된다. 애꿎은 비난, 반론, 역비난…. 아마도 당신이 접근한 감정은 오늘 아침의 사소한 짜증이었을 수 있다. 본질적으로 당신은 자신이 누구의 감정을 겪고 있는지 알 수 없고 자신의 것이라도 마찬가지며(36), 그 원인도 모른다. 그렇기에 감정이 당신에게 조언하도록 놓아둘 수 없는 것이다.

1) 미정의 솔라플렉서스의 낫셀프

그러나 제대로 된 컨디셔닝은 그 힘이 훨씬 더 강력하다. 감정적으로 미정의되었을 경우는 인생의 시작부터 주변 환경을 느낀다는 것을 의미한다. 대부분의 환경에서는 감정이 휘몰아친다. 미정의된 감정 센터를 지닌 아이는 부모의 모든 감정 상태를 내려 받고 증폭시키고 표현할 것이다. 만일 부모가 서로 사이가 안 좋고 아이는 그 감정을 표현할 수밖에 없다면 좋지 않은 감정을 표현한다는 이유로 꾸지람을 들을 것이다.

하지만 운이 좋다면 상황은 이렇게 돌아간다. 엄마는 탄생의 순간부터 부모가 지닌 행복의 물결에 둘러싸여 있다. 엄마는 행복하다. 아빠는 흐뭇하다. 당신은 이런 감정을 취하고 더 강화시킨다. 당신은 언제나 즐겁게 살 것이다.

하지만 얼마나 많은 사랑을 받았는지와는 상관없이, 이 에덴동산에서 추방되는 날은 오게 마련이다. 어느 날 엄마가 기분이 안 좋다. 당신은 이 나쁜 감정을 받아들이고 증폭시키고 표현한다. 엄마는 이제 기분이 더 안 좋다. 엄마가 기분이 나쁘면 나쁠수록, 아이에겐 그것이 더더욱 끔찍하게 느껴진다. 이는 지독한 악순환을 일으키고 이 악순환 때문에 미정의 감정 센터를 지닌 아이들은 타인의 감정을 좋게 하는 방법을 아주 일찍 터득한다.

어떻게 하면 부모님의 기분을 좋게 만들 수 있을까? 말 잘 듣는 아이가 되면 된다! 착한 딸, 착한 아들이 되는 것이다. 문제가 될 만한 것은 기필코 피한다. "오늘 학교는 어땠니?" "아, 괜찮았어요." 이렇게 아이는 자신의 비밀 인생을 재빨리 키워 나간다. 마치 아무도 알지 못하는 방 하나가 있는 것과 같다. 누구든 이 방에 들어서는 순간 문제가 발생한다.

이런 이야기는 너무도 익숙하다. 굳이 심리학을 차용할 필요도 없이 누구나 겪는 신체적 경험을 말하는 것이다. 미정의 감정 센터를 지닌 아이가 화가 난 아버지를 대할 때 배가 갑자기 아프거나 땀이 비 오듯 흐르거나 손이 떨린다. 아이는 이 상황을 어떻게든 막아 보려고 그 어떤 일이든 했을 것이다.

상냥함의 가면은 이 비밀의 방과 항상 동반된다. 미정의 감정 센터를 지닌 사람들은 일반적으로 너무나 친절하다. 세상에, 이렇게 친절할 수가… 하지만 그것은 착각이다. 이 마음을 편하게 해주는 친절함의 가면이 지닌 진정한 기능은 "너무 흥분하지 마세요. 모든 게 다 잘 돌아가고 있어요. 나는 착한 아이예요."이다. 이 가면 뒤에는 갈등을 회피하기 위해 무시했던 그 모든 것들이 들어 있다. 하지만 이렇게 아무리 애써 노력한다고 해도 지푸라기 하나가 낙타의 등을 부러뜨릴 날이 올 것이다.

감정 폭발은 싸움으로 이어지는데, 그 원인은 상당히 사소할 수 있다. 과거에 감히 마주하려 하지 않았던 갈등들이 한꺼번에 몰려온다. 그러면 옆에서 누구는 이렇게 말한다. "너무 감정적인 것 아니에요? 왜 그렇게 자기 감정만 앞세워요? 자제 못해요?"

이런 식으로 갈등을 해결해 버리면 일종의 안도감과 카타르시스는 느낄 수 있어도 매우 자기 파괴적일 수 있다. 예를 들어, 배우자가 전문직인데 일에서 오는 갈등을 모두 참기만 하다가 이렇게 갈등을 폭발시키면 이는 관계에도 영향을 미친다. 다른 말로 하면, 오래된 악순환을 또다시 확인하는 것이다. "이제 싸움이 얼마나 파괴적인지 알게 됐어. 갈등을 피하기 위해 더욱 노력해야지."

이는 올바른 시점에 갈등과 직면할 수 있는지의 문제다. 또한 다른 사람의 감정에 휘둘리지 않는 결정을 내리는 것과 관련된 문제다. 따라서 미정의 감정 센터를 다루는 질문은 "아직도 대결과 진실을 회피하려고 애쓰는가?"이다.

2) 미정의 솔라플렉서스 센터의 잠재력

자신을 감정과 별개로 여기는 순간, 그리고 내 결정에 기분 나쁠 타인에 대한 걱정에서 벗어나는 순간, 감정 센터는 세상을 맞이하는 흥미로운 창구가 된다. 달라붙는 파리 떼도 없다. 그 누구도 당신을 속일 수 없다. 때때로 당신은 상대방보다 상대의 기분을 더 잘 파악한다.

뿐만 아니라, 감정은 거대하고 복합적이고 강력한 경험의 잠재력을 이끌어 낸다. 오로지 감정적으로 미정의된 사람들만이 이 모든 감정을 경험할 수 있고, 그 누구보다도 더 깊게 감정을 느낄 수 있다. 따라서 감정을 부인하거나 감정이 해롭다고 여길 필요가 없다. 단지 감정에 결정권을 주느냐 마느냐의 문제다. 따라서 미정의 감정 센터의 잠재력은 한편으로는 상식적이고 예리하며 평온한 반면 모든 형태의 감정의 극치를 경험할 수 있다는 데 있다.

5. 미정의 새크럴 센터(Sacral)

미정의 새크럴 센터는 인생의 가장 중요한 성적 정체성과 노동력이라는 두 가지 측면이 미정의되었다는 의미이다. 이 두 측면의 미정의적 특성을 좀 더 자세히 살펴보기로 하자.

정의된 새크럴 센터일 경우 뚜렷이 정의된 성적 정체성이 존재한다. 미정의 새크럴 센터에서 이 성적 정체성은 미리 정해지지 않고 컨디셔닝된다. 미정의 새크럴 센터를 지닐 경우 여러 인간관계 속에서 다양한 여성성과 남성성을 경험하게 된다. 당신의 상대가 당신이 경험하는 성적 정체성을 전부 또는 적어도 부분적으로 결정한다. 이는 그 자체로는 별 문제가 없다. 당신은 사실, 이 영역에서 상당히 다양한 경험을 하도록 설계되어 있다.

사춘기 동안 우리는 여자, 또는 남자로서의 정체성을 찾으려고 한다. 물론 미정의 새크럴 센터를 지닌 사람도 마찬가지다. 미정의 새크럴 센터를 지닌 사람들은 생애 처음으로 이성 관계, 첫 연애를 시작하자마자 드디어 여성 또는 남성으로서의 자신을 발견했다고 믿게 된다. 하지만 이는 착각이다. 미정의 새크럴 센터의 사람에게는 최종적인 성 정체성이 없으며 오직 지속적으로 변화한다는 사실, 그리고 자신이 경험하는 스스로의 정체성은 자신보다는 오히려 누구를 만났느냐와 더 관련 있다는 사실이 있을 뿐이다.

머지않아 새로운 연애 관계, 또는 성적 만남이 있을 것이고 당신은 또 전혀 다른 종류의 여성성 또는 남성성을 경험하게 된다. 이는 혼란을 일으키며, 미정의 새크럴 센터를 지닌 사람들과 관련한 근본적인 질문을 하게 된다. 도대체 나는 어떤 여자 또는 어떤 남자인가?

물론 이 문제는 관계, 만남의 맥락 안에서만 분석 가능하다. 미정의 새크럴 센터를 지녔을 경우 관계와 성적인 주제에 대해 특히 매력을 느낀다. 그러나 알아야 되는 사실은 사람을 얼마나 많이 만나 왔고, 또 앞으로 만난다고 하더라도 영속적인 성 정체성은 지닐 수 없다는 것이다. 미정의 새크럴 센터의 성적 정체성은 성적인 여정의 일시적 정착지다. 이 정착지를 최대한 활용하려면 일시적으로 경험하고 있는 여성 또는 남성적 역할이 자신이라고 여기지 말고, 이것이 영원하리라는 기약도 하지 않는 것이 좋다.

미정의된 상태이기에 모든 여성성과 남성성을 자유로이 경험할 수 있는 것이다. 그리고 60세가 넘어서야 당신은 손자들에게 관련 주제 전반에 아주 익숙한 상태로 이야기를 들려줄 수 있는 것이다.

성적 정체성에 해당되는 이야기들은 힘에 대해서도 동일하게 적용된다. 새크럴 센터는 발전소다. 미정의 새크럴 센터는 때로는 에너지가 솟아오르는 날이 있는가 하면 때로는 전혀 힘이 솟지 않는 날도 있음을 의미한다. 따라서 이런 에너지나 힘이 지속될 것이라 믿으면 안 된다. 이런 믿음은 우리를 흔들리는 땅 위에 서 있게 한다.

그러나 새크럴 센터야말로 언제 어디서든 완전히 필연적으로 컨디셔닝이 일어나는 곳이다. 이 장의 처음에 있던 목록을 생각해 보라. 인구의 약 70%, 즉 4분의 3이 정의된 새크럴 센터를 지닌다. 이들은 이 행성의 일꾼, 또는 종종 노예이기도 하다. 이들에게는 좀 더 강도가 높고 좀 더 오래 해야 하는 일이 적성에 맞는다. 하지만 미정의 새크럴 센터는 어떻게 말하는지 아는가? "나 여기 일하러 온 거 아니야!"

하지만 당신은 항상 컨디셔닝되어 왔고, 또 되고 있다. 확률상으로도 그렇고, 특히 정의된 새크럴 센터의 존재가 옆에 있을 때 그렇다. 당신은 이들을 절대 피해 갈 수 없다.

1) 미정의 새크럴 센터의 낫셀프

이제 모든 미정의 센터가 타인의 것을 취해서 증폭시킨다는 것을 알고 있을 것이다. 이는 당연히 미정의 새크럴 센터에도 적용된다. 이 때문에 가끔 당신은 그 누구보다도 에너지가 넘치는 것처럼 보인다.

모든 정의된 새크럴 센터는 자신만의 주기와 에너지가 있다. 당신을 둘러싼 모든 주기가 다 이롭지는 않다. 만일 자신의 것이 아닌 힘을 자신의 것이라고 여기게 되면, 모든 경계들을 다 뛰어넘게 된다. 미정의 새크럴 센터의 낫셀프는 '너무 많아'이다. 일도 너무 많고, 에너지도 너무 많이 쓰고, 너무 많이 섹스하고, 이것도 너무 많이 하고, 저것도 너무 많이 하고….

더욱이 우리는 미정의 센터에서 뭔가를 증명해 보이고 싶은 욕구가 있다. 말 그대로 미정의 새크럴 센터는 에너지 타입인 척하면서 또다시 모든 경계를 뛰어넘는 행동을 하게 만든다. 따라서 미정의 새크럴 센터를 다루는 질문은 다음과 같다. "이제 그만하면 충분한 때가 언제인지 아는가?"

2) 미정의 새크럴 센터의 잠재력

이 잠재력은 오로지 스스로 또는 타인에게 자신의 힘을 인정받기를 바라는 것을 멈추고 주기적인 휴식을 가지며 일을 할 때 활용 가능하다. 이런 상태라면 미정의 새크럴 센터는 다른 모든 미정의 센터처럼 타인들의 특성을 지각할 수 있게 된다.

　미정의 새크럴 에너지를 자신의 것으로 여기지 않는다면 당신은 타인의 힘, 그들의 특별한 힘, 그들이 성공할 분야, 그들에게 맞는 분야를 알아볼 수 있다. 이 재능은 여러 맥락에서 의미 있게 적용될 수 있다. 미정의 새크럴 센터는 정의된 새크럴 센터의 사람에게 상담자의 역할을 해줄 수 있다. 후자는 상당히 중요한 주제인데, 이 중요성은 유형과 전략을 살펴보고 나서 이해할 수 있다.

6. 미정의 루트 센터(Root)

미정의 루트 센터가 있다면 일관된 내적 압력이나 스트레스가 없다는 뜻이다. 한편으로 이는 상상할 수 있는 모든 종류의 압력이 외부로부터 가해질 수도 있다는 의미이다. 타인은 당신에게 압력을 줄 수 있다.

루트 센터는 컨디셔닝이 의도적이지 않다는 점을 잘 보여준다. 편지를 부치기 위해 우체국에 간다고 치자. 앞서 온 사람이 있다. 이 손님은 장황하게 말을 늘어놓으며 질문을 해대고 줄 서 있는 당신은 시간이 좀 걸리겠다고 생각한다. 미정의 루트 센터의 사람에게 이런 상황은 스트레스가 되지 않는다. 그냥 기다리면 되는 것이다.

그러다 손님이 또 한 명 와서 당신 뒤에 줄을 선다. 이 손님은 정의된 루트 센터이고 스트레스를 받고 있다. 아마도 그의 기차가 몇 분 안에 출발할 예정이라서 편지를 빨리 부쳐야 할 수도 있다. 만일 이 손님이 당신 뒤에 줄을 섰다면 그의 스트레스는 당신에게 그대로 전달된다. 그리고 정말 기다려도 상관없는 당신인데도 참을성이 없어지고 발을 바꾸며 서기를 반복하며 심지어 불안까지 느낀다. 결국 당신은 이 사람에게 먼저 하라고 하면서 옆으로 비켜 선다. 어쨌거나 스트레스는 싫기 때문이다.

미정의 루트 센터의 의미는 의도적이든 아니든 타인이 당신에게 스트레스와 압력을 줄 수 있다는 것이다. 이 스트레스에 대한 예민함이 있기 때문에 당연히 지속적인 스트레스를 주는 환경은 피하는 것이 좋다. 일간지의 편집부, 인터넷 회사, 광고 회사는 이런 사람들이 일하기에 좋은 환경이 아니다. 아무리 일을 제때 마쳐도 타인의 스트레스가 당신에게 흘러 들어올 것이다. 그리고 지속적인 스트레스는 건강에 상당히 치명적이다. 미정의 루트 센터도 무언가를 받아 증폭시킨다. 따라서 스트레스가 많은 환경에 노출되어 있다면 당신은 굉장히 불안해질 것이다.

미정의 루트 센터는 언제나 자신의 존재와 관련하여 불안정한 느낌을 준다. 이는 걱정하는 경향을 의미한다. 이 걱정들은 일반적으로 물질적인 것에 투사된다. 이 경향성은 두 가지 요소에 의해 확장될 수 있다. 아즈나 센터가 정의되었는지의 여부, 그리고 구체적으로 경험되

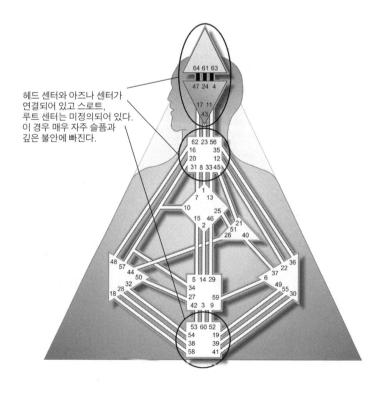

헤드 센터와 아즈나 센터가
연결되어 있고 스로트,
루트 센터는 미정의되어 있다.
이 경우 매우 자주 슬픔과
깊은 불안에 빠진다.

는 컨디셔닝이다.

만일 아즈나 센터가 헤드 센터와 연결로 정의되고 스로트 센터와는 연결이 없다면 앞서의 경향성을 가장 강력하게 경험하게 된다. 만일 안정된 부모 밑에서 자란다면 이 경향성은 완화된다. 반면에 부모가 끊임없이 부부싸움을 했다면 이 경향성은 강화된다. 이를 설명하기 위해 유머를 하나 들어보자. 돈을 쌓아 놓고 있지만 여전히 굶을까봐 걱정하는 자린고비의 이야기이다. 미정의 루트 센터는 불우한 어린 시절을 보낸 경우와 비슷하다. 타인들은 이 이야기의 의미를 제대로 이해하기 힘들다.

1) 미정의 루트 센터의 낫셀프

미정의 루트 센터의 진정한 함정은 상당히 평범한 사실로부터 비롯되는데, 삶은 압력의 연속이라는 것이다. 살아 있다는 것은 항상 무언가 해야 할 일이 있다는 것을 의미한다. 처리해야 할 다음 일이 있고, 다음 약속, 다음 마감 기한, 다음 월급날이 있다. 그러나 압력에 예민한 사람들은 이들을 압력으로 밀어 넣는, 또는 밀어 넣게 만들 일을 최대한 빨리 처리하려고 애쓴다.

이제, 언제 어디서든 100% 스트레스를 유발할 수 있는 방법이 있다. 30분 걸릴 일을 15분 내로 끝내는 것이다. 이 15분이 지나면 당신은 실제적으로 모든 생리학적 스트레스 증상을 보일 것이라 장담한다.

다른 말로 하면, 미정의 루트 센터의 함정은 쳇바퀴를 도는 다람쥐와 같이 압력을 받는, 압력을 받을 만한 일에 대해 항상 즉각적인 대처를 하려고 애쓰는 데 있다. 다람쥐는 달리고 또 달리고, 더 빨리 달린다. 더 빨리 달리면 이 빌어먹을 쳇바퀴가 언젠가는 멈출 것이라는 기대 하에…. 물론 그런 일은 발생하지 않는다. 언제나 처리해야 할 다음 일, 다음 약속, 다음 월급날이 있다.

그리고 이 상태가 특별히 즐겁지는 않기 때문에 다람쥐는 종종 자유를 꿈꾸기 시작한다. 훈련을 끝낸 다음에, 직장에서 어느 정도 자리를 잡고 난 다음에, 아이들이 다 자라서 출가한 다음에, 집값을 다 갚은 다음에, 은퇴한 다음에….

물론 이는 결코 끝나지 않는다. 삶은 압력이기 때문이다. 다른 말로 하면 압력은 죽어서야 없어지지 그전에는 결코 없어지지 않는다. 심지어 영안실 시체 처리대 위에 누워 있어도 처리해야 할 일이 있는 법이다.

미정의 루트 센터를 다루는 질문은 다음과 같다. "자유롭기 위해 가장 빨리 끝내고 싶은 일은 무엇인가?"

여기서의 교훈은 압력을 삶의 필요악으로 받아들이되, 이 압력이 자신의 인생을 좌지우지하도록 놔두지 말라는 것이다. 모든 일을 다 처리하지 않았어도 쉴 수는 있다. 아직 밀린 대금이 남았어도 겉옷 하나는 살 수 있다. 이럴 때 압력은 자기 임무를 수행하고 삶의 일부가 된다.

2) 미정의 루트 센터의 잠재력

다른 미정의 센터처럼 미정의 루트 센터를 통해 타인의 특성을 감지할 수 있다. 누가 스트레스 상태인지, 심지어 어떤 스트레스를 받고 있는지 알 수 있다. 미정의 루트 센터의 특별한 잠재력은 모든 종류의 스트레스에 대해 익숙해지고 그에 대한 적절한 대응책을 알게 되는 것이다. 미정의 루트 센터는 개별적 스트레스에 대해 어떻게 대처할지 가르쳐 준다. 스트레스 상담이나 부채 상담 등에 적절하다.

7. 미정의 에고 센터(Ego or Heart)

미정의 에고 센터는 당사자들에게는 까다로운 문제다. 이어지는 내용을 읽는 도중 일종의 반감이 생길 수도 있다. 그럼에도 불구하고, 다음을 읽고 자신에게 해당되는지 한번 살펴보라.

에고 센터와 관련하여 집단적인 환상이 있다. 무엇을 이루기 위한 목표가 있어야 한다는 환상이다. 인생의 성공, 부의 축적, 커리어와 관련된 자기계발서를 읽어 본 적이 있는지 모르겠다. 각양각색의 서적이 서점에 즐비하다. 그런데 제일 첫 장의 내용은 다들 동일하다. 제일 첫 장에 쓰인 내용은 성공하기 위해서는 목표가 필요하다는 것이다.

그러나 미정의 에고 센터는 명백히 지속적이지 않은 의지를 의미한다. 그리고 불안정한 기반 위에 지은 집은 당연히 불안정할 수밖에 없다. 미정의 에고 센터는 오늘은 이것을 원했다가 다음날은 다른 것을 바라는 것을 의미하며, 사실 특별히 바라는 게 없음을 의미한다. 그리고 바로 그것이 정상이다.

하지만 현실에서는 거의 모든 사람들이 목표가 있어야 한다고 믿는다. 무언가를 이루기 위해 목표를 세운다면, 그 목표는 좌절될 것이다. 즉, 목표 달성에 실패할 것이다. 이는 그리 즐거운 경험이 아니고 당신의 자존감을 깎아 먹는다.

흡연자인 당신이 담배를 끊기로 했다고 치자. 그 어느 방법도 수월하지가 않다. 한 친구가 금연 전문 강좌 하나를 귀띔해 준다. 당신은 그 세미나에 등록한다. 물론 이 치료자는 괴물같이 엄청난 에고의 소유자다. 그의 존재가 옆에 있으면 모든 참가자들의 에고 센터는 당연히 정의된다. 치료자 스스로는 자신의 목표를 확신하며 열정적이다. 그 결과 세미나에 참가하는 사람들의 미정의 에고 센터 또한 상당히 부풀어 오른다. 세미나 과정 중에는 목적을 달성하는 데 필요한 힘이 느껴진다.

하지만 그 어떤 훌륭한 세미나라도 끝나는 시간은 있다. 지금은 일요일 오후 4시. 집단은 흩어지고 모두 집에 간다. 불행히도 집에 가는 도중 일요일에 문을 연 가게가 있었고 담배도 판다는 사실을 알게 된다. "아, 창피해. 뭔가 내가 몰라서 그래. 왜 안 될까? 나는 도대체 뭐가 문제일까?" 당신에게 문제가 있는 것이 아니다. 단지 알아두어야 할 점은 목표를 통해 무엇을 이루지는 못한다는 점이다. 이는 당신이 담배를 평생 못 끊는다는 말이 아니다. 단지 만일 담배를 끊는다면 목표를 설정하는 식으로는 이루어지지 않을 것이라는 의미다.

목표라는 것이 진정 과대평가되었음을 제발 이해했으면 한다. 목표는 단지 수단일 뿐이다. 목표를 세운다는 것은 종종 목표를 달성하는 것과는 별개임을 알아야 한다. 그리고 목표를 달성했다고 해도 그 목표가 나에게 올바른 것이 아닐 수도 있다. 세상에는 목표를 이루었지만 불행을 느끼는 정의된 에고 센터의 사람들이 수두룩하다. 목표가 없다는 의미는 단지 어떤 도구가 없다는 정도의 의미를 지닌다. 선하고, 좋고, 만족스러운 무언가를 없앤다는 뜻이 아니다.

선하고, 좋고, 만족스러운 무언가는 목표를 설정하는 방식으로는 얻을 수 없고, 오로지 다른 수단으로 얻을 수 있다. 목표를 세우고 기약하는 것을 멈추어라. 그리고 자신이 가진 능력을 믿어라!

1) 미정의 에고 센터의 낫셀프

우리는 미정의 센터에서 항상 자신이나 타인에게 무언가를 인정받고 싶은 위험한 욕망을 느낀다. 만일 미정의 에고 센터를 지녔고 목표를 세웠는데 이루지 못했다면 실패했다는 느낌을 받는다. 이를 만회하기 위해 스스로 새롭고 가능한 더욱 야심찬 목표를 세운다. 하지만 그 목표도 이루지 못할 것이다. 이 손상된 자존감 때문에 물질적 세상에서 자신의 입지를 다지는 데 어려움을 겪기도 한다.

따라서 '무언가' 하고 있다고 자신이나 타인에게 증명하려는 행동은 엄청난 실수이다. 제발 이 행동이 특히 당신의 건강에 해롭다는 사실을 알아야 한다. 왜냐하면 에고 센터의 많은 물리적인 특성 때문이다. 미정의 에고 센터의 사람이 남에게 뭔가 보여주려고 할 때는 실패할 뿐만 아니라 몸이 아프게 된다. 따라서 미정의 에고 센터를 다루는 질문은 다음과 같다. "단지 자신이나 남에게 여전히 무언가를 보여주려고 하는가?"

2) 미정의 에고 센터의 잠재력

미정의 에고 센터는 타인이 원하는 바를 정확하게 감지한다. 이는 타인의 감정을 인식하는 것만큼 중요한 정보다. 우리는 이를 정치인에게서 종종 발견한다. 미정의 에고 센터를 지닌 전형적인 정치인은 타인이 바라는 바를 감지한다. 그는 당선되기 위해 공약한다. 그리고 대부분의 정치 공약은 지켜지지 않는다. 또한 미정의 에고 센터는 물론 물질적 세상에서 자신을 어떻게 내세울 수 있는지에 대한 모든 것을 배울 수 있다. 만일 당신의 능력을 물질적 세상에서 세워 보기 위해 향상시킬 수 있는 세미나에 한번이라도 나가 보았다면 이 세미나 리더 또한 미정의 에고 센터를 지녔음을 인식하라.

8. 미정의 셀프 센터(Self or G)

앞서 센터 개요 부분에서 우리는 특히 셀프 센터가 복잡하고 이해하기 어려운 센터임을 알 수 있었다. 따라서 이 센터의 다른 면을 관찰하면 이해에 더 도움이 될 수 있다. 셀프 센터는 방향성과 개인 초월적인 사랑의 센터이다. 셀프 센터는 장소를 통한 '우회적인' 정체성의 센터이다(내가 있는 곳이 바로 나다.).

미정의 셀프 센터는 방향성이 미정의되고, 사랑이 미정의되고, 정체성이 미정의되어 있다는 말이다. 즉 지정된 것이 없다. 우리는 찾지 못할 장소에서 항상 스스로를 찾으려고 한다. 미정의 셀프 센터를 지닌 사람들은 찾아다닌다. 자기 자신, 지침, 사랑…. 무엇보다도 정체성을 말이다.

하지만 그 정체성은 찾을 수가 없다. 미정의 셀프 센터의 최종 질문은 다음과 같다. "나는 누구인가?" 그리고 바로 이 질문에는 결코 답이 없다. 이 경우 컨디셔닝되고 컨디셔닝되어야 하는 것은 바로 정체성 그 자체이다. 여기서 다시 우리는 컨디셔닝 그 자체가 부정적인 것이 아님을 보여주는 좋은 예들을 만날 수 있다. 다음의 두 경우를 생각해 보자.

모든 미정의 셀프 센터는 자신의 정체성을 찾아다니고, 따라서 자신에게 주어지는 정체성을 받아들이려는 자연스러운 경향이 있다. 미정의 셀프 센터를 지닌 세 살 남자 아이를 생각해 보자. 운이 좋으면, 아이의 아버지는 말한다. "참 똑똑한 아이구나." 이후 3년 동안 아버지가 아이에게 이 말을 해준다면 이 아이는 이를 자신의 정체성으로 받아들이고 이 정체성이 '올바르다'라는 사실을 증명해 보이려고 할 것이다. 이는 긍정적인 컨디셔닝의 한 예이다.

만일 이 아이가 운이 그리 좋지 않아서 아버지에게 이런 말을 들었다고 치자. "이런 아무짝에 쓸모없는 밥통아." 만일 아버지가 일정 기간 동안 이 말을 아이에게 한다면 아이는 이를 또한 자신의 정체성으로 받아들일 것이다. 정체성에는 우열이 없다. 아이는 자신이 '어리석고 쓸모없는 밥통'이라는 것을 증명하기 위해 노력할 것이다. 이는 부정적 컨디셔닝의 예이다.

만일 당신이 이 어린 아이라면, 이제 둘 중 하나의 경우에 해당됨을 이해할 시간이다. 일시적으로 둘 중 하나의 정체성을 가질 수는 있지만 이는 당신이 진짜 누구인지와는 전혀 관련이 없다.

나는 위의 두 경우를 긍정·부정적 컨디셔닝이라고 말하고 그렇게 평가했다. 아마도 어린 아이의 입장에서는 올바른 관점일 것이다. 지금 어떤 컨디셔닝이 일어난다고 하더라도 미정의 셀프 센터에 대한 올바른 컨디셔닝은 머릿속 계산을 통해 일어나는 것이 아니라 오로지 올바른 장소에 있는 것을 통해 이루어질 수 있다.

1) 미정의 셀프 센터의 낫셀프

미정의 셀프 센터의 낫셀프는 방향성과 사랑을 찾기 위해 절박한 심정으로 삶 속을 돌아다니지만 결국 찾지 못한다. 여기에서의 실수는 타인의 정체성을 자기 것으로 아는 데 있다. 미정의 셀프 센터의 사람은 "이제 나의 방향성을 찾았어."라고 확신하지만 이는 순전히 타인의 방향성일 뿐이다.

2) 미정의 셀프 센터의 잠재력

셀프 센터는 방향성을 제공하고, 미정의 셀프 센터는 올바른 장소에서 올바른 컨디셔닝을 찾는다. 희소식은 그 누구도 미정의 셀프 센터를 가진 사람만큼 장소의 특성을 재빨리 알아내는 사람은 없다는 것이다. 새집에 들어서면서 당신에게 좋은 집인지 알아보는 데는 단 몇 분도 걸리지 않는다. 이 감각을 따르는 법을 배우는 것이 필요하다. 만일 휴가 때 모르는 호텔을 예약했는데 도착하고 보니 자신과 맞지 않을 때는 그 확신을 믿고 다른 호텔로 옮겨야 한다.

왜냐하면 오로지 올바른 장소에서만 당신에게 올바른 컨디셔닝을 찾을 것이기 때문이다. 단지 조금의 불편만 감수하면 된다.

미정의 셀프 센터의 사람들은 또 하나의 놀라운 능력을 가지고 있다. 이는 당신에게 좋은 사람, 그렇지 않은 사람을 알아볼 수 있는 능력이다! 이 과정은 장소를 통해 마치 거울처럼 작용한다.

어떤 이성을 알게 되어 처음으로 데이트를 한다고 치자. 만일 식당의 종업원이 친절하고 수프도 빨리 오고 와인도 적당한 온도라면, 그럴 때 당신은 이 장소에 있어서 기분이 좋아지고 당신을 이곳에 오게 해준 상대방도 좋은 사람이라 느낀다.

두 번째 시나리오를 생각해 보자. 종업원은 불친절하고, 수프는 짜고 와인은 차갑다. 이는 여기로 당신을 데려온 사람이 당신에게는 맞지 않는 사람이며, 이 관계가 어떻든지 사업상의 만남이든 성적인 만남이든 친구 관계의 만남이든 당신에게는 맞지 않음을 의미한다(하지만 이를 상대방에 대한 평가로 삼으면 안 된다. 이 사람은 매우 매력적인데다 학벌도 좋고 선한 의도를 가질 수 있지만 단지 당신과 안 맞는 것뿐이다.).

여기서 극복해야 할 커다란 도전은 사랑과 방향성이 지속적이지 않으며, 당신의 힘으로는 어쩔 수 없는 일시적인 드나듦임을 받아들이는 것이다. 당신이 할 수 있는 것은 오로지 올바른 장소에 있도록 신경 쓰는 것이다. 나머지는 모두 그 장소에서 흘러나올 것이다. 미정의 셀프 센터를 다루는 질문은 다음과 같다. "나는 여전히 방향성과 사랑을 찾아다니는가?"

9. 미정의 스로트 센터(Throat)

미정의 스로트 센터는 상대적으로 흔치 않다. 이는 이 센터의 복잡함 때문이다. 총 11개 채널이 스로트 센터를 정의할 수 있다. 따라서 스로트 센터는 미정의보다 정의되는 경우가 더 많다.

스로트 센터는 아주 특별하다. 세상에 대한 우리의 유일한 출력 장치이기 때문이다. 미정의 스로트 센터에 대해서는 세 가지 질문이 가능하다. 내가 무언가를 보여줄 수 있을까? 내가 무언가에 대해 소통할 수 있을까? 내가 내 자신을 표현할 수 있을까?

물론 미정의라는 것은 이 모든 주제들이 미정의되어 있으며 어떤 사람이 세상에 어떻게 드러나는지도 미정의되어 있음을 의미한다. 미정의 스로트 센터의 함정은 주목받기 위한 욕망이다.

우선 언어적 의사소통의 예를 들어보자. 만일 바디그래프에서 스로트 센터가 미정의된 사람이 친구를 만나면, 지겹도록 똑같은 말만 반복하는 사람으로 간주될 가능성이 매우 높다.

그리고 두 가지 일이 생긴다. 우선, 당신의 이야기를 아무도 듣지 않는다. 다른 사람이 당신의 말을 끊거나, 귀 기울여 듣거나 이해하는 사람이 없으며, 둘째, 집에 도착해 보니 목이 쉬어 있다. 당신은 이에 익숙하다. 친구 두 명이 서로 얘기한다. 갑자기 어떤 생각이 당신에게 떠올라 친구들에게 말하고 싶다. 하지만 입을 여는 순간 당신의 얘기를 아무도 듣지 않는다.

다른 사람들은 그냥 하던 말을 계속할 뿐이다. 이는 매우 좌절스러운 상황이다. 무시되는 느낌은 즐겁지 않다. 이상한 점은 다음이다. 당신의 목소리를 통해 '나오고 싶어 하는' 것은 당신의 목소리가 아닌 친구들의 목소리이다. 자신을 좀 더 가까이 들여다보면 환경에 따라 당신이 말하는 스타일이 극적으로 변한다는 것을 알게 될 것이다.

이는 특정한 환경에 적절한 말을 재빨리 골라 쓸 수 있는 능력으로 이어진다. 모든 미정의 센터는 주어진 환경에서 쓸 수있는 것을 반영한다. 따라서 미정의 스로트 센터를 지닌 아이가 끊임없이 욕설을 한다면 그 아이를 꾸짖지 말아야 한다. 환경을 바꿔 줘야 한다. 이 아이는 단지 들은 대로 말을 할 뿐이다. 또한 이 효과는 아즈나 센터가 미정의된 경우 더욱 증폭된다.

그러나 스로트 센터는 또한 세상에 행동으로 무언가를 보여줄 수 있는 센터이기도 하다. 미정의 스로트 센터의 경우 행동력이 미정의 되어 있기에 컨디셔닝만이 일어난다. 따라서 만일 미정의 스로트 센터의 당신이 어린 시절에 "이건 혼자 힘으로 해내야지."라는 말을 들었다면 아무도 당신의 취약점을 챙겨주지 않은 셈이다. 당신에게 황금률은 다음과 같다. "나는 나와 맞는 사람들과 함께 이 일을 해낼 거야!"

이 컨디셔닝이 도움을 줄뿐 아니라 심지어 필요 불가결한 것임이 이제 명확해졌을 것이다. 그럼에도 불구하고 미정의 스로트 센터는 다음을 의미한다. 당신이 삶에서 이루어 내는 것은 근본적으로 미정의되어 있으며 환경에 따라 결정되는, 또는 컨디셔닝되는 것이라는 점이다. 따라서 그것이 무엇일지 당신은 알 수가 없다. 미정의 스로트 센터의 컨디셔닝은 굉장히 강력하다. 행동력은 우리를 표현하는 가장 뚜렷한 형태다. 하지만 이는 오로지 당신이 올바른 컨디셔닝이 되었을 때에만 가능하다. 그럴 때에만 본질적으로 그 어느 일이든 할 수 있다.

이 문제는 상당한 압력을 불러온다. 당신은 이미 어릴 때 다음과 같은 질문을 받는다. "뭐가 되고 싶니?" 이는 물론 "무엇을 하고(이루고) 싶니?"라는 질문이다. 미정의 스로트 센터의 경우 당신은 이미 주어진 그 어떤 기회든 잡을 준비가 되어 있다. 다른 아이가 생각해 낸 짓궂은 장난을 몸소 실행에 옮겼다가 꾸지람을 듣는 아이가 바로 미정의 스로트 센터의 아이다.

미정의 스로트 센터에게 주어지는 말하고 행동할 기회가 모두 올바른 것이 아님을 반드시 배워야 한다. 특정한 기회를 받아들이는 결정은 반드시 정의된 센터를 중심으로 이루어져야 한다. 정의된 센터는 자신 안에서 유일하게 의존할 수 있는 것이기 때문이다.

마지막으로 나는 미정의 센터가 나쁜 것도, 텅 비어 있는 것도, 고장 난 것도 아님을 다시 한번 일깨워 주고 싶다. 미정의 센터는 미정의되어 있기 때문에 컨디셔닝될 수 있고 학습할 수 있다. 따라서 우리는 미정의된 상태에서 성급히 완벽을 바라지 말아야 할 것이다. 그 어떤 학습 과정도 시간과 경험이 필요하다. 휴먼디자인 시스템을 통해 알고 있는 바와 같이, 우리는 인생의 첫 40년간을 학습하면서 보낸다. 정의된 센터의 학습 속도는 다소 느리다. 정의된 센터를 통해 우리는 미리 주어진 특성을 어떻게 활용할지 학습한다.

진정성 있고 탄탄한 학습은 오로지 미정의 센터에서만 일어난다. 최소한의 고통으로 학습하기 위해서는 미정의 센터의 내용이 자신의 것이라고 생각하면 안 된다. 미정의 센터를 세상을 내다보는 창이라고 생각해서 모든 종류의 경험이 가능한 창구로 여길 때, 드디어 우리는 그 잠재력을 활용하게 되는 것이다. 어느 정도 학습이 이루어지면 미정의 센터의 주제에 대해 전문가가 될 수 있다. 목소리를 낼 수 있는 외적 결정권을 갖게 되는 것이다.

또 하나 아주 중요한 점은 그 누구도 자신의 컨디셔닝을 직접 고를 수 없다는 점이다. 부모 간에 불화가 있었던 것을 미정의 감정 센터인 당신이 바꿀 수는 없다! 단지 운이 안 좋았을 뿐이다! 바디그래프에서 정의된 것만 자신의 것으로 여길 때, 즉 감정은 자신과 별개라고 여길 때에만 부정적 컨디셔닝의 힘은 약화된다. 이런 과정을 통해 과거의 나쁜 경험들을 딛고 최고의 역량을 발휘할 수 있고, 궁극적으로는 개인의 발전을 위한 학습 자료로 경험을 활용할 수 있다.

1) 미정의 스로트 센터의 낫셀프

이 센터는 복잡해서 여러 가지 다양한 낫셀프가 존재한다. 두 가지 본질적인 주제는 의사소통과 행동이다. 의사소통의 관점에서 미정의 스로트 센터의 낫셀프는 그 스스로 의사소통자가 된다(내가 말을 주도하는 사람임을 보여주겠다.). 무언가를 보여주려는 사람들은 무대 조명을 찾아다니며 무언가를 말하고 싶은 욕구를 느끼고 사람(들)과의 대화라는, 아무도 바라지 않는 방법을 시도한다. 낫셀프의 진정한 동기는 관심받고 싶은 욕망이다. 스로트 센터는 세상에 우리를 드러내는 것과 관련된 센터이기 때문에, 미정의 스로트 센터라면 적어도 첫 만남에서는 쉽게 무시당할 가능성이 높다. 미정의 스로트 센터를 다루는 질문은 따라서 다음과 같다. 관심을 끌기 위해 당신이 하는 이 모든 행동은 무엇인가?

미정의 스로트 센터의 두 번째 경우는 자신을 내보이고, 무언가 해내려는 마음으로 행동하는 것이다. 만일 미정의 스로트 센터를 지녔다면 행동 또한 물론 미정의되어 있다. 낫셀프는 행동하는 자가 되고 싶다. 하지만 그러려면 타인없이는 불가능하기 때문에 낫셀프는 가치 없거나, 심지어 본연의 개성과 반하는 갈등에까지 개입하고 싶은 욕망을 느낀다. 이런 행동의 '부작용'으로 배우자, 친구, 동료의 선택에 있어 거짓되거나 잘못된 관계가 생긴다. 이럴 경우 관계들은 드러내고자 하는 욕망만으로 이어져 있기 때문에 바람직하지 않다.

2) 미정의 스로트 센터의 잠재력

우리는 스로트 센터의 두 가지 주요 기능인 말과 행동을 구분해야 한다. 미정의 센터를 통해 다양한 경험이 가능하고, 경험을 통해 학습할 수 있는 다양한 기회도 주어진다. 의사소통의 관점에서 미정의 스로트 센터를 지닌 사람들은 자신을 언어로 표현하는 방식을 배울 수 있고, 나아가 다양한 의사소통 방식을 익힐 수 있다. 그러나 이것도 하나의 과정이기 때문에 인내력이 있어야 한다. 대부분은 중년이 되어서야 이 잠재력이 발휘된다.

행동의 관점에서는 이 과정이 더더욱 길어진다. 미정의 스로트 센터는 컨디셔닝의 경험을 통해 모든 자기 표현 방식을 배울 수 있지만 동시에 어떤 특정한 행동을 자신의 고유한 것이라고 생각하지 말아야 한다. 만일 이에 성공하면, 자기 표현 방식을 섭렵하게 되고 타인에게 유용히 쓸 수 있게 된다.

제5장

정의된 센터의
낫셀프

휴먼디자인과 어느 정도 관계된 사람들 사이에서도 미정의 센터의 낫셀프는 종종 모습을 드러내지 않고 남아 있다. 이는 사람들이 일반적으로 미정의 센터의 문제를 더 많이 겪는다는 사실과 관련 있다. 우리는 환경의 혜택에 기대는 수밖에 없다. 우리는 삶을 이상한 방향으로 이끌 수 있고, 극단적인 경우 자신을 완전히 잃어버린다.

경험에 의하면, 정의된 센터일 경우 적절하게 정의된 특성을 올바르게 다루는 데에 초점이 놓인다. 스플린 센터가 내적 결정권이라면 자신의 즉흥성을 발휘하기 위해서는 용기가 필요하다. 감정 결정권을 지닌 사람이라면 참을성을 배우는 것이 매우 어려울 것이다. 휴먼디자인 시스템을 어느 정도 알게 되면, 피해 가지 못하는 실수를 한 번 하게 된다. 미정의 센터는 '나쁘다' 정의된 센터는 '좋다'라는 착각이다.

우리가 사는 이 세상의 일관적인 이원적 특성에서도 알 수 있듯이, 이 문제는 그렇게 단순하지 않다. 모든 현상은 양면적이고 이는 정의된 센터의 경우도 마찬가지다.

낫셀프의 잠재력을 이해하기 위해서는 이제 사람 하나만을 보는 것으로는 충분하지 않다. 우리는 항상 특정한 센터와 관련해 서로 다른 디자인을 지닌 두 사람이 함께 있는 상황을 가정해야 한다. 즉, 센터가 정의된 한 사람과 미정의된 다른 사람이 함께 있는 조건이다.

1. 정의된 스플린 센터(Spleen)의 낫셀프

미정의 스플린 센터의 낫셀프를 떠올려 보도록 하자. 이 경우 우리는 항상 잘못된 사람을 믿거나, 그 사람에 이끌려 건강하지 못한 행동을 하도록 자신을 내팽개치면서 결국 뗄 수 없는 관계에 진입하는 위험을 항상 안고 있다.

이는 미정의 스플린 센터라는 관점에서 상황을 본 것이다. 정의된 스플린 센터의 사람인 경우는 이런 행동을 더 강화시키고자 하는 상당히 강력한 충동을 느낀다. 다른 말로 하면, 미정의 스플린 센터의 사람들을 찾아서 이용하고자 하는 충동이다. 이들의 의존을 통해 나는 더 강력해진다. 나는 이들을 즉흥적 행동으로 유혹하고 그런 식으로 이들에게 영향을 미친다. 관계에서 내가 우위에 있기 때문에 상대방에게 관계 단절을 빌미로 협박할 수도 있다. 만일 이 설명이 불편하다면 당신은 이를 정확히 이해하고 있는 셈이다. 하지만 주의해야 할 점이 있다. 이는 도덕성에 문제가 있다는 말이 아니다(예를 들어, 다른 사람을 착취하는 것은 '악독한' 행동이다 라는 식의.)! 이는 도덕적 가치와는 다른 차원의 문제다.

정의된 센터의 경우도 마찬가지로 내적인 올바름이 관여한다. 정의된 스플린 센터를 내적 결정권으로 가진 사람들은 즉흥적이어야 한다. 정의된 스플린 센터를 지닌 이 사람은 무언가에 끈질기게 집착하지 않는다. 어떤 한 커플을 보자. 남편은 정의된 스플린 센터에 술주정 뱅이다. 아내는 미정의 스플린 센터인데 자발적으로 이 남자를 떠날 수가 없다. 심지어 이 관계에서 끔찍한 고통을 느끼고 자신도 그 사실 을 잘 인식하고 있음에도 말이다.

그녀의 낫셀프가 하는 일은 남편이 술을 끊겠다고 할 때마다 남편 의 말을 믿고 의존하는 자신을 명백히 인식하면서도 학대받도록 묶어 두는 것이다. 남편도 낫셀프의 상태라 이 관계가 자신에게 유익하지 않음을 그 자신도 느낀다. 아내를 내 맘대로 할 수 있다는 생각이 더 강하게 들수록 더 술을 찾게 된다. 사실 술을 먹기 시작하는 본질적인 이유는 이 관계 속에서 양쪽 다 불행하다는 점일 수 있다. 하지만 어쨌 거나 이제 다 상관없다. 남편은 이제 자신이 원하는 것을 아내에게 얻 어내는 것에만 초점을 맞춘다. 즉 정의된 스플린 센터의 착취하려는 본성이 또 다른 본성인 즉흥성이라는 능력을 깎아 먹으며 스스로에 게 해를 입힌다. 언뜻 보면 승자와 패자(또는 가해자와 피해자)의 이야기 이지만 사실 양쪽 다 큰 화를 입는 식이다. 각자 방식은 다르지만 양쪽 모두 자신의 본모습에서 멀리 떨어져 있기 때문이다.

2. 정의된 아즈나 센터(Ajna)의 낫셀프

정의된 아즈나 센터는 일관된 사고방식, 일관된 분석 경향을 의미한다. 이런 사람들은 자주 자신이 옳다고 느낀다. 이런 느낌을 받는 것이 상대적으로 당연할 수도 있는데, 왜냐하면 정의된 마인드는 하나의 관점을 고수하며, 집단 내에서는 해당 관점에 대한 대변인이 될 수 있기 때문이다.

첫 번째 함정은 자신의 관점이 유일하게 옳은 관점이라고 여기는 데서 온다. 말하자면 낫셀프의 역할은 궁극적으로 남을 괴롭히는 것인데, 이 경우는 자신의 관점에 동의할 때까지 괴롭힌다.

물론 여기에서도 미정의 아즈나 센터의 낫셀프와 정의된 아즈나 센터의 낫셀프가 서로 주고받는 게임이 시작된다. 미정의 아즈나 센터의 낫셀프는 진리를 추구하고 자신의 관점을 옹호하는 데서 자기 확신을 한다. 정의된 아즈나 센터의 낫셀프는 (객관적으로도) 자신이 옳다고 확신하며 미정의 아즈나 센터가 동의하게 될 때까지 끈질기게 물고 늘어진다.

여기서 진정 해로운 점은 컨디셔닝 자체가 아니다. 정의된 아즈나 센터는 미정의 정신세계를 반드시 컨디셔닝할 수밖에 없기 때문이다. 그러나 만약 감정적 결정권에 정의된 아즈나 센터를 지닌 여자가 미정의 아즈나 센터를 배우자의 필수 조건으로 내건다면, 그렇게 함으로써 자신이 상대를 '논쟁에서 이기고' 싶어하는 것이라면 그녀는 자신을 해치고 있는 셈이다. 이 사례는 또한 관계에서 우리가 어떻게 똑같은 덫에 걸리는지 아주 명백하게 보여준다. 낫셀프는 항상 일종의 중독 상태로 만든다. 정의된 아즈나 센터의 중독 상태는 다음의 특징이 있을 수 있다. "당신의 미정의된 센터를 나의 정의된 센터로 보완했으니 내가 더 우월하다." 이렇게 중독에 몰입하려는 욕망이 최우선이 되어 다른 그 누구도 일곱 가지 다른 센터의 특성도, 나 자신의 내적 결정권도 안중에 없게 된다.

3. 정의된 솔라플렉서스
센터(Solar Plexus)의 낫셀프

감정 센터가 춤추는 그 순간 우리는 항상 특정한 영향력 아래 있음을 알아야 한다. 스플린 센터와 아즈나 센터는 모터 센터가 아니지만, 감정 센터는 배 속에 있는 두뇌의 강력한 엔진을 장착하였다.

우리는 감정적으로 미정의된 사람들이 갈등을 회피하려고 하는 경향이 있다는 것을 보았다. 특히, 이들은 타인을 기분좋게 해줄 준비가 되어 있다.

한편 이는 정의된 감정 센터의 사람들이 착취할 만한 가능성을 열어둔 셈이다. 한마디로 표현하자면 감정적 협박이 일어난다. 사람은 종종 부정적인, 불쾌한 감정을 볼모로 협박당한다. "네가 떠나면 난 슬퍼 죽을 거야." "내가 원하는 대로 해주지 않으면 나는 화가 날 거야." "나를 잘 챙겨주지 않으면 나는 기분이 나쁠 거야."

여기에서도 정의된 센터는 미정의 센터 위에서 군림하는 권력으로 작용한다. 이는 물론 미정의 센터가 낫셀프에 꽉 붙들려 있을 때만 가능하다. 그리고 정의된 센터는 또다시 잘못된 태도 때문에 손상을 입는다. 감정적 협박으로 관계의 지속을 강요하고 이를 반복하는 사람은 자신이 그 관계에서 올바른 감정인지조차도 더 이상 알 수 없게 될 가능성이 높고, 따라서 양쪽 모두 낫셀프 상태로 잘못된 관계에 머물게 되는 것이다.

감정적 협박은 특히 강력하고 또 굉장히 흔해서 단순히 이성 관계에만 존재하지 않는다.

- 감정적으로 정의된 아이는 초콜릿을 한 개 더 먹으려고 감정적으로 미정의된 엄마의 기분을 지옥의 구덩이로 떨어뜨리는 요령을 재빨리 터득한다.
- 감정적으로 정의된 서비스 기술자는 감정적으로 미정의된 고객을 대할 때는 꼼꼼하게 하지 않아도 된다는 것을 재빨리 파악한다. 왜냐하면 이 고객은 갈등을 회피하는 경향이 있고, 특히 기술자가 오히려 거칠게 굴기라도 하면 제아무리 엉터리 서비스를 받더라도 아무 말 못할 것이기 때문이다.
- 감정적으로 미정의된 고객은 감정적으로 정의된 영업 사원이 추가 상품 외 기타 등등을 구매하라는 요구를 물리치기가 쉽지 않다.

숙제를 하나 내 보자. 위의 주제에 초점을 맞춰서 일주일을 지내 보라. 가족 내에서, 타인과의 관계에서, 사회적 집단 안에서, 쇼핑 갈 때도…. 당신이 세상을 보는 눈은 이제 전혀 이전과 같지 않을 것이다.

4. 정의된 새크럴 센터(Sacral)의 낫셀프

우리는 새크럴 센터가 성적 정체성과 노동의 센터임을 알았다. 정의된 새크럴 센터는 고정적인 성적 정체성을 지니고 일관적이고도 개성적인 노동 능력이 있다. 정의된 새크럴 센터의 사람들은 일반적으로 자신에게 맞지 않는 전략(이 주제는 시리즈의 다음 편에서 더 자세히 다룰 것이다.)에 의거해 살아갈 때 세상의 노예가 된다. 이들은 일을 해치우고 궂은일을 마다하지 않으며 매일매일 고된 노동을 하지만 그만큼에 해당하는 성과가 없다. 자신이 노예의 삶을 살도록 만드는 사람들의 소망은 단 하나다. 그리고 이 소망으로 인해 그들은 노예로 전락한다. 모든 미정의 센터는 남의 것을 취해 강화시킨다는 점을 이제 우리는 알고 있다.

정의된 새크럴 센터가 너무 자주 노예가 된다고 한다면, 미정의 새크럴 센터는 초강력 수퍼 울트라 노예가 될 수 있는 잠재력을 지니고 있다. 따라서 정의된 새크럴 센터의 낫셀프는 노예가 될 만한 사람을 찾아다니는데, 대체로 미정의 새크럴 센터의 사람들을 선호한다. 이 사람들은 특정한 성적 정체성 또는 단순히 노동을 통해 실질적인 노예로 전락한다.

여기서도 두 사람 모두 낫셀프인 상태로 관계에 임한다. 미정의 새크럴 센터의 사람은 성적 정체성을 찾아다니다가 정체성이 정의된 사람에 의해 특정한 성적 정체성을 통한 노예가 된다. 미정의 새크럴 센터의 사람들은 자신의 힘을 드러내고 싶어서 정의된 새크럴 센터의 '일벌'이 되기를 기꺼이 자처한다.

정의된 새크럴 센터의 낫셀프는 자신의 새크럴 반응을 따르는 대신 누구를 노예로 삼을 것인가에 초점을 맞춘다. 따라서 어떤 경우는 권력을 휘두를 가능성을 자신의 결정권보다 더 우위에 두면서 잘못된 관계나 잘못된 협력 관계를 만든다.

정의된 헤드 센터(Head)의 낫셀프

꼼꼼히 살펴봤다면 이는 독립적인 사항이 아니라는 사실을 알 것이다. 헤드 센터는 오로지 아즈나 센터가 정의될 때에만 정의된다. 동일한 주제를 이미 아즈나 센터에서 다뤘기에 생략한다.

5. 정의된 루트 센터(Root)의 낫셀프

이는 특히 강력하다. 미정의 루트 센터는 압력에 예민하며 일반적으로 조금의 압력이라도 피하려 하거나 살짝만 겪으려고 한다. 정의된 루트 센터는 압력을 행사하고 상대방을 무언가에 '착수하게' 만든다. 이는 모든 다양한 사례에 꽤 잘 들어맞는다. 대부업체는 하나같이 압력을 행사하고, 대다수의 상사들도 압력을 주고, 아이도 부모를 압력하고 또 그 반대의 경우도 있다.

따라서 완벽하게 비합리적인 행동도 가능해진다. 예를 들어, 성실한 근로자가 빚을 갚기 위해 은행 세 군데에 적금을 붓는다고 하자. 이를 해석하는 유일한 방법은 그가 빚 때문에 어마어마한 압력을 느낀 나머지 생각과 감정의 처리 과정, 피로와 고통의 기제가 일시적으로 마비된 것으로 볼 수 있다. 이런 원칙에 근거하여 행동하는 사람들은 평소답지 않고 일반적으로 불가능하다고 여겨지는 행동을 한다.

정의된 루트 센터의 낫셀프는 타인에 대해 압력을 행사하며 스스로 그것을 통해 해를 입는다. 오로지 모든 사람에게 간섭하기 위해 존재하는 것 같은 무시무시한 상사는 그 힘을 휘두르면서 미정의 루트 센터의 종업원을 선호할 것이다. 그러나 이런 종류의 관계에서는 사원들의 실적이나 회사의 실적 모두 그 어떤 효율도 생기지 않는다.

6. 정의된 셀프 센터(Self or G)의 낫셀프

정의된 셀프 센터(G 센터)는 고유의 특별한 정체성을 띠고 있다. 미정의 셀프 센터는 자신의 정체성을 찾으러 돌아다닌다. 만일 이 두 사람이 만나면 미정의 셀프 센터는 정체성을 경험하게 되고 정의된 셀프 센터는 상대방을 '나랑 똑같다'고 여기게 된다. 정의된 셀프 센터의 낫셀프는 이제 자신의 정체성을 타인에게 부여한다. 이는 다음과 같이 요약된다. "나랑 똑같지 않다면 너는 날 위해 있는 게 아니야."

이 주제는 특히 관계와 가족에 상관이 있고, 여기서도 마찬가지로 '가해자'와 '피해자'의 상호 작용이 존재한다. "나는 너한테 관심 있어. 왜냐하면 나는 너를 나처럼 만들 수 있으니까."라고 정의된 셀프 센터는 말하고 미정의 셀프 센터에게 구속복을 입힌다. 미정의 셀프 센터는 함께 논다. 왜냐하면 "나는 누구인가?"라는 질문에 대한 답이 없는 것보다는 차라리 구속복을 입는 것이 낫기 때문이다.

이 정의된 셀프 센터의 부정적인 면은 또다시 자신의 내적 결정권과 관련 없는 선택을 한다는 점이다. 정의된 셀프 센터가 자신의 정체성을 타인에게 입힘으로써 자존감을 얻길 바란다면, 올바른 상대가 와도 그를 거부하게 될 것이다. 자기와 다른 정체성을 지녔다는 이유 때문에 말이다. 그 대신 '내 모습'으로 만들기 위해 미정의 셀프 센터를 지닌 사람만 찾을 것이다.

7. 정의된 에고 센터(Ego or Heart)의 낫셀프

대부분의 사람들은 특히 의지력에 매력을 느낀다. 이는 단순히 대부분의 사람들이 미정의 에고 센터를 가졌기 때문이다. 정의된 에고 센터의 사람들은 일반적으로 미정의된 사람들보다 자존감이 높다.

따라서 애초부터 정의된 에고 센터를 선호하는 일종의 경향성이 존재한다. 정의된 에고 센터를 가진 사람을 더 강력하고 더 성공적이고 더 유용한 사람이라고 느낀다. 따라서 이런 지배성은 자신의 고유한 의지를 타인에게 덧씌움으로써 쉽게 남용된다. 이는 다음과 같이 요약된다. "너의 인간으로서의 가치는 내가 원하는 일을 네가 해줄 때 발생한다."

타인을 자신의 영향력에 영영 묶어두는 것, 낫셀프의 욕망을 충족시키기 위해 실제적 힘을 활용하는 것 등이 포함된다. 이는 다음과 같이 요약된다. "네가 좋아하든 아니든 간에 오로지 중요한 것은 내 욕망이다."

8. 정의된 스로트 센터(Throat)의 낫셀프

낫셀프는 그 자체로는 독립적으로 존재할 수 없다. 스로트 센터는 순수하게 표현만 담당하는 센터로 다른 센터와의 연계를 통해서만 컨디셔닝이 일어난다.

즉 스로트 센터의 낫셀프는 다른 센터와의 연결에 의거한다. 예를 들어, 감정 센터가 스로트 센터와 연결되어 있고, 낫셀프는 강렬한 감정 표현(스로트)을 통해 감정적 협박을 한다. 만일 셀프 센터가 스로트 센터와 연결되어 있다면, 낫셀프는 다음과 같다. "만일 네가 나처럼 자신을 표현하지(스로트) 않는다면 너는 날 위해 있어 주는 게 아니야."

스로트 센터에 연결된 모터 연결은(행동 연결) 다소 다르다. 만일 어떤 사람의 모터와 스로트 센터가 연결되어 있다면(물론 스로트 센터는 정의되어 있다.) 행동, 보여주기, '어떤 사람이 되어가는' 방식은 이미 정해져 있다. 이렇게 되면 낫셀프의 욕망의 특성이 정확히 드러나게 된다. "나는 내가 원하는 대로 너를 행동하게 할 거야."라며 감정적으로 협박할 수도, "나는 나처럼 즉흥적으로 행동하도록 너를 만들 거야."라고 할 수도 있다. 여기서 스로트 센터는 2차적 욕구를 충족시키는 것이며 낫셀프 자체적인 특성을 보여주는 것이 아니다.

제6장

치료자와
내담자를 위한
조언

다음의 내용들은 지금까지의 지식을 치료적 관계에 적용한 것이다. 여기서의 치료는 아주 포괄적인 의미이다. 각 분야의 다양한 심리치료 및 상담, 그리고 교육의 의미도 포함된다. 만일 이 포괄적 의미의 치료자일 경우, 우리는 자신도 누군지 모르고, 내담자가 어떤 사람인지도 모른다는 어려운 상황에 처하게 된다.

복잡한 상황을 풀기 위해서는 언제나 상당히 정밀한 도구들이 필요하다. 자기반성을 위해 개발된 다양하고 복잡한 심리치료 도구들이 얼마나 많은지 참으로 놀라울 정도다. 이 도구들이 다양한 치료 상황에 대한 풍부한 경험, 치료자의 타고난 능력과 결합되어 효과적인 치료를 성공으로 이끌고 또 위대한 치료자들을 낳았다. 심지어 탐험 지도, 즉 바디그래프를 전혀 알지 못했어도 말이다.

동시에 모든 치료가 효과적이지는 않다는 사실도 지나칠 수 없다. 적어도 항상 효과적인 것은 아니다. 또한 모든 치료자가 내담자를 올바로 다루었는지도 간과할 수 없다. 또한 모든 치료자가 자신을 올바로 다루는 것도 아니다.

무엇보다도 치료라는 용어 자체의 정의를 아주 엄격히 정립해야 한다. 만약 내담자가 치료에 동의하고 치료자는 함께 협의한 목표를 달성하는 데 도움을 주기로 동의한 것이 치료라고 한다면, 그 자체로 허

점이 있다. 내담자는 낫셀프로 살고 있을 가능성이 있고, 낫셀프의 상태로 목표를 정할 가능성이 높기 때문이다. 따라서 치료적 성공 그 자체, 내담자와 치료자가 공통적 목표를 달성했다고 동의하는 그 상황의 경우 이 둘은 공통적인 목표를 달성한 사실은 맞다 하더라도, 치료 회기 동안 일어난 그 모든 일들이 실제로는 내담자의 낫셀프가 지닌 욕망을 충족시키는 방향으로 흘러갔을 가능성이 있다.

대부분의 경우 치료자에게는 의식적 자각의 능력을 키울 수 있도록 수련 받는다. 이 의식적 자각과 내면 성찰을 통해 아주 정교한 자기 지각에 이르게 되고, 이는 일반적으로 자기 자신을 일관성 있게 대하는 것과 관련이 있다. 그러나 성공한 치료자라도 자신의 정의된 센터가 내담자에게 어떤 영향을 끼칠지는 모른다. 즉, 치료자의 존재로 내담자가 어떻게 컨디셔닝될지는 모르는 일이다. 컨디셔닝은 당연히 일방적 작용이 아니다. 내담자가 치료자를 컨디셔닝할 수도 있다. 이 경우 치료자는 성찰하고 관찰하는 능력이 아무리 뛰어나도 이를 항상 완전히 인식하기가 어렵다.

다음의 내용에서는 치료자와 내담자의 상호 작용에 초점을 맞추어 모든 가능한 조합을 센터별로 정리하였다. 우선 바디그래프의 이해가 치료에 어떻게 도움을 주는지 예를 들어 보도록 하자.

우리는 다음과 같은 말에 익숙하다. "당신과 당신의 감정은 서로 별개이다." 이 표현은 바디그래프라는 지도의 지식이 없을 때 도달할 수 있는 가장 최선의 지식이라고 본다. 모든 사람들에게 있어 감정 센터는 정의되거나 미정의되거나 둘 중 하나다. 만일 당신이 바디그래프를 모르고 어떤 사람에게 이렇게 말했다고 하자. "너와 네 감정은 별개야." 그러면 당신은 50%의 사람에게는 맞는 말을 한 셈이다. 왜냐하면 50%의 사람들은 감정적으로 미정의되었고 이들의 입장에서는 감정에 결정권을 주지 않는 것, 자신의 감정을 자신의 것으로 여기지 않는 것, 감정에 의해 휘둘리지 않는 것이 중요하기 때문이다.

나머지 50%의 사람들은 감정 센터가 정의되어 있다. 만일 이 사람들에게 당신이 "당신과 당신 감정은 별개다."라고 말한다면 그 결과는 갈등으로 이어진다. 감정이 정의된 사람들은 파동을 신뢰하지 않는 법을 반드시 배워야 하는데, 그렇게 해야 일시적인 감정의 결과로 행동하거나 결정하지 않기 때문이다. 위의 표현은 이런 측면에서는 적절하다. 자신의 감정을 자신의 것으로 여기지 않는 사람들은 감정의 순간적 파동 또한 자신의 것으로 여기지 않을 것이며, 그 말을 계속 지켜나갈 경우 파동에 휩쓸린 행동을 하거나 결정을 내리지 않을 것이다.

그러나 이때 감정적으로 정의된 사람들은 본질적인 무엇을 놓치고 있을 가능성이 있다. 이는 내적 결정권이 될 수 있는, 감정적 진실에 기반을 두는 명료한 결정의 기회다.

나는 따라서 모든 치료와 상담 현장에서 바디그래프의 정보는 어마어마한 도움을 줄 수 있을 것이라 강력히 확신한다. 굳이 휴먼디자인을 몇 년씩 공부하지 않아도 된다. 왜냐하면 이 책에 실린 기본 내용만으로도 치료의 효율과 정확도 면에서 상당한 성과를 가져올 수 있을 것이기 때문이다.

치료적 상황의 자연적인 특성

모든 치료 상황은 상호 컨디셔닝에 해당된다. 치료자의 존재가 일시적으로 내담자를 '변화'시키기도, 또한 치료자도 마찬가지로 일시적으로 '변화'되기도 하기 때문이다. 당연히 특정한 치료자의 바디그래프 내용은 각 내담자에게 다르게 작용하며, 양쪽 모두에게 상당히 독특한 컨디셔닝이 일어날 수 있다.

따라서 휴먼디자인 시스템의 관점에서는, 치료자는 변치 않는 중립적인 권위자가 아니고 매 회기 변화한다는 사실을 반드시 이해해야 한다. 치료자는 단순히 이 모임, 상담 회기, 치료 회기에서 가용한 요소들에 대한 특정한 지식을 지닌 사람일 뿐이다.

따라서 치료적 상황에서 일어나는 일을 제대로 이해하기 위해서는 치료자 자신의 바디그래프 및 내담자의 바디그래프에 대한 지식을 잘 숙지해야 한다. 각 센터마다 다음의 경우가 존재한다.

1. 정의된 치료자, 정의된 내담자
2. 정의된 치료자, 미정의된 내담자
3. 미정의된 치료자, 정의된 내담자
4. 미정의된 치료자, 미정의된 내담자

이제 치료적 상황과 가능성에 있어 위의 경우가 어떤 의미를 지니는지 각 센터별로 좀 더 자세히 알아보도록 하자.

1. 스플린 센터(Spleen)의 조합

첫 번째 경우 : 정의된 치료자, 정의된 내담자

이 경우 스플린 센터의 특성은 상대적으로 그 비중이 작아진다. 내담자는 치료자에게 의존하지 않는 경향이 있고 치료자도 내담자에게 의존하지 않는 경향이 있다. 구조적으로 양쪽은 서로에게 독립적이다.

이 경우 타인에 대한 의존성으로 인해 학대받은 적이 있거나 또는 학대받고 있어서 온 내담자가 아니다. 이때는 다음의 치료적 개입이 가능하다. 만일 스플린 센터가 내적 결정권이고 미정의 감정 센터인 경우에는 내담자의 즉흥성을 격려한다. 만일 치료자가 개인적으로도 즉흥성을 통한 건강한 관계를 맺은 사람이라면 치료자 쪽에서도 즉흥적인 태도가 권장된다. 일례로 약속이 몇 번 미뤄지더라도 양쪽 모두 크게 개의치 않을 수 있다.

두 번째 가능성은 내담자가 타인을 착취하거나 자신의 인생도 망가진 문제로 온 경우이다. 해결책은 동일하다. 즉 내담자의 즉흥적 행동을 강화하거나 격려하는 것이다. 그러면 가해자에게도 건강하지 못한 이 관계는 해결된다.

두 번째 경우 : 정의된 치료자, 미정의된 내담자

이 경우 내담자는 치료자에 대해 좋은 인상을 받으며 치료자를 신뢰하게 된다. 유쾌한 분위기가 쉽게 조성되지만 동시에 이 상황은 내담자가 이미 너무도 많이 상처를 받은 상황이 된다. 즉, 내담자는 치료자에게 의존하게 되는 본질적인 위험성이 내재된 상황이며 내담자가 나아지지 않기 때문에 치료적 관계가 지속된다. 내담자는 치료 기간이 길어지는 것에 대한 불평을 절대 하지 않으며, 치료받는 상태를 영원히 유지한다.

치료자 입장에서는 최소한 자신이 이 상황을 묵인하고 있을 가능성을 인정해야 한다. 치료자도 먹고 살아야 하는 존재이기에 양쪽 모두 이 문제에 대해 말을 꺼내지 않는다. 모르는 사람보다야 치료자에게 의존하는 것이 차라리 낫다고 볼 수도 있지만, 의존적인 관계는 근본적으로 결코 해결되지 않는다.

내담자는 바람직하지 않은 관계를 스스로 벗어나지 못하거나 심지어 그것 때문에 각종 신체적 증상이나 질병을 겪는 문제로 찾아오는 경우가 가장 흔하다. 죄책감도 결부된다. 미정의 스플린 센터의 사람들은 자신의 기분이 나쁘면 스스로를 탓하기 때문이다. 이 치료의 핵심은 내담자의 독립성을 길러주는 것이며 치료자에게서도 독립할 수 있도록 돕는 것이다.

세 번째 경우 : 미정의된 치료자, 정의된 내담자

이 경우는 치료자의 자각 능력이 관건이 된다. 만일 치료자가 스스로의 미정의 스플린 센터의 특성을 잘 알고 있다면 특히 신체적인 측면에서 뛰어난 진단을 내릴 수 있다. 하지만 치료자 자신의 사생활에서도 의존성의 함정에 빠지는 경향이 있을 경우, 치료자는 내담자에 대한 맹목적 신뢰를 쌓게 된다.

이런 위험성은 다수를 대상으로 치료할 때, 예를 들어 커플 치료에서 특히 도드라지게 나타난다. 치료자는 정의된 스플린 센터의 사람을 미정의된 스플린 센터의 사람보다 더 신뢰하면서 자신의 중립적 위치를 유지하지 못하게 된다.

스플린 센터의 문제로 치료자를 찾아오는 내담자는 거의 없다(내담자는 일반적으로 미정의 스플린 센터의 문제로 찾아온다). 하지만 예외적으로, 내담자가 대인관계에서 착취하는 쪽이고, 자신의 즉흥적인 경향에서 비롯된 행동이나 문제를 어떻게든 합리화하려는 문제 때문에 찾아올 수 있다.

네 번째 경우 : 미정의된 치료자, 미정의된 내담자

이는 치료에서 상당히 유리한 상황이다. 특히 내담자가 전형적인 스플린 센터 문제로 치료자를 찾아왔을 때 그렇다. 이 상황에서는 당연히 의존성이나 무조건적인 신뢰 등의 위험 요소는 존재하지 않는다. 왜냐하면 양쪽 모두 신체적 웰빙을 목표로 협력하면서 서로의 성향을 변화시키지 않을 수 있기 때문이다. 이런 관점에서 양쪽은 서로 투명한 본모습 그대로 치료에 임하게 된다.

또한 치료자가 내담자의 문제를 이미 겪어보았을 가능성이 있다. 치료자의 경우 극단적이거나 병리적이지 않은 수준으로 겪었겠지만, 미정의 스플린 센터의 사람들은 모두 의존성, 잘못된 신뢰, 착취의 문제를 어느 정도 겪는다.

따라서 치료자는 내담자와 매우 유사하면서도, 문제의 극복 과정을 자신의 경험으로부터 잘 알고 있다. 치료자는 상대방에 대한 이론적인 판단에만 근거하지 않는다. 치료자는 내담자의 문제가 자신에게도 익숙한 것이기에 자연스러운 공감의 태도를 지니게 된다. 다음 회기에 이 둘은 함께 숲을 거닐며 편하게 이야기를 나누는 사이가 될 수도 있다.

2. 아즈나 센터(Ajna)의 조합

정신세계라는 주제에 이르면 우리의 머리는 바로 복잡해진다. 아
즈나 센터는 헤드 센터나 스로트 센터와의 연결을 통해 정의될 수 있
다. 단순히 말해서, 이 경우는 '생각하는 자'와 '말하는 자'로 나누어
볼 수 있다.

이제부터 아즈나 센터의 정신 작용을 집중적으로 다루면서, '생각
하는 자'와 '말하는 자' 간의 차이점에만 초점을 맞추어 볼 것이다. 이
구분은 아주 중요하다.

첫 번째 경우 : 정의된 치료자, 정의된 내담자

이 경우에 각자의 사고작용은 서로 독립적이다. 따라서 컨디셔닝은
그리 중요한 사안이 아니다. 일반적으로 치료자와 내담자가 동일한 방
식으로 사고하거나 말하는 방식을 가지고 있을 수도, 또는 그렇지 않
을 수도 있다. 예를 들어, 양쪽 모두 논리적인 흐름에 정의되어 있다면
서로 합리적인 대화를 하며 양쪽 모두 이 대화 방식이 옳다고 느낄 것
이다. 서로를 이해하는 과정은 유쾌한 경험이 된다. 그러나 이 경우 머
릿속 논리로 해결책을 찾으려는 경향성이 심화될 수 있다. 즉, 아즈나
센터에 결정권을 내줄 위험이 있다. 이 과정은 서로 치료의 목적을 합
의한 직후부터 시작된다. 만일 내담자가 '말하는 자'라면, 내담자는 치

료의 이유를 상당히 이성적인 방식으로 설명할 것이다. 치료자 또한 내담자와 동일한 사고방식의 소유자라면, 내담자의 말이 단순히 내담자의 마인드 센터가 말하는 것이며 내담자의 나머지 특성의 현실성과는 전혀 상관없는 이야기라는 사실을 간과할 위험이 있다.

양쪽은 정신 작용에 충실해서 고도로 섬세한 생각, 설명, 개념을 합리적으로 이야기할 수는 있지만 이것이 반드시 긍정적인 치료적 변화로 이어지지는 않는다. 해결 고리는 분명히 치료자에게 있다. 만일 치료자가 내담자의 바디그래프 정보를 알고 있고 내담자의 내적 결정권이 어디에 있는지 알고 있다면 치료자는 논의를 보다 바람직하게 이끌어 갈 수 있다. 예를 들어 감정을 인식하고 들여다보는 작업을 유도할 수 있다. 치료의 초점을 올바르게 맞추는 순간, 마인드는 치료적 소통이 일어나는 통로 역할을 하게 된다. 내담자는 객관적인 일화를 통해 자신의 감정을 더 쉽게 설명하게 된다.

치료자와 내담자가 서로 다른 흐름으로 정의되었을 때는 의사소통이 좀 더 어렵게 된다. 한쪽은 논리적인 이유를 찾는데 다른 쪽은 감각적인 이유를 찾고 있다면 양쪽은 서로 엇갈리는 목표를 바라보며 대화하게 되고 결국 양쪽 모두 지루함을 느낀다. 심지어 최악의 경우 서로 자신의 관점이 옳거나 우월하다는 사실을 증명하려는 논쟁이 붙는다.

이때 만일 치료자가 내담자의 바디그래프를 미리 살펴볼 경우 내담자가 자신과는 다른 방식으로 사고한다는 사실을 즉각 알 수 있다. 그때는 내담자에 대한 언어적 반응을 가능하면 최소화하고, 내담자가 더 잘 이해할 수 있는 방식으로 대화할 수 있다. 하지만 이 경우 또한 해결책을 정신세계에서 찾지 말고, 마인드는 단순히 자기 성찰을 위한 도구로 활용해야 한다. 이렇게 되면, 사고 과정 자체나 심지어 심리적인 문제가 아닌, 바로 내담자의 내적 결정권이 성찰의 대상이 된다.

이런 방식으로 탈컨디셔닝의 과정에 있어 치료자 스스로 소중한 통로를 마련하는 것이다.

두 번째 경우 : 정의된 치료자, 미정의된 내담자

내담자가 정신적 문제의 결과로 치료를 찾는 경우가 많다. 이 정신적 문제는 물론 그 자신의 것이 아니라 타인의 것으로, 주로 주변 환경의 사람들에게서 내담자가 취하고 강화시킨 것들이다. 명확히 말하면 정신 질환적 환경에서 미정의 아즈나 센터는 이런 정신 질환적 특성을 열성적으로 받아들인 다음 다시 그것을 표현한다(아돌프 히틀러는 미정의 아즈나 센터였다. 히틀러는 정신장애가 있는 반유대주의자가 아니었다. 히틀러는 그 시대의 정신 질환을 받아들이고 강화시킨 다음 표현한 것이다. 부록 참조).

미정의 아즈나 센터의 내담자는 '정신적 문제'를 자신의 것이라고 여기고 치료자를 찾아온다. 만일 치료자 또한 그렇게 여길 경우 무시무시한 과정이 시작된다. 치료를 통해 내담자의 낫셀프가 강화되는 것이다! 치료자 자체는 돕고 싶은 진정성을 지닌 친절하고 이타적인 인격자일 수 있다. 하지만 만일 치료자가 내담자의 정체성이 아닌 그 무엇을 원인으로 보고 치료를 시작한다면 내담자는 낫셀프를 자신의 것이라고 여기는 경향성을 더욱 강화하게 된다. 그 결과는 좋아봤자 고통이 조금 덜한 낫셀프로, 그마저도 아주 잠깐 지속된다. 이런 경우 치료자 입장에서 모든 것을 꿰뚫어보기가 참 어려워진다.

우선 치료자 또한 자신의 사고 과정에 결정권을 주고 싶은 강력한 경향성이 있다. 정신적으로 정의된 사람인 치료자는 '올바른 관점을 가진' 사람이 되고 싶은 경향이 있다. 이제 정신적 문제를 가진 내담자가 오고 내담자가 자신을 '올바르지 않다'라고 설명한다고 하자. 만일 자신이 옳다고 믿는 치료자라면 내담자에게 무엇이 옳은지 가르쳐 주기 딱 좋은 상황이다. 뭔가 효과는 있는 것처럼 보인다! 정신적으로 미정의된 내담자는 치료자의 오라 안에 있을 때 치료자의 생각에 자연스럽게 동화된다!

내담자 입장에서는 파괴적인 컨디셔닝을 건설적인 컨디셔닝으로 대체한다. 기분도 좋을 뿐 아니라, 내담자의 미정의 아즈나 센터가 줄곧 찾아다니던 그 진실을 드디어 찾았다고 생각한다. 하지만 이 새로운 종류의 컨디셔닝은 전혀 소용없다. 자신의 환경으로 돌아갈 때면 내담자는 또다시 동일한 파괴적인 방식으로 생각하게 된다.

이에 대해 두 가지 치료 가능성이 존재한다. 내담자가 자신의 환경을 완전히 바꾸거나, 내담자 '자신의' 사고 과정은 자신의 정체성이 아님을 깨닫는 것이다.

하지만 사람은 자신이 거주하는 환경을 쉽게 떠나기도 힘들 뿐만 아니라 심지어 바람직하지 않을 수도 있다. 다음에 만날 환경에서 또다시 파괴적인 사고 과정으로 컨디셔닝되지 않으리란 법이 없기 때문이다. 동서고금을 통틀어 정신 질환이 존재하지 않는 환경은 없다.

'지속성이 보장된' 유일한 치료 방법은 내담자가 자신의 사고 과정을 본인의 것이라 여기지 않는 것이다. 아돌프 히틀러가 비록 반유대주의 사상을 가지고 있었더라도 반유대주의적으로 말하거나 행동하지 않고 자신을 '자신의' 생각과 동일하게 여기지 않았더라면 이 문제는 누구의 것이었겠는가? 문제는 바로 그가 속한 환경에 있었던 것이다.

따라서 이런 경우 자신의 생각을 그렇게 진지하게 생각하지 않도록, 그리고 이 사고 과정에 영향을 받아 살지 않도록 컨디셔닝하는 치료자가 필요하다. 그러면 치료자는 유일하게 의미 있는 컨디셔닝, 즉 '탈컨디셔닝을 위한 컨디셔닝'에 성공하게 된다.

세 번째 경우 : 미정의된 치료자, 정의된 내담자

이 내담자는 정신적 문제로 치료자를 찾아오지 않았다. 오히려 내담자 자신이 주변 환경에 정신 질환을 불러오는 원인이 되고 있을 가능성이 있다. 내담자는 다른 이유로 치료를 받으러 왔으며 자신도 이를 잘 알고 있다. 내담자는 꽤 정확하게 모든 일을 치료자에게 설명해 주거나, 자신의 문제에 대해 한두 가지 그럴 듯한 원인을 제안하거나, 문제를 바라보는 자신만의 관점이 있을 것이다.

치료자는 미정의되었기 때문에, 그 어떤 경우라도 내담자를 이해하기가 가능하다. 치료자가 내담자와 근거리에 있을 때, 치료자는 정말 호감이 가는 내담자라고 생각할 수 있고, 내담자의 생각의 흐름이 그대로 치료자에게 명확히 전달된다. 여기서는 세 가지 가능성이 존재한다.

1. 치료자가 매우 미숙하여 자신의 미정의된 아즈나 센터를 아직 깨닫지 못했을 경우. 이 경우 치료자는 어느 정도 내담자의 관점에 동의하게 되며 이후 이어지는 치료에서 내담자에 의해 정의된다.

2. 가장 높은 가능성 : 치료자는 내담자가 이야기하는 변화에 초점을 맞춘다. 내담자가 말하는 변화를 액면 그대로 받아들이기보다는 변화를 위한 출발점으로 삼는다. 전형적인 예는 이야기 치료인데, 이야기 치료에서는 삶의 모든 주제들, 지금까지 내담자가 말한 모든 내용이 상대에게 들려줄 수 있는 하나의 이야기 형식으로 간주된다.

   만일 내담자가 자신에게, 이어 역시 치료자에게 자기 파괴적인 이야기를 한다면, 치료자는 내담자가 좀 더 건설적인, 또는 개방적인 이야기를 할 수 있도록 도울 것이다. 이는 효과적일 수 있고 내담자의 아즈나 센터에 있는 짐을 덜 수 있다.

3. 치료자가 내담자에게 내담자의 생각을 이해하고, 또한 그의 정신적 고충도 이해하고 있음을 설명한다. 하지만 치료자는 이에 초점을 맞추기보다는 그 이면의 문제를 다룬다. 바로 개인적 결정권을 내담자의 사고 작용에 준다는 점이다. 결정권을 주는 것을 멈추면 내담자의 사고 작용이 지속적인 압력을 주는 일이 줄어든다. 만일 치료자가 정신적 사고의 흐름에도 익숙하다면 내담자에게 정신이 어떻게 기능하는지, 그리고 정신적 차원에서 건설적인 해결에 어떻게 이를 수 있는지 보여줄 수 있다.

네 번째 경우 : 미정의된 치료자, 미정의된 내담자

이 치료적 상황의 핵심은 정신적 컨디셔닝의 부재이다. 이는 평생 일방적으로 '듣기만 해온' 내담자에게 상당히 효과적인 치료이며 일종의 신뢰 관계도 구축된다("선생님은 저를 설득하려 하지 않네요. 그래서 믿음이 가요.").

그 결과로 이 조합은 여러 가능성에 열려 있다. 치료자와 내담자가 낫셀프의 상태라면, 이 둘은 내담자의 진실을 찾아내기 위해 몇 년이고 낭비하면서 치료 목표를 절대로 이루지 못할 것이 분명하다.

만일 치료자가 미정의된 정신적 특성을 이해한다면, 치료자는 내담자 자신의 생각들을 스스로의 것이라 여기지 않도록 도울 수 있다. 그러나 앞서 두 번째 경우와는 반대로 치료자는 자신의 사적인 경험을 내담자와 함께 나누어야 하는 과정이 반드시 뒷받침되어야 한다. 치료자는 내담자가 처한 상황을 '속속들이' 알고 있기 때문에 특히 효과적인 방식을 적용할 수 있고, 내담자가 문제 상황에서 벗어나도록 돕는 안내자가 된다.

3. 솔라플렉서스 센터(Solar Plexus)의 조합

치료를 받는 가장 흔한 이유는 아마도 감정 문제일 것이다. 처음에는 명확하지 않을 수 있지만, 정밀한 분석을 통해 감정적 문제임이 점차 분명해질 수 있다. 그 이유는 꽤 단순하다. 우리 모두 감정 센터에 문제가 있는데, 문제의 성질은 각자 다르다. 더군다나 이 센터의 모터적 특성으로 인해 감정적 문제는 항상 상당한 에너지와 결부되며, 이를 간과할 수 없다.

첫 번째 경우 : 정의된 치료자, 정의된 내담자

다른 센터의 경우와 마찬가지로, 이 경우 상호 컨디셔닝은 일어나지 않는다. 각자의 정서적 상태는 서로 독립적이다. 만일 기분이 저조한 내담자가 기분이 고양된 치료자를 찾아올 때, 양쪽 모두는 상황에 영향을 받지 않으며, 양쪽 모두 각자의 감정을 드러내는 것을 두려워하지 않는다. 그러나 치료 회기의 성공이나 평가는 지배적인 정서에 확실히 영향을 받는다.

감정적으로 정의된 치료자는 자신이 비록 전문가이지만 스스로의 감정을 좌지우지할 수 없다는 사실을 반드시 인정해야 한다. 특히, 꼭 성공할 것이라고 스스로 장담하지 말아야 한다. 모든 일이 순조로울 때도 있지만 좌충우돌할 때도 반드시 있다.

만일 내담자가 감정적으로 정의되었다면 내담자가 치료자를 찾아온 두 가지 (감정적) 원인이 있을 수 있다. 주변 환경이 지나치게 감정적이거나, 아니면 다음 날 후회할 만한 행동을 자꾸 반복하는 문제가 있을 수 있다. 아니면 단순히 불행하다고 느낄 수도 있다.

감정적으로 정의된 사람들은 자신의 감정이 외부로 반영된다는 사실을 분명히 알고 있어야 한다. 이는 특히 중요한 대인 관계에서 자주 일어난다. 이 사실을 모를 경우 감정적인 남자는 자신의 억압된 감정이 상대를 통해 표현된다는 사실을 인식 못한 채 단순히 상대방을 "히스테리하다."라고 비난하며 자신의 감정은 절대로 들여다보지 못한다. 또는 (감정적으로 미정의된) 아들을 치료에 데려오는 감정적으로 정의된 (불행한 감정의) 엄마가 아들이 통제 불가능한 감정 폭발을 한다는 이유로 치료자를 찾기도 한다.

감정의 파도에 휩쓸려 행동하게 되면 많은 사람들은 곧이어 항상 죄책감 또는 수치심이 동반된 반성을 하게 된다. 따라서 치료자는 내담자에게 '면죄부'를 제공하는 동시에 감정의 파도와 감정적 진실의 차이를 내담자가 구분할 수 있도록 섬세하게 도와주어야 한다. 이는 특히 성적인 문제, 배우자, 동료와의 갈등에 적용할 수 있다.

불행하다고 느끼는 감정으로 정의된 사람은 감정 파동에 희생되지 않기 위해 감정을 차단하곤 했을 것이다. 이 행동은 마인드가 주도권을 잡으려고 하기 때문에 일어난다. 여기서도 마찬가지로, 감정 파동과 감정적 진실의 차이점을 이해하는 문제를 다뤄야 한다. 그리고 인내심을 학습해야 한다.

치료자는 그 자신의 인생 경험을 통해 이 모든 영역에 잘 숙달되어 있고, 따라서 내담자에 있어 유능한 치료자가 될 수 있다. 감정과 관련한 자기 이미지는 종종 성 차이가 있기에, 치료자가 내담자와 같은 성

별일 경우 더욱 효과적이다.

여기서 가장 위험한 상황은 치료자 스스로가 자신의 감정을 다루는 데 상당한 문제가 있어서, 치료 상황에서 감정을 억압하거나 차단해 버리는 상황이다. 이성적으로 행동하는 이런 치료자는 내담자가 감정 파동에 휘말리지 않도록 도와줄 수는 있다. 그러나 감정적 결정권이 지속적으로 무시되면 그 결과는 조바심, 불안, 내적 불만으로 이어질 수밖에 없다.

두 번째 경우 : 정의된 치료자, 미정의된 내담자

이 경우 내담자는 치료자의 기분과 동일한 기분을 느낀다. 만일 치료자가 호의적이면 내담자는 도움이 되는 시간이라고 느낄 것이다. 그러나 치료자가 기분이 언짢으면 내담자는 불편을 느낄 것이다. 만일 양쪽 다 이런 현상을 똑바로 보지 않는다면 그 결과는 참담할 수 있다. 기분이 좋은 치료자는 내담자의 기분이 좋다는 것을 알게 되면 이를 회기의 주제로 삼든가 자신의 치료에 활용할 것이다. 하지만 이는 실제로 컨디셔닝의 단순한 결과일 뿐이다.

치료자가 기분이 안 좋은데, 스스로 이 문제를 일부러 모른 척할 때 (예를 들어, 치료자가 안 좋은 기분으로 내담자를 대하면 전문성이 떨어지는 것이라 생각하기 때문일 수 있다.), 치료자의 억압된 감정은 내담자를 통해 나타나고, 치료자는 그 감정들을 '치료하기' 시작할 것이다. 이 조합의 핵심은 치료자와 정면으로 맞서고 싶지 않은 내담자라는 점이다. 치료자가 기분이 안 좋을 때, 내담자는 치료자의 기분을 좋게 만드는 것이라면 그 어떤 기회라도 놓치지 않을 것이다. 따라서 내담자는 문제에 대한 치료자의 해석을 그대로 수긍하고, 그 어떤 반론도 제기하지 않으며, 반대 의견을 내더라도 거의 눈치 채지 못할 만큼 슬쩍 지나치듯

할 가능성이 있다. 내담자는 착한 내담자가 되는 것이다. 말하자면 치료자는 분석당하고 싶지 않은 내담자, 진실을 두려워하는 내담자, 즉 솔직하지 않은 내담자를 만난 것이다.

또한 내담자가 '감정 문제' 때문에 치료자를 찾아오는 위험성이 큰 경우도 있다. 내담자의 지각은 물론 잘못된 것이다. 내담자 스스로는 감정 문제가 전혀 없다. 단지 과거에 감정 문제가 있는 환경에서 살았거나, 또는 현재 그런 환경에서 살고 있을 뿐이다. 내담자가 자신의 감정을 명백히 자신의 것으로 여기고, 또한 그 감정을 매우 격렬히 경험하고 있으며, 자신의 감정에 대한 원인을 찾을 수 있을 것이라고 굳게 믿는 상황에서는 어떤 치료도 오직 하나의 결과로 이어질 뿐이다. 바로 내담자의 낫셀프가 강화되는 것이다.

이는 치료자에게도 그리 즐거운 상황은 아니다. 치료자는 마치 유령을 대하는 것 같은 느낌을 받는데, 이 직면을 두려워하는 내담자에 대해 치료자 스스로도 짜증이 일기 시작하는 순간, 내담자는 아직 다 낫지는 않았지만 모든 것이 이전보다 훨씬 나아졌다고 재빨리 치료자를 설득하기 시작한다.

만일 치료자가 이 상황에 대해 잘 파악하고 있다면, 우선 치료자 자신의 감정을 명료하게 보여줄 것이다. 만일 치료자가 기분이 나쁘다면 그에 대해 짜증낼 필요없이 지금 기분이 안 좋다고 말하면 된다. 두 번째, 치료자는 내담자가 자신을 만날 때 내담자의 감정 센터가 정의된다는 사실을 알고 있다. 이는 내담자의 감정 청소가 가능하다는 의미로, 내담자가 눌러 왔던 감정이 표면으로 올라와서 직접 경험되고 표현될 수 있다는 의미이다. 하지만 그렇다고 감정에 '의미'가 있다거나 감정 속에 답이 있다는 등의 해석을 내리면 안 된다.

세 번째로, 치료자는 내담자의 감정이 정체성의 일부가 아닌 단순한 경험의 일부라는 사실을 내담자에게 알려 줄 수 있다.

세 번째 경우 : 미정의된 치료자, 정의된 내담자

이 경우에는 치료자의 감정이 내담자의 감정 상태에 따라간다. 만일 치료자 스스로가 이를 인식하고 있다면 치료에 극적인 도움을 받을 수 있다. 왜냐하면 내담자의 감정이 어떤지, 내담자가 좋아지고 있는지 내담자보다 오히려 더 잘 알기 때문에 내담자가 감정을 충분히 경험할 수 있도록 도울 수 있기 때문이다. 이렇게 되면 내담자는 치료자 앞에서 행동을 꾸밀 필요가 없다. 적어도 치료 전문가의 관점에서 미정의 감정 센터를 지닌 치료자들은 일반적으로 이 미정의적 특성을 잘 알고 있다. 즉 치료자가 내담자의 감정을 자신의 것으로 여기는 위험이 적다.

의미 있는 치료 목표는 물론 첫 번째 경우와 동일하다. 내담자 쪽에서는 자신의 감정적 진실을 존중하는 법을 배워야 하며 이 감정적 진실에 다가가기 위한 인내심을 길러야 한다. 내담자의 과거와 관련해서는, 주로 '감정의 파도'에서 비롯된 자신의 행동을 비난하기보다는 그럴 수밖에 없었던 자신을 용서하도록 도와야 한다. 치료자의 미정의 감정 센터는 이 작업이 성공적인지 가늠해 주는 정밀한 측정기의 역할을 한다.

한편 이 작업을 통해 치료자는 타인에 대한 감정적 협박이 궁극적으로는 내담자에게도 해롭다는 것을 보여줄 수도 있다.

치료자의 입장에서는 치료자 스스로 갈등을 회피하려는 경향이 있을 수 있다. 주로 내담자가 진정 불편해 할 수 있는 주제에 대한 작업을 할 때 그렇다. '진짜 문제'를 다룰 때, 내담자는 기분이 나빠지기 시작하면서 심지어 치료자에게 반격할 수도 있다. 만일 치료자가 자신의 미정의 감정 센터에 대해 분명히 알고 있지 않다면, 내담자에게 정말 불편할 수 있는 주제를 뛰어넘으면서 치유적 고통이 생략된 치료를 할 수 있다.

네 번째 경우 : 미정의된 치료자, 미정의된 내담자

이 경우는 양쪽 다 즐거운 경험이 될 수 있다. 왜냐하면 둘 다 서로 위험하다고 느끼지 않기 때문이다. 즉 감정적 컨디셔닝이 없다. 특히 내담자는 자유로운 분위기를 만끽하면서 솔직하지 않은 특유의 경향성이 조금 완화되는 경향이 있다. 치료자의 입장에서는 고통스러울 것 같은 특정 주제를 피하지도 않는다. 따라서 이런 조합은 특히 내담자의 문제에 대해 침착하고, 이성적이고 명료한 논의가 가능하다.

이 조합의 단점은 내담자의 누적된 감정, 즉 오랜 시간 동안 그 모든 것에 대해 누적해 온 분노에 대한 접근이 쉽지 않다는 점이다. 이 감정들에 대해 상당히 심도 있게 논의할 수는 있지만, 의미 있는 통찰이 일어나도 그 즉시 표현되지 않거나 내담자의 감정 청소가 지연될 수도 있다. 만일 감정 청소가 시급한 내담자라면 감정적으로 정의된 다른 치료자에게 재의뢰해야 한다.

만일 치료자가 자신의 미정의 특성을 이해하고 잘 다루어서 갈등을 회피하지 않을 수 있다면, 치료자는 내담자의 정체성과는 전혀 상관없는 감정의 미로를 내담자로 하여금 빠져나오도록 돕는 믿을 만한 안내자가 될 수 있다.

만일 치료자 자신이 여전히 환상의 세계 속에서 살고 있고 여전히 '진정한 감정'을 찾아 헤맨다면, 물론 이 조합은 무시무시한 결과로 이어질 수 있다. 양쪽 모두 내담자의 감정 속에서 진리를 찾는 것이 '치료'라고 여길 것이며, 이는 내담자의 혼란만 증폭시키고 종국엔 내담자의 낫셀프가 더 강화될 것이다.

4. 새크럴 센터(Sacral)의 조합

새크럴 센터에서 우리는 항상 두 가지 주제를 만난다. 즉, 성 정체성과 노동이다.

첫 번째 경우 : 정의된 치료자, 정의된 내담자

이 경우는 상대적으로 흔한데, 왜냐하면 인구의 70%가 정의된 새크럴 센터를 가지고 있기 때문이다. 치료자는 정의된 성 정체성과 '힘'을 지니고 있고, 내담자도 마찬가지다. 이 조합에서 내담자는 좌절, 부적절감, 실패감 등을 이유로 치료자를 찾는다.

이런 내담자의 문제는 일반적으로 개별 센터뿐 아니라 전략이라는 맥락을 고려할 때에만 제대로 해결할 수 있다.

내담자가 도움을 받는 방법은 내담자 자신의 '복부에서 우러나는 목소리'와, 힘이 절로 나는 일을 따라가게 만드는 용기에 대한 믿음을 키우는 것이다.

이 두 가지 효과가 가능하려면, 치료자 자신이 치료자 복부에서 우러나는 목소리를 들을 수 있고 이를 따를 수 있는 용기를 가질 수 있어야 한다. 그러면 치료자는 내담자의 '방법'에 바로 접근할 수 있기 때문에 내담자를 직접적으로 도울 수 있다.

그렇지 않으면 좌절감에 휩싸인 치료자와 내담자 둘 모두는 기껏해야 정신적 차원에서 해결점을 찾을 것이다. 그리고 이는 새로운 좌절감으로 이어질 뿐이다.

정의된 새크럴 센터의 사람은 항상 미리 고정된 특정한 성 정체성이 있다. 만일 이 내담자의 환경이나 스스로가 자신의 정체성을 부정적으로 평가한다면 이 내담자 또한 명백히 치료가 필요한 대상이 된다. 이 경우 내담자가 현재의 성 정체성을 받아들이도록 도와야 한다.

두 번째 경우 : 정의된 치료자, 미정의된 내담자

여기서 우리는 두 가지 원인을 찾을 수 있다. 즉, 내담자가 자신의 성 정체성을 찾으려고 하면서 극도의 혼란을 느끼는 경우와, 또는 더 이상 일을 할 수 없을 정도로 극도로 힘이 소진되었을 경우이다.

성 정체성의 문제의 경우, 잘 정의된 치료자는 미정의된 내담자를 쉽게 비정상으로 간주할 위험이 존재한다. 그렇게 되면 내담자는 특정한 남성성 또는 여성성을 '옳은 것'으로 확신하게 된다. 이때 치료자와 내담자가 내담자의 '진정한' 성 정체성을 찾는 일에 착수한다면 그때 강화되는 것은 또다시 낫셀프이다. 내담자는 이성적으로 합리적인 성 정체성을 찾기 위해 애쓸 것이고, 치료자의 도움을 받으면서 그 정체성을 고수하려고 할 것이다. 이 노력은 장기적으로 반드시 실패할 것이기에, 성적인 문제와 결부되는 죄책감과 수치심이 더해져 부차적인 문제가 생기거나, 또는 문제를 한층 더 복잡하게 만드는 끝없는 시나리오가 펼쳐지게 된다.

치료자는 내담자의 미정의 상태를 오로지 이성적으로만 이해할 수밖에 없으며, 내담자로 하여금 미정의 상태를 있는 그대로 받아들일 수 있도록 격려해야 한다.

미정의 새크럴 센터를 지닌 사람들은 특히 연령이 어릴수록 다양한 성적 경험에 의한 영향을 크게 받으며 허우적댄다. 나 자신의 정체성을 찾아야 한다고 항상 믿기 때문이다. 그로 인해 일상생활에 문제가 생기고 치료를 받게 되는 원인이 되기도 한다. 이때 내담자가 현재 느끼는 성적 정체성에 믿음을 가지면 상황은 안정될 것이라고 전제한다면 치료자와 내담자 모두 반드시 실패한다.

삶에서 일어나는 이 다양한 경험이 좋고 나쁨 없이 서로 동등한 가치를 지닌다는 사실은 미정의 새크럴의 내담자가 이해할 때만 비로소 안개가 걷히게 된다. 그러면 특정한 남성성 또는 여성성을 지키려고 노력하는 대신, 반복적으로 실패하는 대신, 이제 자신이 정체성을 고를 수 있는 선택의 기회가 나타나게 된다(컨디셔닝의 과정을 통해.). 그리고 그 결정은 정의된 센터 또는 전략을 통해 이루어져야 한다.

에너지의 소진은 미정의 새크럴 센터의 흔한 증상이며 심각한 피로는 전문가의 도움이 필요한 우선적인 원인이 되기도 한다.

정의된 새크럴 치료자는 대체로 '일 중독자'여서 이 미정의 새크럴 센터의 의미를 곧바로 이해하기 어려울 수도 있다. 이런 상황에서는 자칫 치료의 목표가 내담자의 재활이나 재충전에 놓일 수 있다.

물론 급한 경우라면 용인될 수도 있는 치료 목표다. 하지만 우리는 보다 근본적인 전제에 대해 생각해야 한다. 비록 의도치 않더라도, 단순히 미정의 새크럴 센터의 내담자를 재충전시켜 주는 것은 다음에 또 소진될 기회를 주는 것과 마찬가지라는 점이다. 일을 줄이고 더 이상 재충전할 일이 없도록 만드는 것이 해결책이다. 만일 내담자와 치료자가 '일 중독자'에 대해 긍정적인 관점을 갖고 있다면 이 문제는 해결될 수 없다.

미정의 새크럴 센터의 실제적인 핵심 질문은 다음과 같다. "자신의 한계점을 아시나요?" 또한 이는 치료 과정에도 자연스럽게 적용해야 한다. 그렇지 않으면 정의된 새크럴 센터를 지닌 치료자가 내담자에게 너무 많은 것을 기대할 위험이 있다.

세 번째 경우 : 미정의된 치료자, 정의된 내담자

이 경우 내담자는 성적 정체성보다는 좌절감 때문에 치료자를 찾아온다. 이 좌절감의 주요 원인은 자신의 새크럴 에너지를 올바르지 않게 사용하는 데서 온다.

치료적 맥락에서 이 조합이 특히 독특한 이유는 치료자가 자신의 미정의된 새크럴 센터의 특성을 잘 숙지하고 있다는 전제 하에, 내담자의 특별한 에너지에 직접적으로 접근가능하다는 점이다. 말하자면, 치료자는 내담자의 특별한 힘이나 에너지를 오히려 내담자보다 더 정확하게 인식할 수 있다.

하지만 한 가지 어려운 점은, 정의된 새크럴의 사람들은 자신을 도와주려는 사람들에게 종종 매우 민감하게 반응한다는 점이다. 만일 단순히 치료자가 자신이 인식한 점을 내담자에게 말해준다면, 그 내용이 비록 옳다고 해도 내담자는 부정적인 반응을 보인다. 핵심은 다시 한번 새크럴 센터의 특성을 정확히 이해하는 데 있다. 정의된 새크럴 센터의 사람들은 오로지 반응을 통해서만 자신에게 올바른 것을 찾아낼 수 있다. 따라서 치료자는 반드시 내담자에게 올바른 질문을 함으로써 내담자가 반응할 수 있게끔 해야 한다. 만일 내담자가 이런 질문에 대한 반응의 결과로 자신에 대한 무엇을 발견한다면, 내담자는 이를 수용하면서 치료 효과가 나타날 수 있다.

네 번째 경우 : 미정의된 치료자, 미정의된 내담자

이 경우 비록 표면적이지는 않더라도 양쪽 모두에게 기분 좋은 동질감이 유발된다.

내담자가 지닌 문제는 물론, 또다시 성 정체성이나 에너지 소진일 확률이 높다. 그러나 여기서는 새크럴 컨디셔닝이 없으므로 과도한 치료에 대한 위험성이 없다.

이 조합에서 치료적 성공의 핵심은 치료자가 자신의 미정의적 특성을 이해하고 이를 잘 다룰 수 있는지의 여부에 놓여 있다. 예를 들어, 치료자가 미정의 새크럴 센터를 통해 다양한 성적 정체성을 경험하고 또 이것이 증폭된다는 점을 인식하고 있다면 치료자는 내담자를 도울 수 있다. 우선 내담자로 하여금 이를 받아들이도록 돕고, 두 번째로 이 다양한 성적 정체성을 경험하는 여정에 있어 올바른 선택을 내릴 수 있도록 돕는다. 그러나 만일 치료자 스스로가 내담자의 '진정한' 성적 정체성을 찾아내려고 한다면 아무리 좋은 의도라도 치료자는 내담자 자신에 대한 혼란을 가중시킬 뿐이다.

이는 에너지에 대해서도 동일한 방식으로 적용된다. 에너지가 자신의 것이 아님을 알고 있고, 자신을 힘 있는 권위자로 제시하지 않는 미정의 새크럴 센터의 치료자는 내담자에게 에너지를 다루는 데 있어 바람직한 모범이 되어 줄 수 있으며, 무엇보다도 투입된 노력의 양이 전문가로서의 성공을 담보하지 않음을 보여줄 수 있다. 그러나 자신이 얼마나 강하고 끈질긴 사람인지를 스스로를 증명하려는, 그리고 세상에 드러내려는 치료자일 경우(꽤 흔하다), 내담자에게 이미 존재하는 과도한 노동의 경향성을 단순히 강화시킬 뿐이다.

이 상황은 말하자면 미정의 새크럴 센터가 다른 미정의 새크럴 센터에게 정의된 새크럴 센터가 얼마나 훌륭한지 설파하는 상황이 된다.

5. 루트 센터(Root)의 조합

스트레스는 에너지를 고갈시켜 상대적으로 빠른 시일 내에 돌이킬 수 없는 신체적 손상을 일으킬 수 있다는 측면에서 특히 심각한 문제가 된다.

첫 번째 경우 : 정의된 치료자, 정의된 내담자

일반적으로 내담자는 하나 또는 그 이상의 미정의 센터의 문제로 찾아온다. 루트 센터는 예외다. 왜냐하면 정의된 루트 센터를 다루는 것 자체가 어렵기 때문이다. 루트 센터의 모든 게이트는 특정한 우울의 원인이 될 수 있으며 이는 정의된 루트 센터에서도 일어날 수 있다.

이 경우는 상호 컨디셔닝이 일어나지 않는 치료적인 상황이다. 양쪽 모두 각자가 지닌 삶의 스트레스가 있고, 특별히 타인의 스트레스에 의해서 영향 받지는 않는다. 만일 내담자가 이 특수한 압력을 잘못 다루고 있을 때, 정의된 루트 센터의 치료자일 경우 내담자에게 줄 조언이 상대적으로 부족하다. 치료자는 오로지 자신이 지닌 스트레스에 대해서만 알고 있으며 자신이 지닌 특수한 압력에 대해서만 말할 수 있기 때문이다.

예를 들어, 만일 치료자가 채널 58-18로 정의된 루트 센터를 지녔다면(치료자들에게서 많이 발견된다.) 치료자는 완벽주의의 압력에 아주 익숙하다. 만일 치료자가 연륜 있는 성숙한 사람이라면, 스트레스가 이끄는 대로 꼼짝 없이 당하지 않도록 이 압력을 다룰 수 있는 방법을 터득했을 것이다.

그렇지만 치료자의 연륜은 이 경우 상대적으로 그 유용성이 적다. 만일 내담자의 스트레스가 규칙적인 주기의 압력(채널 42-53)에서 비롯된다면 말이다. 여기서 정의된 루트 센터의 치료자는 전문적인 도움을 줄 수가 없다. 치료자는 기껏해야 내담자의 문제를 이성적으로 분석할 수 있을 뿐이다.

이런 상황일 때 치료자는 미정의 루트 센터의 동료 치료자나 또는 적어도 내담자와 동일하게 정의된 루트 센터의 사람에게 내담자를 재의뢰하는 것이 최선일 수 있다.

두 번째 경우 : 정의된 치료자, 미정의된 내담자

이 경우 스트레스로 인한 내담자의 문제는 꽤 심각할 가능성이 높다. 그러나 내담자가 미정의 루트 센터의 소유자이기 때문에 내담자를 괴롭히는 압력은 그 어떤 것도 될 수 있다. 따라서 이는 어떤 특수한 스트레스가 아닌 존재하는 그 어떤 압력도 될 수 있으며 컨디셔닝에 의해 내담자 안에서 촉발될 수 있다.

그러나 치료자의 직접적인 접근은 가능하지 않다. 치료자는 오로지 자신의 특수한 스트레스에만 익숙하다.

따라서 치료자는 우선적으로 내담자가 일반적인 압력에 대해 상당히 예민하며 따라서 쉽게 스트레스를 받는다는 사실을 반드시 이해하고 있어야 한다. 동시에 이 구체적인 스트레스 상황은 치료의 원인이 되기는 하지만 내담자의 정체성의 일부가 아니라는 점도 알고 있어야 한다. 모든 미정의 센터의 경우와 마찬가지로, 미정의 센터의 '내용'

을 자신의 것으로 여기지 않도록 하는 게 중요하다. 만일 내담자가 완벽주의 성향의 상사를 만나서 그에게 스트레스를 받아도, 내담자 자신이 완벽주의자가 되는 것이 해결책은 아니다.

그러나 우리는 또한 루트 센터에 독특한 특성이 있다는 사실을 고려해야 한다. 이는 존재 자체에서 비롯되는, 타인에 의해 컨디셔닝되는 것과 다른 독립적인 압력이 존재한다는 점이다. 이 압력에서 완전히 자유로운 사람은 없다.

정의된 루트 센터의 치료자와 미정의 루트 센터의 내담자의 경우, 이 일반적인 존재적 압력이 내담자에게는 삶을 결정짓는 문제임을 치료자가 이해할 때에만 도움을 줄 수 있다(이는 정의된 루트 센터의 경우에는 절대 해당되지 않는다. 왜냐하면 후자는 특수한 압력으로 결정되기 때문이다.).

현실에서는 종종 환경의 변화가 해결책이 되기도 한다. 미정의 루트 센터의 사람들은 일상적으로 스트레스를 받는 상황에서는 절대로 평온할 수가 없다.

만일 치료자 자신이 스트레스 상황에 있다면 부차적 문제가 생기면서 상황은 더욱 복잡해질 수 있다. 치료자의 스트레스를 내담자가 취해서 더 강화시키는 것이다. 만일 치료자가 이 상호 작용을 염두에 두고 있지 않을 경우, 치료자는 치료자 자체로부터 스트레스를 받는 내담자를 데리고 작업하는 자신을 발견하게 될 것이다.

세 번째 경우 : 미정의된 치료자, 정의된 내담자

만일 내담자가 이 경우에 스트레스 문제로 온다면 이 조합은 상당히 고무적이다. 미정의 루트 센터의 치료자는 자신의 진정한 경험을 통해 스트레스에 대한 모든 것을 알고 있을 가능성이 있다. 치료자는 단순히 일부 특수한 스트레스만이 아니라 모든 형태의 스트레스에 통달하면서도 내담자의 스트레스를 직접적으로 경험할 수 있다.

만일 내담자가 오로지 자신만이 자신에게 스트레스를 유발할 수 있으며 항상 동일한 방식을 갖는다는 사실을 이해하게 되면 내담자는 이 특수한 상황을 더 건설적인 방향으로 다룰 수 있다. 예를 들어 자신의 인생이나 주변 사람을 힘들게 만들지 않고도 완벽주의를 추구할 수 있다. 이는 진정한 완벽주의는 결코 달성할 수 없는 단순한 바람일 뿐이라는 사실을 인정하는 데서 온다. 그렇게 되면 이상과 현실의 어쩔 수 없는 격차는 더 이상 고통을 유발하는 압력으로 작용하지 않고, 오히려 다음 기회에 더 완벽을 기할 수 있게 한다는 동기가 된다.

네 번째 경우 : 미정의된 치료자, 미정의된 내담자

내담자들의 원인은 다양할 수 있다. 예를 들어, 특정한 압력을 자신의 것으로 여기거나, 자신의 존재에 관련한 일반적인 불안정감, (주로) 물질적 생존과 관련한 심각한 불안 등을 들 수 있다.

미정의 루트 센터를 지녔고, 자신의 문제를 적절히 다루어 왔던 치료자는 스스로의 경험을 통해 내담자의 문제에 익숙할 것이다. 이런 치료자는 진정 모든 종류의 스트레스에 대한 전문가가 될 수 있는 잠재력이 있다.

만일 치료자 자신이 스스로의 미정의 루트 센터에 구속된 인질로 살면서 '러닝머신 위를 끝없이 달리는 사람'처럼 느끼고 있을 경우, 상황은 극단적으로 파괴적일 수 있다. 이 행동의 파괴적 특성이 거론되지 않기 때문에, 그 결과로 낫셀프 상태의 치료자는 러닝머신 위에서 어떻게 하면 최대 속도로 뛸 수 있는지에 대해 내담자에게 가르쳐 주는 상황이 된다. 즉 "압력에서 벗어날 수 있는 방법으로 매사에 재빨리 해치우는 법을 가르쳐 줄게요."라고 말하는 셈이다.

6. 에고 센터(Ego or Heart)의 조합

우리가 알고 있듯이 에고 센터는 언제나 까다로운 센터다. 이 센터에 대한 무수한 사회적 고정 관념과 대중의 평가가 존재한다. 이런 점들이 치료자에게 아무런 영향도 끼치지 않는다고 딱 잘라서 말할 수 없다. 나아가 우리는 에고 센터에 대응되는 신체 기관이 많다는 사실도 알고 있다. 즉 이 센터를 잘못 다룰 경우 병이 날 수도 있다는 말이다.

첫 번째 경우 : 정의된 치료자, 정의된 내담자

이 조합의 기본 사항은 양쪽 모두 각자의 의지력이 있으며 타인에 의해 컨디셔닝되지 않는다는 점이다. 이런 상황에서 치료자는 항상 치료자와 내담자가 모두 치료 목표를 분명히 하는 것에 특별히 중점을 두어야 한다.

이 조합의 두 번째 중요한 사항은 정의된 에고 센터에 대한 세인의 관념과 평가이다. 치료와 영성의 선구자들 중에는 물질적 차원에 회의적인 시각을 갖고 물질을 경시하는 풍조가 있었다. 따라서 만일 정의된 에고 센터의 내담자가 이타적이고 싶은 마음에 치료자를 찾아왔는데 치료자가 이를 바람직한 목표로 설정하면, 이 둘은 정의된 에고 센터의 모든 에너지와 사정없이 밀어붙이는 힘을 이 불가능한 목표를 위해 낭비하게 된다.

따라서 이 조합에서 치료가 성공적이려면 치료자와 내담자 모두 에고 센터의 특성을 긍정해야 한다. 즉 이기적인 특성에 대한 관점을 긍정적으로 재구성하면서 이런 치료 목표(와 치료비)를 서로 명백히 인지하고 있어야 한다.

이렇게 치료 작업이 이루어지면 내담자는 자신의 의지력과 자기중심성, 그리고 치료 회기 도중에 아마도 드러나게 될 물질주의적 성향이 가진 긍정적인 힘을 받아들이게 된다. 최악의 시나리오는 "이기적이지 않게 되는 게 제 목표예요."이다.

두 번째 경우 : 정의된 치료자, 미정의된 내담자

이 경우는 함정이 많다. 미정의 에고 센터의 내담자는 대다수의 경우 약한 의지력을 나쁘다고 보고 이를 '고치려고' 할 것이다.

전형적인 예는 나쁜 습관을 고치고 싶다는 욕구일 것이다.

담배를 끊고자 하는 내담자가 있다고 하자. 혼자 힘으로 끊으려 몇 번 시도했지만 번번이 실패했다. 이제 그는 전문가의 도움을 받고자 한다.

치료자의 등장과 함께 내담자의 에고 센터가 정의되는데, 이는 치료자가 지닌 의지력에 의해 발생한 것이다. 치료자는 내담자가 담배를 끊는 것을 목표로 설정한다. 이때 치료 과정에서 내담자는 치료자의 의지력을 자기 것으로 경험하게 된다. 미정의 센터는 타인의 것을 취해 증폭한다는 사실을 잊지 말라. 따라서 내담자는 담배를 끊을 수 있는 강력한 의지력이 생겼다고 느낀다.

그러나 물론 치료자의 컨디셔닝 효과는 지속되지 않는다. 내담자가 자신의 미정의 센터로 돌아오는 순간, '내담자의' 의지력은 급격히 감소해서, 심지어 집에 가는 동안 담배 한 갑을 사게 될지도 모른다. 내담자는 이 실패를 수치스럽게 느끼고, 치료의 효과가 짧으면 짧을수록 낙담도 심해진다.

간단히 말하자면, 내담자는 끝까지 버텨야 한다고 생각하고 치료자 또한 그렇게 여기는 상황이다. 왜냐하면 치료자의 존재 자체가 내담자에게 그런 생각을 심어주기 때문이다(세인들의 말을 떠올려 보라. "뜻이 있는 곳에 길이 있나니." "진실로 원하면 이루어진다." 등). 따라서 내담자의 낫 셀프와 실패에 대한 자각은 더욱 강화된다. 만일 운이 없을 경우 내담자는 치료 후 심각하게 앓기도 한다.

건강한 협력 관계는 치료자가 양쪽의 차이를 인식하는 것에서 시작한다. 이때 치료자는 내담자가 강철 의지력에 대한 환상을 버리고 성공으로 향하는 내담자만의 방식을 찾도록 도와줄 수 있다.

이 조합에서 일어날 수 있는 더욱 위험한 상황은 치료 중에 내담자가 치료자의 목표를 무조건적으로 수용하거나 지킬 수 없는 약속을 치료적 맥락에서 하게 되는 경우이다.

세 번째 경우 : 미정의된 치료자, 정의된 내담자

정의된 에고 센터는 본질적으로 의지력에 관해서는 문제가 없기에 내담자는 다른 이유로 오게 된다. 에고 센터와 관련된 단 한 가지의 문제는 또다시 물질주의, 자기중심성이나 이기주의적인 성향을 내담자 스스로 부정적으로 보는 데서 비롯한다. 이때 치료자가 내담자의 해석에 공감하면 내담자는 해를 입는다. 내담자가 자신의 의지로 이타적인 사람이 되는 데 성공했다면 내담자는 자신의 본성에 어긋나는 행동을 하는 셈이다. 성공하지 못한다 해도 내담자는 더 깊은 절망의 나락으로 빠진다.

만일 치료자가 내담자의 이런 성향을 바디그래프 상의 결과로 이해한다면, 내담자로 하여금 스스로에게 해가 되는 해석을 버리고 진정한 자신으로 살 수 있도록 도울 수 있다. 치료자는 또한 타인의 의지력을 감지할 수 있는 미정의 에고 센터의 특성을 통해 내담자가 스스로의 의지력을 보다 정확하게 활용할 수 있도록 도울 수 있다.

정의된 에고 센터에 있어 잘 알아두어야 할 점은, 대부분의 경우에 에고 센터 자체는 자각의 힘도 없고 결정을 하는 주체도 되지 못하기 때문에, 에고 센터가 의지력으로 이룰 수 있는 목표를 어떻게 설정하는지가 중요하다는 점이다. 따라서 정의된 에고 센터의 내담자와 작업할 때는 내담자가 자신에게 올바른 목표를 설정할 수 있도록 내담자의 내적 결정권을 반드시 함께 고려해야 한다.

네 번째 경우 : 미정의된 치료자, 미정의된 내담자

내담자는 자신의 의지력을 키우기 위해 치료자를 찾을 가능성이 높다. 일반적으로 자존감이 낮은 내담자는 목표 달성을 통해 자존감을 증대시키고 싶은 기대를 안고 치료자를 찾는다.

이 바디그래프 조합에서는 치료자가 내담자의 에고 센터를 '펌프질하는' 일이 불가능하다. 왜냐하면 에고 센터에서 그 어떤 컨디셔닝도 일어나지 않기 때문이다. 그렇다고 반드시 내담자가 도움을 받는 것도 아니다. 만약 치료자가 자기도 모르게 내담자와 근본적으로 동일한 문제를 지니고 있을 경우, 치료자는 내담자가 목표를 달성할 수 있도록 최선을 다해 도와주고 싶은 마음이 들 것이다.

당연히 이런 노력들은 아무런 소득이 없고 매 회기가 끝날 때마다 양쪽 모두 낙담할 것이다. 내담자는 목표 달성에 또 한번 실패했고, 치료자는 내담자를 돕는 데 또 한번 실패했기 때문에 그렇다.

그러나 만약 치료자가 이런 패턴을 인식하고 있다면 똑같은 함정에 반복적으로 빠지지 않도록 내담자를 돕고, 또한 목표 없이도 행복했던 삶의 경험을 되짚어 볼 수 있다.

7. 셀프 센터(Self or G)의 조합

셀프 센터처럼 다양한 상황을 만들어 내는 센터도 없다. 이와 관련해서 바디그래프를 살펴보는 작업은 필수적이다.

첫 번째 경우 : 정의된 치료자, 정의된 내담자

이 경우 셀프 센터의 특성이 개입되지 않는다. 내담자는 자신의 정체성 문제로 찾아오지 않았고 조언을 필요로 하지도 않는다. 더군다나 상호 컨디셔닝도 없다.

두 번째 경우 : 정의된 치료자, 미정의된 내담자

내담자의 정체성 찾기가 확실히 관련된다. 사랑과 방향성을 찾기 위해 끊임없이 돌아다니는 내담자의 특성은 '나는 누구인가?'라는 직접적인 질문의 형태로 나타나며, 내담자는 특정한 정체성을 고수하려고 불필요한 노력을 한다. 아니면 내담자는 그 어느 정체성도 없는 것보다는 낫다고 하여 스스로를 심하게 질책할 수 있다.

이렇게 모든 가능한 불평과 불만으로 가득 찬 내담자를 만나게 될 때, 만일 치료자가 바디그래프라는 지도를 들여다보지 않으면 매우 어려운 상황에 처하게 된다. 치료자 입장에서는 문제의 원인을 모르거나, 아니면 이 문제들 자체가 몹시 낯설게 다가오기 때문이다. 치료자는 자신만의 방향성이 있고, 자신의 정체성에 대해 의심하지 않으며(철학적인 관점에서 생각해 볼 수는 있다.), 그 어떤 조언도 필요로 하지 않기 때문이다.

이 상황에서는 치료자가 내담자를 컨디셔닝하게 되는데, 적어도 치료 회기 동안에라도 자신의 정체성으로 내담자를 컨디셔닝한다. 따라서 내담자에게 치료자의 존재는, 새롭지만 자기 것은 아닌 정체성이 되어 다가오는 것이다.

이 어려운 상황의 타개는 반드시 내담자로부터 시작된다. 내담자는 처음 치료자를 방문할 때 이 공간에 대해 들었던 느낌에 반드시 주의 집중해야 한다. 만일 기분이 좋고 보호받고 안정된 분위기를 느꼈다면 내담자에게 적합한 치료자이다. 그러나 만일 공간에 대한 느낌이 매우 차갑거나 뜨겁거나, 위협적이거나, 이질적이었다면 치료자는 그에게 적합하지 않다.

더 나아가 내담자는 지금까지 계속 지속했던 자기 자신을 찾는 노력을 그만두어야 한다. 왜냐하면 이 노력의 효과는 지속적이지 않기 때문이다. 이는 오로지 치료자가 상황을 이해할 때에만 가능하다. 그렇지 않으면 치료자는 최선의 의도와 최고의 도구들을 지녔음에도 내담자가 자신의 정체성을 찾는 것을 또다시 도와주는 꼴이다.

이렇게 되면 근본적인 문제가 해결이 안 된 채로 기껏해야 매우 부정적으로 컨디셔닝된 내담자의 정체성을 더 나은 정체성으로 갈아 끼우는 셈이 된다. 즉 치료 결과 좀 더 나은 낫셀프가 될 수도 있지만 그 어느 때나 이 같은 증상이 재발할 수 있다.

세 번째 경우 : 미정의된 치료자, 정의된 내담자
이 조합은 치료적 과정에 대한 실제적인 영향이 거의 없다. 내담자는 방향성이나 사랑, 정체성을 찾는 것이 아니다. 치료자도 내담자의 공간에 들어설 일이 없기 때문에 내담자에 의한 새로운 방향성 컨디셔닝은 일어나지 않는다.

셀프 센터가 미정의된 치료자는 실제로 내담자의 정체성을 아주 직접적으로 인식하고 그 개념을 정확히 포착할 수 있는 입장에 있다. 치료자는 내담자가 좀 더 정확한 자기 이미지를 향할 수 있도록 도와준다.

순전히 이론적으로는 치료자는 내담자의 정체성에 의해 컨디셔닝되어 내담자를 반영하는 반사상 역할을 할 수는 있다. 그러나 셀프 센터는 에너지와 연결되어 있지 않고 치료자는 치료자로서의 역할 안에서 '자신'을 드러내거나 감추지도 않으므로 이런 측면 또한 그다지 중요하지 않게 된다.

네 번째 경우 : 미정의된 치료자, 미정의된 내담자

내담자 입장에서는 셀프 센터의 컨디셔닝이 일어나지 않기 때문에 장소에 대한 느낌을 통해 치료자를 판단하기가 어렵다. 치료자가 자신의 미정의 특성을 이해하고 이를 다루는 방식에 따라 두 가지 상반된 가능성이 존재한다. 치료자 개인적으로 여전히 방향성과 사랑을 찾아다니는 경우, 내담자에게도 동일한 행동을 하도록 지지와 격려를 보낼 수 있다. 그런데 문제는 그것이 잘못된 행동이라는 점이다.

이 경우 그나마 내담자에게 특히 손해가 되는 (컨디셔닝된) 정체성을 벗어나게 하는 것은 가능할 수 있다. 치료자 자신도 '상식적인 방법' 을 통해 그 지점까지는 이르렀을 수도 있다. 그러나 하나의 정체성에 정착할 수 있다는 기본적으로 잘못된 신념은 거의 다루지 못할 것이다. 그 결과 또다시 낫셀프만 조금 더 강화된다.

만일 치료자가 자신의 정체성에 대한 '가변성'을 잘 인식하고 있고, 내담자의 가변성도 인식할 수 있다면 당연히 치료자는 도움을 줄 수 있다. 내담자는 자신을 찾는 일 대신에 올바른 컨디셔닝이라는 주제로 자동적으로 초점이 바뀐다.

그러나 모든 경우에 있어 공통적으로 핵심적인 사항을 미처 다루지 못할 수도 있다. 셀프 센터에 있어 올바른 컨디셔닝은 치료자든 내담자든 올바른 장소가 핵심인데, 이 사실을 스스로 깨닫는 사람들은 극소수일 것이기 때문이다.

8. 스로트 센터(Throat)의 조합

스로트 센터는 물리적인 표현이 가능한 '유일한' 센터인 동시에 인간만이 가진 핵심 능력(행동하기, 말하기, 자기 표현)과 뗄 수 없는 센터이다. 또한 스로트 센터는 변형의 센터다. 따라서 각 조합은 치료와 관련하여 그 중대성이 굉장히 크다.

첫 번째 경우 : 정의된 치료자, 정의된 내담자

이 경우 스로트 센터는 내담자가 치료를 받으러 온 주된 이유가 아니다. 그러나 정의된 스로트 센터라도, 다른 센터가 스로트를 통해 낸 목소리를 아즈나 센터의 마인드가 반대할 때는 문제가 생긴다.

두 번째 문제는 자기 표현, 즉 행동을 통해 결과물을 내는지에 대한 문제다. 정의된 스로트 센터라도 모터 연결이 없을 수 있다. 따라서 내담자는 대화를 끊임없이 시도하거나 시도할 수 있지만 이것이 그 어떤 현실적 성과로 이어지지는 않을 가능성이 있다. 해결의 진정한 핵심은 항상 개별 센터가 아닌 내담자가 가진 유형의 전략에 있다.

두 번째 경우 : 정의된 치료자, 미정의된 내담자

이 경우 스로트 센터가 상당히 자주 문제가 된다. 미정의 스로트 센터는 말하기와 행동 면에서 모두 컨디셔닝된다는 의미이다. 또한 일관적이지 않은 미정의 센터는 항상 무언가를 이루려고 노력한다. 따라서 미정의 스로트 센터를 지닌 내담자는 말이나 행동으로 뭔가를 이루려고 끊임없이 애쓰지만 매번 실패할 수 있다. 그 이유는 첫째, 이 둘 모두에 대해 내담자는 통제권이 없고 둘째, 이 둘은 질적으로 시시각각 변하기 때문이다.

따라서 내담자가 삶에서 올바른 컨디셔닝을 찾는 길을 발견하도록 돕는 것이 치료의 주된 목표가 된다. 그러나 치료자에게 이는 쉬운 문제가 아니다. 치료자는 스로트 센터가 정의된 사람이기 때문에 스스로 말하기와 행동하기에 있어 일관성이 있고 이를 '정상적'이라고 여기는 경향이 있다.

그 결과, 치료자는 또다시 내담자가 삶에서 어떤 사람이 되어야 하고, 또 무언가를 이루어야 한다는 방향으로 내담자를 이끌면서 내담자의 낫셀프만 강화시킬 위험이 있다.

물론, 해결점은 미정의 센터의 특성을 이해하는 데 있다. 이를 잘 염두에 두고, 치료자는 내담자를 컨디셔닝하여 치료 과정 내에서 변형이 일어나게 한다. 여기에는 언제나 치료자의 특성이 반영될 것이다. 치료 과정 중에 일어나는 이러한 변형은 내담자 쪽에서 치료자 특성이 반영된 것이기에 쉽게 자신의 것으로 받아들여 스스로의 일상에 적용하기가 어렵다는 사실을 반드시 체험해야 한다. 이때 치료자는 말하자면 내담자가 변형을 경험할 수 있도록 하는 치료적 보완재가 된다.

세 번째 경우 : 미정의된 치료자, 정의된 내담자

이 경우 또한 내담자가 스로트 센터의 문제로 올 가능성이 거의 없다. 예외적으로, 행동과 관련된 연결이 부족하거나 또는 행동과 관련된 어떤 연결을 잘 다루지 못하는 문제가 있을 수 있다. 예를 들어, 내담자의 감정 센터가 스로트 센터와 연결되어 있다면 그렇지 않은 경우보다 감정 파동에 따라 행동할 가능성이 높다. 스로트 센터 자체의 문제는 없지만 그 대신 스로트 센터와 연결된 감정이 강화되는 문제가 있다.

이 조합에서 치료자는 내담자에 의해 컨디셔닝된다. 이는 치료 자체에 영향을 미치거나 또는 치료자에게 언어적으로 영향력을 미칠 수 있다. 즉, 치료자는 내담자처럼 말하게 될 수 있다. 따라서 스스로의 변화에 영향을 줄 수 있는 사람은 우선 내담자 자신이 된다. 또한 치료자는 이 상황의 조건을 잘 인식하면 내담자에게 도움을 줄 수 있다.

네 번째 경우 : 미정의된 치료자, 미정의된 내담자

미정의 스로트 센터에서 발생한 문제가 치료의 원인이 될 가능성이 크다. 이 조합에서는 치료 중 일어나는 일보다는 치료를 통해 알게 되는 내용이 더 중요하다(만일 스로트 센터가 미정의 상태라면 변형 또한 미정의 상태이다.).

이는 그렇게 어려운 상황만은 아니다. 내담자는 스스로에게 맞는 올바른 보완재가 필요하다는 사실, 그리고 이를 찾을 방법을 배워야 한다는 사실을 반드시 이해해야 한다. 모든 네 번째 경우는 이 상황에 대한 치료자의 이해가 핵심이다. 만일 치료자가 스스로의 미정의 스로트 센터를 올바로 다루는 사람이라면 내담자에게 있어 이 치료자는 진정 귀중하다. 하지만 치료자가 낫셀프의 덫에 걸려 '행동에 옮기는 사람'이 되려고 애쓰는 사람이라면 아무리 의도가 좋더라도 내담자는 더욱 방황하게 된다.

9. 결론과 개괄

밀도 높은 내용과 함께한 긴 여정을 이제 마무리할 시점이 되었다. 다음 여정인 알게 된 내용의 정리, 그리고 무엇보다도 실제 삶에 대해 적용하는 과정이 이제 막 시작될 것이다. 특히 이 모든 내용을 다 이해하고 나면 기민하고 영리한 여러분의 마인드는 더 심도 있는 지식을 바랄 것이다.

아는 것과 체득하는 것은 그 속도가 다르다. 휴먼디자인은 단순한 이해의 과정을 지나서 체득의 과정을 경험하고, 개별 지식을 전체성의 맥락 안에서 고려해야 진정한 효과가 있다는 점을 강조하고 싶다. 우리 존재가 지닌 전체성의 맥락에서 살펴보는 시간은 마인드로 이해하는 시간보다 더 오래 걸린다.

따라서 서서히 진행하는 것이 좋다. 실제 현실에 이 지식들을 적용하는 것이 가장 중요하다. 앞서 나는 휴먼디자인이 무엇을 반드시 해야 한다고 강요하지 않는다는 면에서 차별성이 있다고 하였다. 여러분 또한 그렇게 여겨야 내 주장이 의미가 있을 것이다. 누군가 이 지식을 확신하거나 불신한다고 해도 어쩔 수 없다. 확신이든 불신이든 그 자체는 큰 의미가 없다.

오로지 스스로의 인생을 꼼꼼히 돌아볼 때에만 여러분이 반드시 도달해야 하는 지점, 즉 지금까지 서술된 이 지식의 가치를 철저히 개인적인 관점에서 깨닫고 판단할 수 있는 그 지점에 이를 수 있다.

만일 이 과정에 착수할 경우 분명 이런저런 어려움과 방해물을 도처에서 만날 것이다. 그 중 하나는 우리가 아는 일련의 지식이 알고 보면 드넓은 지식의 해변에 있는 작은 조약돌 수준에 불과하다는 점이다. 어설픈 지식은 위험하다는 사실을 알기 바란다. 사람들에게 바디그래프를 설명해 주기에는 아직 매우 이르다. 그 일은 교육과 수련을 받고 개인적 분석도 마친 숙련된 전문가들에게 맡기도록 하라. 자신만의 목표에 차분히 집중해야 한다. 관찰하고, 돌아보고, 체험해야 한다.

책에서 언급된 각 개별 특성들은 바디그래프 안의 또 다른 구성요소들에 의해 강화, 대체, 조절, 축소될 수 있다. 아직 여러분이 이 수준의 지식은 접하지 않았다. 따라서 그 어떤 결론도 성급히 내리지 말아야 한다. 예를 들어, 만일 친구 모임에서 만난 사람이 미정의 스플린 센터인데도 혼자 지내는 것을 즐긴다고 해서 미정의 스플린 센터에 대한 이 책의 설명이 잘못된 것이 아니다. 사실 우리 모두는 이 진실에 꽤 익숙하다. 모든 사람에게는 모순되는 면이 있다는 사실이다. 우리 안에는 이런 매우 동떨어진, 심지어 반대되는 특성들이 존재하며 이에 대해 우리는 균형이나 변화를 찾거나 해결을 보기도 한다.

여러분에게 소중한 사람들의 바디그래프도 이제 어느 정도 볼 수는 있겠지만, 우선 여러분 자신부터 시작하라. 스스로의 인생은 전체적인 관점에서 볼 수 있고 풍부한 정보가 이미 갖춰져 있으며 여러분의 인생에 대해서만은 여러분이 제일 잘 알기 때문이다.

우선 개별 센터에 대한 이해에서 출발하라. 어느 센터가 정의되어 있으며 그 의미는 무엇인가? 어느 센터가 미정의되어 있으며 이것이 당신의 인생에 뚜렷이 미치는 영향은 무엇인가?

이 책에 나온 개념들을 변수로 삼아 생각하는 연습을 하면, 그만큼 시각은 더 예리해질 것이다. 우리의 내면 존재를 보는 시각은 여러 요소가 서로 분별없이 뒤죽박죽 섞인 상태에서 구조적인 형태를 갖춘 실체로 바뀌어 갈 것이다. 이는 또한 관찰과 적용의 토대가 되고 시간이 지나면 명료한 이해의 수준에 이를 것이다.

이 과정이 성공적으로 일어나기 위해서는 개념들을 이 책에 서술된 용어 그대로 사용하는 것도 꽤 도움이 된다. 예를 들어, 만일 '미정의'되거나 '오픈된' 센터라는 말 대신에 임의대로 '하얀' 센터 등의 말을 쓴다면 예리한 지각의 칼날은 무뎌진다.

따라서 스스로와 정확한 의사소통을 시작하는 동시에 스스로에 대한 정확한 관찰을 시작하라. 그러면 개인 차원에서 이 책은 분명히 최대의 효과를 줄 수 있을 것이다.

또 다른 방해물은 '과도함'이다. 센터에 의거하여 스스로의 바디그래프를 아주 잘 이해하였다고 하더라도, 그리고 아무리 그 의도가 선하다고 해도 여러분은 중요한 모든 핵심 정보를 언제든 알고 있는 상황이 아니다. 여러분이 모르는 내적 위계의 조합, 해석, 명확한 구분은 아직 이 책에서 다루지 않은 내용이다.

다루지 않은 것은 의도적인 결정이다. 휴먼디자인 시스템을 하나의 차원에서 넓고 깊게 이해해 볼 수 있는 책을 만드는 것이 내 의도였다. 많은 부차적 설명은 부득이하게 생략하였다.

물론 내적 구성요소의 통합 및 분명한 위계에 대한 내용도 있고, 필수 요소들이 방법론적으로 명확히 정립된 '전략'에 관한 내용도 아직 남아 있다.

이 전략은 바디그래프 상의 다른 구성 요소에 의해 정해지는 '유형'과 밀접한 상관이 있다. 유형과 전략, 그리고 내적 결정권에 대한 모든 상세한 논의는 이 시리즈의 다음 내용이 될 것이다.

이런 면에서 이 책은 또 다른 지식으로 나아가는 여정의 출발점이다. 유형과 전략은 그 어떤 상황에도 적용 가능한 신뢰로우면서도 복잡하지 않은 도구라는 점에서 핵심적이다.

개인적으로 관련이 있고, 더 중요하게는 적용할 수 있는 휴먼디자인의 내용이 무엇이든지 여러분이라는 개별 존재 이상의 차원을 항상 염두에 두어야 한다. 나는 전체의 일부이며, 내가 먼저 있고 그 다음에 전체가 있다는 생각은 상대적으로 순진한 생각이다. 오히려 그 반대가 참이다.

이 전체가 제대로 기능하기 위해서는 전체의 부분들이 각자가 속한 위치에 제대로 있어야 한다. 이를 지적으로 이해하기는 불가능하다. 대신 여러분은 자신의 본모습대로 살 수 있는 기회가 주어져 있으며 이것이 또한 더욱 확실한 이해 방법이다.

만일 우리가 인류를 거대한 하나의 유기체로 본다면, 유기체의 각 '세포'가 제자리에 있고 최적의 임무를 제대로 수행할 때 이 유기체는 제대로 기능할 수 있다.

또한 우리는 우리 존재에 대한 지식이 아무리 정확해도 그 지식만으로는 그 의미가 무엇이고 특히 어디에서 찾을 수 있는지 알 수 없다. 감정적으로 정의된 사람이 감정적 진실을 올바로 따라간다고 해도 이것이 향하는 방향이나 목적에 대한 확신은 불가능하다. 그러나 자신에게 올바른 방식으로 산다면, 이 개별적 존재의 올바름을 통해 전체 또한 올바르게 될 것이다.

여러분은 무엇을 창조해 내거나 더 뛰어난 사람이 되지 않아도 된다. 본연의 모습 그대로 살기만 해도 진정 충분하다. 전혀 부족하지 않다!

이보다 더 불안을 유발하는 것이 없다. 즉, 인류가 앓고 있는 진정한

병은 매우 낮은 자존감 및 형언할 수 없는 감정이 동반된 마음 속 깊이 자리한 자기혐오다. 사람들은 만일 조금이라도 진실되게 행동하면 자기도 모르는 괴물이 드러날 것이라 믿고 두려워한다. 이 무시무시한 괴물이 올라오는 것을 막으려고 사람들은 거짓말과 자기희생을 반복하며 무언가를 끊임없이 꾸며 내고 가면을 쓴다.

이제 내가 큰 비밀 하나를 알려주겠다. 여러분은 여러분이 생각하는 만큼 끔찍한 사람이 아니다! 여러분은 상당히 정상적인 사람들이다. 스스로에게 내린 의미 없는 도덕적 비난에 사로잡혀 있더라도 여러분은 상당히 정상적인 사람들이다. 그 괴물은 오직 여러분의 상상으로만 존재한다.

내가 본 바디그래프는 수천 개에 이른다. 괴물의 바디그래프는 단 하나도 없었다. 제 모습대로 사는 사람은 오히려 모난 구석이 많고 전 세계 사람들의 인기를 얻는 쾌감 또한 전혀 없을 수 있다. 한편 긴장을 많이 하거나 위축이 되어 있을 수도 있고, 에너지를 많이 갖고 있을 수도, 아니면 적게 갖고 있을 수도 있고, 타고난 달변가일 수도 아닐 수도 있지만 어쨌거나 괴물은 결코 아니다. 괴물은 바로 낫셀프다!

자신을 괴물로 여기는 순간 자신만의 고유한 개별적 특성이 아닌 것만 골라 취하게 된다. 매 순간 수백만의 사람들이 자신에게 속한 고유하고 진정한 삶을 내팽개치고, 그 결과 똑같이 슬프고 절망적이며 고통스러운 사연을 지닌 채 똑같이 예측 가능한 패턴 속에서 낫셀프로 살아간다.

이들은 서로 너무 비슷해서 서로를 구분하기가 어렵기 때문에 타인과 차별성을 두기 위해 항상 뭔가를 사들인다. 이들이 사는 것들은? 쓰레기다. 타인과 나를 구분하기 위해 이미 수백만의 사람들이 구입한 물건들이다.

많은 사람들이 자신들의 진정한 모습을 드러내면, 스스로에게 진실하면 자신의 매력은 반드시 떨어질 것이라고 믿는다. 이들은 낫셀프의 연극 속에서 살아간다. 성공을 이루었어도 실패라는 점에 그 비극이 있다. 스플린 결정권을 가진 한 여성이 있는데, 즉흥적이고 독립적이고 진지하고 두뇌가 명석하지만 과잉 친절의 가면을 쓰고 있다고 하자. 이 역할에 잘 어울리는 사람들도 있을 것이다. 그렇게 되면 주변 사람들은 이 여성의 본모습이 아닌 해내고 있는 역할에 호감을 갖게 된다.

여러분이 스스로에게 진실할 경우에도 여러분을 싫어하는 사람은 당연히 항상 존재할 것이다("그 여자는 참 믿음직하지 않아. 그 여자 말 믿지 마."). 하지만 사실 이 사람들은 여러분에게 절대로 맞지 않는 사람들이다! 또한 여러분의 진실한 본모습 그대로를 좋아하는 사람들도 항상 존재할 것이다("그 여자 진짜 재미있는 사람이야. 다음에는 뭘 할지 전혀 모르겠다니까."). 이 사람들, 즉 여러분에게 진정으로 어울리는 사람들은 오로지 스스로에게 진실하고 그 진실한 모습을 보여줄 때만 만날 수 있다. 공감, 찬사, 사랑은 여러분의 역할이 아니라 '진정한 여러분'에게 돌아갈 것이다. 항상 지니고 다녔던 커다랗게 포장된 인형은 잊힐 것이다.

휴먼디자인은 낫셀프의 구속을 벗어나게 하는 여러분의 매뉴얼이다. 이 구속을 벗어나면 여러분 자신의 인생이 기다리고 있다. 그 누구도 아닌 여러분의 인생이다. 여러분만이 살아낼 수 있는 고유하고 활기차고 새로운 인생이다.

낫셀프의 구속을 벗어나는 것이 쉽다는 보장은 없다. 빨리 벗어날 것이라는 보장도 없다. 그리고 본래의 개성으로 산다 해도 언제나 안전지대에 머물 것이라는 보장도 없다.

바깥세상은 배고픔과 추위가 있고, 전진과 후퇴가 있고, 나이 듦이 있고 병듦과 죽음, 슬픔과 고통이 존재하는 곳이다.

하지만 배고프더라도 나만의 배고픔일 것이다. 전진이라도 나만의 전진이 될 것이다. 죽더라도 내 고유한 개성으로 죽음을 맞을 수 있을 것이다.

나와 친한 미국 친구가 한번은 이렇게 말한 적이 있다. "커피 한 잔이라도 내 본래의 모습으로 마실 수 있다면 모든 걸 기꺼이 바칠 수 있어."

'라'의 목소리를 빌리자면 다음과 같을 것이다.

당신은 고유하다.

당신은 선택의 여지가 없다.

스스로를 사랑하라.

제7장

부록
유명인 차트 분석

무료 차트 받기

1. 물병자리 출판사 홈페이지 'NOTICE'

http://aquariuspub.com/board/free/list.html?board_no=1

2. 물병자리 출판사 블로그

http://blog.naver.com/aquariuspub

1. 힐러리 클린턴

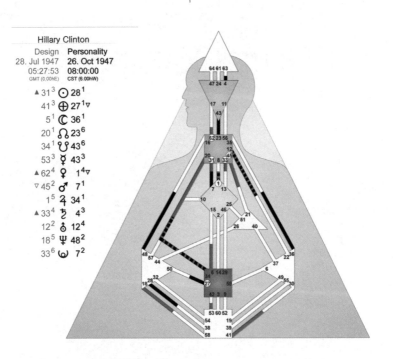

Hillary Clinton

Design	Personality
28. Jul 1947	26. Oct 1947
05:27:53	08:00:00
GMT (0.00hE)	CST (6.00hW)

▲31^3 ☉ 28^1
41^3 ⊕ 27^1▽
5^1 ☾ 36^1
20^1 ☊ 23^6
34^1 ☋ 43^6
53^3 ☿ 43^3
▲62^4 ♀ 1^4▽
▽45^2 ♂ 7^1
1^5 ♃ 34^1
▲33^4 ♄ 4^3
12^2 ⚷ 12^4
18^5 ♆ 48^2
33^6 ☽ 7^2

1) 유형(Type) : 매니페스팅 제너레이터(Manifesting Generator)

2) 낫셀프 테마(NotSelf Theme) : 욕구 불만(Frustration)

3) 전략(Strategy) : 천골(새크럴)의 반응 (To Respond)

4) 내적 결정권(Inner Authority) : 천골(Sacral)

5) 프로파일(Profile) : 1/3

6) 정의(Definition) : 단일 정의

힐러리의 타입은 매니페스팅 제너레이터이며 전략은 새크럴(이하 천골)의 반응을 따르는 것, 그리고 결정권(주도권)은 천골(가장 밑에서 두 번째 빨간 사각형)이다.

생명력의 원천인 천골 센터가 정의되어 있고, 모터 센터 중의 하나인 천골 센터가 카리스마 채널(34-20)을 통해 스로트(목 센터) 센터와 연결되어 있는 것을 볼 수 있다. 따라서 매니페스팅 제너레이터(이하 MG)는 제너레이터(순수 제너레이터)보다 행동이 더 빠르다. 정의된 천골을 가진 사람들은 결단이나 의사 결정이 매우 간단하다. 자신의 천골의 소리(반응)를 100% 신뢰만 하면 된다. MG는 천골의 반응을 느끼면 총알처럼 빠르게 행동으로 연결한다.

먼저 차트에서 정의된 부분들을 보자. 천골 센터에서 카리스마 채널(34-20)은 생각한 것이 행동으로 연결되어야만 하는 디자인이라고 불리는 경로를 통해서 목 센터와 연결되어 있다. 이 채널로 보자면 힐러리는 항상 바쁘게 살아야 하는 사람이다. 중요한 것은 자신이 진정으로 좋아하는 일을 하면서 바빠야 한다는 것이다. 그럴 때 자연스럽게 자신의 카리스마로 다른 사람에게 영향력을 미칠 수 있다. 어쩌면 힐러리는 이미 그런 삶을 살고 있는지도 모르겠다. 자신의 전략인 천골의 반응을 따른다면 생각하는 것을 실행에 옮겨 만족하는 결과를 얻을 수 있으나, 마인드에 따라 결정을 한다면 아주 비참한 결과를 낳을 수도 있다. 자신 전략인 천골의 반응을 100% 신뢰하는 것이 중요하다.

힐러리 자신은 자신이 얼마나 바쁜지조차도 인식하지 못하고, 힘의 강도를 조절하지 못해 즉흥적으로 터지는 것을 제어하지 못한다 (57번 게이트가 없으니 불가능하다.). 그러나 파트너인 빌의 차트를 보면, 57번 게이트를 가지고 있다. 빌은 자기도 의식하지 못하는 사이에 이 채널의 파워의 강도를 조절해 주고 있을지도 모른다. 물론 자신의 전략과 결정권(주도권)을 따랐을 때의 이야기이다.

정신적 자각 센터인 아즈나 센터(위에서 두 번째 역삼각형)에서 구조화 채널(43-23)은 변덕이 심한 천재의 디자인이라고 불리는 경로를 통해 목 센터와 연결되어 있다. 언제 말을 해야 하고 하지 말아야 하는지의 타이밍을 명확히 아는 것이 중요하다. 말을 해야 하는 올바른 때에 의뢰를 받아서 자신의 생각을 명확하게 설명할 수만 있다면, 다른 사람들이 세상을 바라보는 관점에 영향을 미치고, 그녀의 주위에는 사람들이 끊이지 않는다. 그러나 자신의 생각을 명확하게 전달하지 못한다면 그녀의 주위에서 사람들이 멀어지게 된다. 아무도 자신의 말을 이해하지 못한다면 그녀는 불만을 드러낼 수도 있다.

방향, 사랑, 정체성의 센터인 G 센터에서 알파 채널(7-13)은 진정한 리더로서 언젠가는 민중에게 선택되는 디자인의 경로를 통해 목 센터와 연결되어 있다. 사람들에 의해 선출되었을 때 우리를 미래로 이끌어 가기 위한 리더의 존재이다. 자신이 리드하는 사람들과 리듬을 맞추어 간다면 아주 효율적으로 리더십을 발휘할 수 있으나, 그 반대라면 사람들을 불행하게 한다.

정의된 부분을 정리해 보면, 힐러리는 천골의 반응을 100% 신뢰하며 반응을 기다리는 것이 다른 제너레이터들보다 더 힘들 것이다(카리스마 채널은 매니페스터 채널이다. 그러나 그녀의 타입은 MG이다.). 그러나 자신의 전략인 천골의 반응을 기다려 움직인다면, 자신의 좋아하는 분야에서 자신의 생각을 마음껏 표현하고 실천하며, 사람들에게 영향력을 미칠 것이다. 그리고 그녀를 따르는 수많은 사람들에 의해 리더로 선출된다면 우리를 미래로 이끌어 갈 수 있는 훌륭한 리더가 될 것이다. 천골의 반응을 믿고 그 반응에 의해 결정을 하는 것이 무엇보다도 중요하다.

힐러리는 모든 정의된 부분이 하나로 연결되어 있는 싱글 정의이다. 다른 정의보다 결정을 할 때 내적으로 일체감을 가지고 내적 갈등이 없다. 다른 정의처럼 부족함을 채우기 위해 그것을 채워 줄 사람을 필요로 한다거나, 많은 선택 앞에서 갈등을 느끼거나 할 필요가 없다는 것이다. 자신 안에 일체감을 갖고 있으므로 굳이 많은 사람들과 관계를 맺을 필요를 못 느끼며, 오히려 역으로 많은 사람들과 관계를 만들어 갈수록 갈등을 불러일으킬 수 있다. 그러나 걱정할 필요없다. 자신이 천골의 반응을 100% 신뢰하기만 하면 된다.

싱글 정의에게 자신의 오픈된 부분을 아는 것은 중요하다. 오픈된 부분은 밖으로부터 영향을 받는 부분이다. 우리는 이 오픈된 부분을 통해 항상 조건화된다. 즉, 오픈된 부분을 통한 조건화는 항상 존재한다는 것이다. 몇 번을 강조해도 지나치지 않는 것은 자신의 전략인 천골의 반응을 100% 신뢰하여 결정하고 행동해야 한다는 것이다. 그러면 이 오픈된 부분은 배움의 장이 되고, 모든 조건화에서 자유로워질 수 있다.

힐러리는 다른 사람의 고민에 답을 줘야 한다는 스트레스에서 벗어나고자 답을 주려고 애쓴다거나(오픈 헤드센터 가장 위에 있는 삼각형. 이하 머리 센터), 타인의 행동이나 어떤 외적 요인에서 오는 스트레스에서 벗어나고자 무리해서 일을 끝내려는 데 (루트 센터, 이하 뿌리 센터) 굳이 자신의 가치를 증명하려고 어떤 약속을 하거나, 돈을 사용할 필요가 없다(오픈 하트 센터, G 센터 아래 옆쪽에 있는 삼각형). 오히려 이와 반대로 압력에서 오는 불편함이나 두려움에서 벗어나려고(비장 센터), 또는 사람들과의 충돌을 피하고 좋은 사람이라는 인상을 주기 위해(감정 센터) 즉흥적으로 결정했다면 그 결과는 불만이 가득찬 비참한 결과가 될 것이다. 심각한 경우에는 그녀 자신의 건강을 해칠 수도 있다.

힐러리는 천골의 반응에 따라 자신의 페이스로 행동하고, 기한이나 약속을 정해야 할 때는 여유를 가지는 것이 좋다. 다른 사람의 페이스에 말려 행동이 좌우되지 않는 환경에 있는 것이 중요하다. 타인으로부터 오는 스트레스를 심각하게 받아들이는 것이 아니라 자신의 리듬에 맞춰 가볍고 경쾌하게 행동하고, 직감에 의지하기보다는 다양한 것을 체험하고 다양한 감정들을 경험하면서 자신에게 가장 적절한 것을 발견해 가는 것이 좋다. 불쾌한 압력을 느끼게 하는 상대라면 거리를 두는 것이 좋다.

중요한 것은 오픈된 부분의 것을 그녀 자신의 것으로 착각하여 결정하지 말아야 한다는 것이다. 천골의 반응만 100% 신뢰하면 된다.

1/3프로파일인 힐러리는 도전하면서 본질을 추구하는 사람이다. 그녀가 중요하게 여기는 것은 사물의 본질이다. 그녀는 곤란한 상황에 처하든 일에서 방향을 잃었든 다시 원점으로 돌아가 시작하고 탐구해 갈 것이다. 사람들과의 관계에 있어서도 형식적으로 만나서 이야기하는 관계보다는 가치관을 공유할 수 있는 깊은 관계를 바란다. 권위주의적인 인상을 주는 경향이 있으나, 실패를 한다 하더라도 오뚝이처럼 빨리 회복하여 보다 더 창조성이 높은 곳을 향해 가려고 하는 경향이 있다.

2. 빌 클린턴

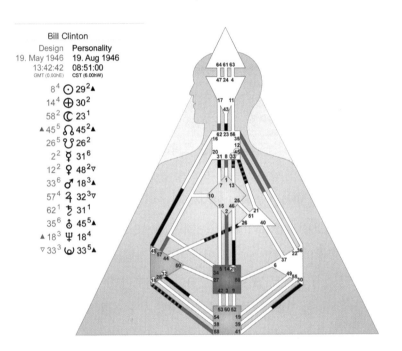

Bill Clinton

Design	Personality
19. May 1946	19. Aug 1946
13:42:42	08:51:00
GMT (0.00hE)	CST (6.00hW)

8⁴ ☉ 29²▲
14⁴ ⊕ 30²
58² ☾ 23¹
▲45⁵ ☊ 45²▲
26⁵ ☋ 26²
2² ☿ 31⁶
12² ♀ 48²▽
33⁶ ♂ 18³
57⁴ ♃ 32³▽
62¹ ♄ 31¹
35⁶ ☍ 45⁵▲
▲18³ ♆ 18⁴
▽33³ ♇ 33⁵▲

1) 유형(Type) : 제너레이터(Generator)

2) 낫셀프 테마(NotSelf Theme) : 욕구 불만(Frustration)

3) 전략(Strategy) : 천골(새크럴)의 반응 (To Respond)

4) 내적 결정권(Inner Authority) : 천골(Sacral)

5) 프로파일(Profile) : 2/4

6) 정의(Definition) : 이중 분할(Split Definition)

모든 차트에서, 정의되어 있는 부분을 보면 그 사람의 타입, 전략, 그리고 결정권(주도권)을 알 수 있다. 클린턴의 타입은 제너레이터이며 전략은 새크럴(이하 천골)의 반응을 따르는 것, 그리고 결정권(주도권)은 천골(가장 밑에서 두 번째 빨간 사각형)이다.

클린턴의 차트를 보면 생명력의 원천인 천골 센터가 정의되어 있다. 즉 몸 안에 생명의 에너지를 가지고 있다는 것이다. 정의된 천골을 가진 사람들은 의사 결정이 간단하다. 자신의 천골의 소리(반응)를 100% 신뢰만 하면 된다. 천골 센터는 스스로 말을 하지 않고 반드시 질문이나 가능성, 제안에 대한 응답의 형태로만 말(반응 Yes/No)한다.

그리고 비트 채널(14-2)은 열쇠를 관리하는 디자인이라 불리는 경로를 통해서 G 센터(가운데 노란 마름모)와 연결되어 있다. 클린턴은 힐러리와 마찬가지로 천골의 반응을 신뢰하고 그 반응에 따라 행동한다면 자신의 인생의 방향은 물론, 타인의 인생에 방향에 커다란 영향력을 미친다. 그 방향은 클린턴 자신에게 열정(긍정적 열정이든 부정적 열정이든 모두 해당된다.)을 불러일으키는 것이 있는 방향이어야 한다.

그리고 정의된 29번 게이트, 이 게이트는 경험을 얻을 수 있겠다 싶은 모든 것에 무조건 'YES'라고 말하는 게이트이다. 클린턴이 무거운 책임과 곤란한 상황에서도 끈기있게 버틸 수 있었던 것은 어쩌면 태양 게이트가 29.2 이기 때문인지도 모르겠다.

또 다른 정의를 보면 존재적 압박을 주는 루트 센터(가장 밑에 있는 사각형, 이하 뿌리 센터), 이 압박은 스트레스로 느껴질 수도 있으며 그것은 행동으로 표출된다. 뿌리 센터의 게이트들은 그래서 행동의 시작이 되는 게이트들이다. 차트를 보면 뿌리 센터에서 비장 센터로 연결되는 판단 채널(53-18)을 볼 수 있다. 어떤 일이든지 도전하는 것을 좋아하며, 완벽함을 추구한다. 이 완벽함은 개인의 생활에서 나타나는 것이 아니라 공공을 위한 완벽함이다. 클린턴은 건강한 삶을 살기 위해서는 항상 도전의 대상을 찾아 도전을 하고, 규칙적으로 몸을 움직여 불필요한 에너지를 소비해 주어야 한다. 그래야 만족스러운 생활을 할 수 있다. 그렇지 않으면 욕구 불만이 생기게 되고 그 욕구 불만은 자기 자신, 친구, 또는 가족을 향하게 된다.

정의된 부분을 정리해 보면 머리로 생각하여 결정하는 것이 아니라 자신의 천골의 반응을 100% 신뢰하고 그 반응에 따라 자신의 열정을 불러일으키는 것에 도전하며 규칙적으로 몸을 움직이며 불필요한 에너지를 소비함으로써 건강한 생활을 할 수 있으며, 그것은 클린턴 자신은 물론 타인의 인생의 방향에도 큰 영향력을 행사할 수 있고, 스스로 거기에서 큰 만족을 얻을 수 있다. 제너레이터의 최종 목표는 자신이 하는 일에서 만족을 얻는 것이다.

클린턴의 디자인은 스플릿 정의이다. 천골 센터와 G 센터, 뿌리 센터와 비장 센터 이렇게 두 부분으로 나누어져 있다. 이 두 부분은 다리 역할을 하는 10번 게이트에 의해 연결된다. 10번 게이트는 사랑의 게이트로서 자기 자신의 독특함을 표현하기 위해 사는 사람들의 게이트이다.

이 게이트가 비장 센터에 있는 57번 직관적인 명확성의 게이트와 연결되어서 두 부분으로 나누어져 있던 것이 연결이 된다. 즉 클린턴은 자신의 행동을 통해서 아름다움을 창조하는 사람에게 끌리고, 필요하다고 느끼고 있는 것이다. 주의할 점은 클린턴 자신은 직관적 명확함만 가지고 있다는 것이다. 조건화에 의해 클린턴 스스로가 10번 게이트를 가지고 있는 것처럼 행동을 한다면 만족하지 못하고 욕구 불만의 결과를 얻게 된다.

그리고 클린턴의 스로트(이하 목 센터) 센터를 보면 오픈되어 있으나 여덟 개나 되는 게이트(62, 23, 35, 12, 45, 33, 8, 31)가 잠들어(활성화되기를 기다리는) 있는 것을 볼 수 있다.

목 센터는 말과 행동을 통해 우리를 외부 세계와 연결시키고 알리는 역할을 한다. 이 이야기는 클린턴이 어떤 사람과 접촉하느냐에 따라 (채널을 이루는 반대편 게이트가 활성화된 사람) 잠들어 있는 게이트의 특성들이 밖으로 표출된다는 말이다. 예를 들어 가장 가까이에 있는 파트너인 힐러리와 함께 있으면 지도력의 게이트(31번)가 활성화된다. 이 게이트는 영향력을 발휘할 수 있도록 초대받고 선출된다면, 미래의 비전을 향해 우리를 이끌어 갈 최고의 권위자 게이트이다.

중요한 것은 조건화되어 자신의 것처럼 착각하여 결정하지 말아야 한다. 감정 센터가 오픈된 클린턴은 타인의 감정에 민감하다. 그래서 타인의 페이스가 아니라 자신의 페이스로 일할 수 있는 환경에서, 자신이 직접 정보를 수집하기보다는 여러 사람들로부터 정보를 수집하여 자신의 스타일로 수정, 편집할 수 있는 환경에서 일을 하면서 만족을 얻을 수 있다. 천골의 반응만 100% 신뢰하면 된다.

2/4 프로파일인 클린턴은 자신의 의지와는 상관없이 주위에서 꼭 필요로 하는 사람이다. 이 사실에 부담을 가질 필요는 없다. 자신의 페이스대로 행동한다면 많은 일을 동시에 하면서도 균형있게 진행할 수 있다. 이렇게 해서 얻은 성과는 클린턴 자신에게도 자신감을 부여해 줄 것이다. 혼자 있고 싶어 하는 마음은 강하지만, 주위와의 조화를 중시하며 다수파를 존중하는 민주주의적인 경향도 있다.

자신의 유형 제너레이터, 그리고 천골의 반응을 기다리고 행동하는 전략, 주도권인 천골에 저항하지 않고 협력하는 능력은 시간이 경과함에 따라 더 강해질 것이고 이것은 자신의 프로파일과 조화를 이루어 그의 인생을 바른 길로 안내해 줄 것이다.

3. 버락 오바마

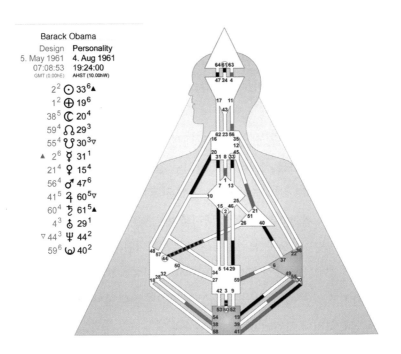

Barack Obama

Design	Personality
5. May 1961	4. Aug 1961
07:08:53	19:24:00
GMT (0.00hE)	AHST (10.00hW)

2^2 ☉ 33^6▲
1^2 ⊕ 19^6
38^5 ☾ 20^4
59^4 ☊ 29^3
55^4 ☋ 30^3▽
▲ 2^6 ☿ 31^1
21^4 ♀ 15^4
56^4 ♂ 47^6
41^5 ♃ 60^5▽
60^4 ♄ 61^5▲
4^3 ♅ 29^1
▽ 44^3 ♆ 44^2
59^6 ♇ 40^2

1) 유형(Type) : 프로젝터 (Projector)

2) 낫셀프 테마(NotSelf Theme) : 쓴맛 (Bitterness)

3) 전략(Strategy) : 초대를 기다림(Wait for the invitation)

4) 내적 결정권(Inner Authority) : 감정(Solar Plexus)

5) 프로파일(Profile) : 6/2

6) 정의(Definition) : 단일 정의

휴먼디자인에서는 유형을 에너지 유형(매니페스터, 제너레이터)과 비에너지 유형(프로젝터, 리플렉터)으로 구분하는데, 오바마의 유형은 프로젝터이며 전략은 초대를 기다리는 것, 그리고 결정권(주도권)은 감정 센터이다.

오바마의 차트를 보라. 오픈된 센터가 무려 일곱 개나 된다. 처음 차트를 보고 어떤 느낌이 드는가. 뭔가 조금은 허전하고, 약해 보이는가. 걱정하지 말라. 그는 자신의 주도권과 전략을 따른다면 그가 처한 환경을 이해하고, 그를 따르는 사람들과 서로 공감하고 그들을 대변할 수 있는 사람이다.

오바마는 비에너지 유형이다. 그래서 그는 에너지 유형처럼 스스로 나서서 무엇인가를 시작하려고 하거나 활동하고 돌아다니면 쓰러질지도 모른다. 프로젝터의 역할과 목적은 올바른 질문으로 에너지 유형(매니페스터와 제너레이터)이 에너지를 바른 곳에 쓸 수 있도록 가이드해 주는 것이다. 오바마의 유형은 프로젝터이면서도 정의된 모터 센터(감정 센터)를 소유한 에너지 프로젝터이다. 그래서 그는 항상 자신이 가지고 있는 에너지를 해소하고 무엇인가를 나서서 하려는 압박을 받는다. 그러나 거기에 따라서는 안 된다.

프로젝터 유형의 전략은 구체적이고 공식적인 초대를 기다리는 것이다. 초대를 받았을 때야말로 자신의 가치를 인정받은 것이고, 그랬을 때 프로젝터는 자신이 가진 재능과 능력을 마음껏 발휘할 수 있다. 그를 보라. 44대 미국 대통령 투표에서 온 국민이 그를 인정하고 정식적인 지도자로 초대를 해주지 않았는가. 그는 자신의 재능과 능력을 마음껏 펼칠 수 있었을 것이다.

그의 정의된 부분을 보도록 하자. 뿌리 센터에서 인식의 채널(41-30)은 위대한 몽상가의 디자인 경로를 통해서 감정 센터와 연결되어 있다. 그는 자신의 꿈과 미래에 대한 소망을 다른 사람들과 공유하고, 그들을 동요시킨다. 꿈을 실현시키고 싶은 감정적 압력은 항상 있으나 먼저 시작해서는 안 된다. 꿈 그 자체를 즐기면서 자신의 감정의 불안, 초조 등 모든 감정 파동을 경험하면서, 초대가 와서 결정을 내릴 때 어떤 것이 바른 초대인지 알아보기 위해 인내하고 배워야만 한다.

그는 무의식 중에 타인의 목소리나 톤에 감정적으로 민감하게 반응할 수 있다. 55 영혼의 게이트를 갖고 있는 사람은 아주 우울하고, 음악적이며, 로맨틱한 사람들로서 자신의 기분을 존중해야 하는 사람들이다. 자신의 기분을 합리화하거나 통제하려고 무엇인가를 결정하기보다는 자신의 감정의 파동을 끝까지 직면해 본다면 깊은 통찰을 얻게 된다. 그에게 원만한 인간관계의 원천은 가정이다. 집에 음식이 가득하고, 편안하게 하고, 대화가 통하는 파트너가 필요한 사람이다. 어쩌면 파트너인 미쉘 오바마가 이를 충족해 주고 있을지도 모르겠다 (19 욕구의 게이트).

오픈된 부분들을 보자. 그는 기본적으로 자기 자신보다는 타인에게 관심이 많을 것이다. 프로젝터의 아우라는 탐색하는 것이며, 사람의 정체성(G 센터)에 초점을 맞춘다. 누가 일을 완수할 수 있는지 쉽게 알아내고, 무엇인가를 잘 조직하고 사람을 불러 모으는 재능이 있다. 그는 주변의 어떤 사람들과 함께 일을 하는가가 매우 중요하다. 자신이 활동할 수 있는 에너지를 갖고 있는 사람들과 관계를 갖는 것이 중요하다(오픈 천골 센터). 그렇지 못한다면, 잘못된 사람들과 타협하고 거기에 안주하려 들 수도 있다.

대중들이 답을 요구하는 압력에 쉽게 동요하지 않고(오픈 머리 센터),

자신의 페이스 안에서 여유를 가지고(오픈 하트 센터) 유동적이고 탄력적인 사고로 많은 아이디어를 받아들이고 이를 즐기는 것이 좋다. 자신의 정체성을 찾으려 애쓰기보다는 자신이 다른 이들의 정체성에 대한 거울임을 알고 마음을 열어두고(오픈 G 센터), 어떤 말과 행동으로 주위를 끌려고 하지 않는다면(오픈 목센터) 자연스럽게 연설에 초대를 받을 것이다.

오픈 목 센터의 33번 게이트는 프라이버시이다. 이 게이트는 자신의 경험을 표현할 수 있는 힘을 가지고 있고, 그 경험을 돌아보기 위해서는 혼자만의 시간을 가져야만 한다. 그래서 이 게이트는 현명한 스토리텔러의 게이트라고도 한다. 자신의 경험의 모든 면을 함께 나누고, 우리가 그 경험으로부터 무엇을 배워야 할지 알려준다. 어떤 경험에 숨겨져 있는 교훈이나 비밀을 밝혀 낸다. 오바마의 뛰어난 연설은 여기서 기인한 것일지도 모르겠다. 그의 퍼스널 태양 게이트를 보라, 33.6이다. 혼자 있는 시간을 많이 가지면 가질수록 나이가 들어 지혜는 더 성숙해지고, 그 자신은 더 영향력 있는 사람이 될 것이다.

6/2 프로파일인 오바마는 혼자 있는 시간을 중요하게 여기면서 인생을 달관한 사람이다. 낙관적인 생각을 가지고 있는 사람으로 인생의 전반은 자신의 생각대로 잘 안된 경우가 많았겠지만, 그런 그의 삶의 방식이 미래에는 주위의 모범이 되어갈 것이다. 혼자 있는 시간을 좋아하면서도 무의식적으로는 사람들과 정신적으로 깊게 연결되기를 원한다. 주위 사람들과 가족처럼 조화로운 관계를 만들어 갈 수 있는 사람이다.

다시 강조하지만 프로젝터는 어떤 관계든 제대로 형성되려면 올바른 인정을 받아야 되고, 그 인정 위에 초대를 받아야 한다. 오바마의 경우 초대를 받고, 감정적인 파동을 기다려야 한다. 시간을 더 들여야 한다는 것이다. 어떤 유형이든 전략과 결정권(주도권)이 중요하다.

4. 산드라 블록

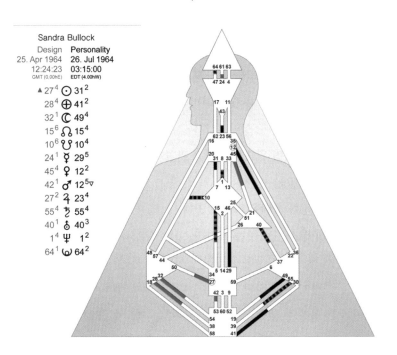

Sandra Bullock

Design	Personality
25. Apr 1964	26. Jul 1964
12:24:23	03:15:00
GMT (0,00hE)	EDT (4.00hW)

▲ 27^4 ☉ 31^2

28^4 ⊕ 41^2

32^1 ☾ 49^4

15^6 ☊ 15^4

10^6 ☋ 10^4

24^1 ☿ 29^5

45^4 ♀ 12^2

42^1 ♂ $12^{5}▽$

27^2 ♃ 23^4

55^4 ♄ 55^6

40^1 � 40^3

1^4 ♆ 1^2

64^1 ☋ 64^2

1) 유형(Type) : 리플렉터 (Projector)

2) 낫셀프테마(NotSelf Theme) : 실망

3) 전략(Strategy) : 29.5일을 기다린다.

4) 프로파일(Profile) : 2/4

산드라의 유형은 리플렉터이며 전략은 달의 주기(29.5)을 기다리는 것이다. 산드라는 휴먼디자인에서 아주 드문 유형인 리플렉터이다. 모든 센터가 오픈이다. 정의된 것이 없기 때문에 오픈 센터에서 대조될 것도 없다. 그래서 다른 유형처럼 깊은 조건화를 받아들이지는 않는다. 살면서 그녀는 다른 사람들과 자신이 조금 다르다는 것을 인식하고 있을 것이다. 휴먼디자인에서 리플렉터의 역할은 전체성을 갖는 사람이 되는 것이다. 이들의 위대한 재능은 사람을 읽는 것이다. 이들은 열려있고 변화하기 쉽지만 탄력성이 있다.

그녀는 자신이 사람들이나 상황, 환경과 접근할 때 일관된 방식이 아닌 독특한 접근 방식을 찾게 된다. 이 일관되지 않은 접근법이 사람들을 불편하게 할 수도 있다. 그러나 그녀 자신이 자신의 접근법을 제대로 이해만 한다면 위대한 객관적 관찰자가 될 수 있다. 일관되지 않은 접근법이라고는 했지만, 달의 순환(29.5일)을 지나면서 드러나는 특정하고 일정한 패턴을 가지고 있다.

그녀에게 장소는 아주 중요하다. 그러므로 자신이 일을 하고 시간을 보내는 장소를 신중하게 골라야 한다. 오픈된 G 센터 정체성이나 삶의 방향에 대한 고정된 감각이 없다. 그래서 그녀는 만나는 사람과 그녀가 존재하는 장소를 통해서 보여주는 것들을 모두 허락해야 한다. 만약 누군가가 불편함을 느끼게 하는 장소로 이끈다면 잘못된 사람을 만나게 될 것이고, 그런 사람이 있는 곳은 잘못된 장소이다.

그녀는 세상에 좋고 나쁨이 아니라 다름과 다양성이 존재한다는 것을 알기 위해 많이 배울 수 있는 곳이나 공동체 속에 있는 것이 좋다. 그런 의미에서 배우라는 그녀의 직업은 그녀에게 아주 적합하다고 이야기할 수 있다. 그러나 그녀는 사람이나 상황에 노출된 하루 동안의 조건화를 털어 버릴 수 있는 혼자만의 시간을 갖는 것이 매우 중요하다. 그런 시간을 가짐으로써 주변 사람들에게 의존하지 않도록 조심하게 되고, 사람을 만날 때도 신중하게 된다.

그녀의 차트에는 고정된 정의가 없다. 그래서 그녀의 잠재력은 오픈 센터에 잠재적으로 활성화된 게이트에 있다. 그녀는 자연스럽게 주위의 모든 것을 반영하기 때문에 일어나는 상황을 빠르게 알고 판단할 수 있다. 솔직히 리플렉터는 자신에게도 남에게도 관심을 가질 필요를 느끼지 못한다. 자신이 미치는 영향에 대해서도 별로 관심이 없다. 그러나 오픈 센터가 올바로 작동하기만 한다면 훌륭한 배움의 장소가 된다.

31번 게이트는 그녀가 적절한 타이밍에 이야기하게 되면 매우 영향력을 행사할 수 있고, 41번 게이트는 항상 새로운 것, 새로운 느낌, 환상, 흥분을 경험하고자 하는 경향이 있다는 것을 보여 준다. 영화나 드라마에서 그녀는 충분히 영향력을 발휘하고 새로운 경험을 하고 있는지도 모르겠다. G 센터의 게이트 1은 독창적인 예술가의 게이트로 어떤 특별한 목적과 인정을 받기 위해서라기보다는 오로지 묵묵히 혼자서 독창성을 위해 창조 활동에 몰두한다는 것을 보여 준다. 이런 모습은 드라마나 영화 감독에게 발견되어 기회를 얻게 되기도 한다. 자신의 고정된 리듬이 아니라 타인의 리듬을 수용하고, 그 주변 환경에 적응하려는 특성(15번)은 그녀의 리플렉터적인 친절함을 나타내 주기도 한다. 고독의 게이트 40은 일과 휴식 사이에 균형을 필요로 한다. 이것은 그녀 자신에게 주는 보상으로 사람들에게 정확하게 알려 주어야 한다.

그녀는 오픈 센터의 압박 때문에 즉흥적으로 일을 시작하여 저항에 부딪혀 실망하고 낙담한다. 그리고 다른 사람에게서 느껴지는 감정, 스트레스, 근심 등을 자기 것인 것처럼 계속 참는 경향이 있으며, 자신을 입증하려고 한다거나, 뭔가를 확신하고, 잘못된 사람에 집착하며, 필요없는 질문에 답하려 들거나, 자신이 누군지 알려고 노력한다. 그러나 이런 노력을 거듭할수록 혼란, 저항, 실망만을 만들어 낼 뿐이다. 리플렉터의 비자아 테마는 실망이다. 리플렉터는 삶이 자기에게 놀라움을 선사해 주기를 기대한다. 삶에서 객관성을 유지한다면 리플렉터들은 자연스럽게 놀라움을 선물 받을 것이다.

산드라는 자신의 전략과 결정권(주도권)을 정확하게 이해할 필요가 있다. 그렇게 하면 자신을 둘러싼 세상에서 정체성을 찾으려는 것에서 한발 물러나서 보기 시작하고, 다른 사람과 자신이 어떻게 다른지를 알고 그것을 수용하게 된다. 그리고 자신의 특별함과 고유한 재능을 알고 자신을 사랑하게 된다. 하루하루가 주는 경이로움에 마음 문을 열게 되고, 누가 다른 유형이고 누가 획일화된 패턴을 벗어난 삶을 사는지 보는 예리한 눈을 갖게 된다.

2/4 프로파일인 산드라는 자신의 의지와는 상관없이 주위에서 꼭 필요로 하는 사람이다. 이 사실에 부담을 가질 필요는 없다. 자신의 페이스로 행동한다면 많은 일을 동시에 하면서도 균형있게 진행할 수 있다. 혼자 있고 싶어 하는 마음은 강하지만, 주위와의 조화를 중시한다.

리플렉터의 전략은 달의 순환 주기(29.5)를 기다리는 것이다. 이들의 정체성은 29.5일의 순환 후에 드러난다. 이 시간 동안 이들은 자신의 잠재성을 듣기 위해 주위 사람과 대화를 나누는 것이 좋다. 이들은 서두를 필요가 없다. 전략을 따른다면 자기 타이밍과 리듬을 찾고 자신의 속도에 맞는 삶을 살게 된다.

5. 아돌프 히틀러

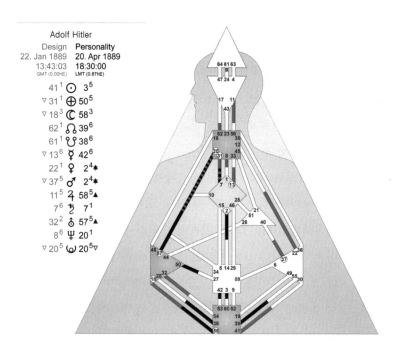

Adolf Hitler

Design
22. Jan 1889
13:43:03
GMT (0.00hE)

Personality
20. Apr 1889
18:30:00
LMT (0.87hE)

41¹ ☉ 3⁵
▽ 31¹ ⊕ 50⁵
▽ 18³ ☾ 58³
62¹ ☊ 39⁶
61¹ ☋ 38⁶
▽ 13⁶ ☿ 42⁶
22¹ ♀ 2⁴★
▽ 37⁵ ♂ 2⁴★
11⁵ ♃ 58⁵▲
7⁶ ♄ 7¹
32² ♅ 57⁵▲
8⁶ ♆ 20¹
▽ 20⁵ ♇ 20⁵▽

1) 유형(Type) : 매니페스터 (Manifestor)

2) 낫셀프테마(NotSelf Theme) : 분노 (Anger)

3) 전략(Strategy) : 행동하기 전에 알려줌 (성인)(Inform before you act)

행동하기 전에 허락을 구함(어린이)

4) 내적 결정권(Inner Authority) : 비장(Splenic)

5) 프로파일(Profile) : 5/1

6) 정의(Definition) : 단일 정의(Single Definition)

히틀러의 타입은 매니페스터이며 전략은 행동하기 전에 주변에 알리는 것, 그리고 결정권(주도권)은 비장 센터이다. 히틀러는 매니페스터로 주변 사람들의 도움 없이 독자적으로 무언가를 시작하고 실천할 수 있는 사람이다. 그리고 그 결과는 사람들에게 강한 영향을 준다. 그래서 사람들은 매니페스터를 어려워하고 두려워한다. 그러나 정작 본인은 혼자서 다 할 수 있기 때문에, 누군가를 필요로 하지 않고 다른 이들의 시선에도 별로 관심이 없다. 즉 주변에 별로 신경을 쓰지 않는다. 그래서 그는 자신이 주위에 미치는 영향을 잘 알지 못한다. 그는 무엇인가를 먼저 시작해야 하는 사람이지만, 그것을 시작하기 전에 주위에 알려야만 한다.

특히 비장 결정권(주도권)인 그는 결과에 상관 없이 직관적이고 즉흥적으로 행동한다. 직관은 다음이 없다. 오직 한 번 느꼈을 때 그때 그대로 행동해야 한다. 그래서 결정이 순식간에 일어난다. 기다리면 없어져 버린다. 그러나 행동으로 옮기기 전에 기다려야만 한다. 주위에 알려야 하기 때문이다. 이것은 그에게 딜레마이다. 즉흥적인 결정을 내릴 때 주위에 알려야 하는 것은 쉽지 않기 때문이다. 그러나 명심하자. 매니페스터는 행동하기 전에 주위에 알려야 저항을 없앨 수 있다. 저항이 없다는 것은 그에게는 평화를 의미하기 때문에 아주 중요하다.

그의 정의된 부분을 살펴보자. 뿌리 센터에서 판단의 채널(58-18)은 무엇에든 도전하기를 좋아하는 사람들의 디자인 경로를 통해서 비장 센터와 연결되어 있다. 주위에서 원하지도 않는데 전체의 발전을 위해 무엇인가를 하려고 한다면 반드시 저항에 부딪힐 것이다. 이러한 저항은 자신의 힘이 제한당하고, 무기력하다는 느낌으로 연결되어 분노로 바뀌기도 한다. 이 분노는 친구, 가족들과 같은 내부로 향하게 되는데 히틀러의 경우는 가족들에게 향했던 것 같다.

자신이 가장 가까운 지지자들(부모)과의 관계에 있어서 문제는 그에게는 평생의 이슈가 되었을 것이다. 행동하기 전에 주위에 알리는 것이 무엇보다도 중요하다.

비장 센터에서 뇌파의 채널(57-20)은 꿰뚫어 보는 디자인 경로를 통해서 목 센터와 연결되어 있다. 그는 생존을 위해 어떻게 해야 할지 생각하지 않아도 어떤 상황에서든 직감적으로 잘 적응하고 이야기할 수 있는 사람이다. 그러나 반드시 누군가의 요청이 있을 때 그의 예리한 직관은 빛을 발한다. 그는 제너레이터가 아니다. 매니페스터이다. 시작해야 하는 사람이다. 말을 하기 전에 미리 알리는 전략을 따른다면, 자연스럽게 요청이 올 것이고 그때 말을 하면 된다. 만일 그렇지 못한다면 항상 강한 저항에 부딪힌다. 그 저항은 분노로 끝나게 된다.

목 센터에서 알파 채널(7-31)은 선과 악이 리더십의 디자인의 경로를 통해서 G 센터와 연결되어 있다. 암울한 시기의 자신이 알고 있는 지식이 모든 것이고(31.1), 그 권위를 최고로 주장하며(7.1) 지성과 횡포를 모두 갖고 있는 엄격한 지배자 역할을 했던 그는 사람들에 의해 선출되어야 하는 리더로서 자신이 리드하는 집단과 그 리듬을 같이 하지 못하면 사람들을 모두 불행으로 이끌게 된다.

그의 오픈된 부분을 살펴보자. 오픈 머리 센터가 조건화되어 있다면 타인의 문제를 해결하고 답을 주어야 한다는 압박에 시달릴 수 있다. 오픈 아즈나 센터는 그 자신이 정신적으로 확신을 가지거나, 무엇인가 다 아는 듯한 착각에 빠질 수 있게 한다. 오픈 천골 센터를 가진 그는 활동할 수 있는 에너지를 갖고 있는 사람들과 관계를 갖는 것이 중요하다. 그렇게 하지 않으면 언제가 충분한 때인지 알지 못해 멈출 줄 모른다. 그는 하고 싶은 것이 있어도 여러가지 환경으로 인하여 앞으로 나가지 못하고 막히는 느낌에 우울함을 경험하고(3번 게이트), 좌절을 경험할 것이다. 특히 유년 시절에 경험한 좌절은 평생 그에게 잊혀지지 않을 것이다. 힘과 능력은 가지고 있었으나 새로운 시작에 대한 불안감(42 게이트)으로 무리해서 끝내려고 하지 말고 자연스럽게 흐름에 맡겨 두는 것이 좋다.

많은 좌절을 경험하고 분노에 차 있는 그는 자신의 가치를 증명하려고 애를 쓰고(오픈 하트 센터), 지키지 못할 약속들을 만들 필요가 있다. 타인의 감정에 영향을 받기 쉬우므로(오픈 감정 센터) 자신의 감정이라고 생각하고 있던 것이 근처나 집단의 감정이 반영되었을 경우가 많다. 그 감정을 자신의 감정인 것처럼 그 감정대로 행동하지 말아야 한다. 그리고 진실에 직면하기를 회피하는 경향이 있다.

5/1 프로파일인 히틀러는 무엇이든 열심히 하며 힘이 있는 리더가 되는 사람이다. 본인의 의지와는 상관없이 주위로부터 기대받고, 항상 주목을 받아 왔을 것이다. 지도자와 같은 존재감으로 사람들을 매료시키고 연구를 열심히 하며 사물의 본질을 파악하고 창조적이고 독자적인 관점으로 모두를 위한 구체적인 해결책을 제시할 수 있는 사람이다. 기대에 부응하려고 무리하는 것보다는 무리하지 않는 범위 내에서 자신이 할 수 있는 것에 포커스를 두는 것이 중요하다. 그렇게 함으로써 그는 주위의 기대에 부응할 수 있다.

매니페스터가 자신의 결정권(주도권)과 전략에 따르지 않고 저항에 부딪히게 되면 그들은 자신이 통제와 처벌에 대한 위협을 받고 있다고 생각한다. 그 생각은 무기력으로 이어지고 무기력함은 매니페스터가 가진 분노의 깊은 근원이다. 매니페스터가 삶에서 가치를 발휘하려면 주도를 해 나가야 한다. 매니페스터가 목표로 삼아야 하는 평화의 상태를 찾으면, 자기 전략과 결정권(주도권)에 따라 올바르게 행한다는 것을 알게 될 것이다. 역사적으로 보았을 때 히틀러는 다른 이유들도 많겠지만, 휴먼디자인적으로 매니페스터의 비자아 테마인 좌절과 분노에 찬 삶을 살았던 것 같다.

추천사

　1987년, 나는 휴먼디자인과 함께 홀로 있었다. '좌측 앵글'로서 만약 휴먼디자인을 인류에게 소개한다면 그 과정에는 신비스러운 발견의 힘보다는 일상의 현실적 응용을 추구하는 동료들이 필요할 것이라고 처음부터 확신했다. 첫 번째 전문가 강연에서 피터 쉐버를 만나게 된 것은 행운이었다. 당시 피터는 신비주의 도서를 비치한 서점의 주인이자 잡지 편집장이었고, 그를 통해 비엔나로 가는 문도 열리게 되었다. 휴먼디자인이 오스트리아에서 크게 사랑받은 것은 전적으로 그의 덕분이다. 피터는 그의 일, 헌신적 태도, 예리한 지력으로 많은 이들의 삶을 풍성히 만들어 주었고, 그런 피터에게 존경과 감사의 마음을 표한다.

라 우루 후(Ra Uru Hu)

스페인, 이비자에서

2005년 5월

주(註)

1） 서간록(Book of letters)에서, 암스테르담, 1995

2） (B.J. Bok / L.E. Jerome / P. Kurtz: 점성술에 대한 반론(Objections to Astrology), 1975)

3） F.D. Peat: 아인슈타인의 달 – 벨의 정리와 양자 현실로의 신비로운 탐험(Einstein's Moon – Bell's Theorem and the Curious Quest for Quantum Reality), 1990, p.123/124

4） D. Bohm / B. Hiley: 양자 이론에 내포된 탈지역성에 대한 직관적 이해(On the Intuitive Understanding of Non-Locality As Implied by Quantum Theory), 1974

5） Michel Gauquelin, Die Uhren des Kosmos gehen anders, 프랑크푸르트/M – 베를린 – 빈, 울스타인, 1975, p.161

6） Giorgio Piccardi: Exposé Introducif in Symposion Internationale sur les Relations Phénomenale Solaire et Terrestriale, 브뤼셀, 1960

7） Michel Gauquelin, Die Uhren des Kosmos gehen anders, 프랑크푸르트/M – 베를린 – 빈, 울스타인, 1975, p.168

8） C. Capel-Boute: "Observations sur les Tests Chimiques de Piccardi" in Symposion Internationale sur les Relations Phénomenales Solaire et Terrestriale, 브뤼셀, 1960

9） G. Papeschi und M. Costa, 1963

10） G. Papeschi und M. Costa "나프탈렌 테스트와 음력간의 관계에 대한 첫 결과(First Results on the Relations between the Naphthalene Test and the Lunar Phases)" in Geofisica e Meteorologia VIII,1964,Nr.3/4

11） A. Rima "Sui Possibilii Rapporti fra le Fasi Lunari e l'Andamento die Test Chimici Piccardi" in Geofisica e Meteorologia XIV, 1964, Nr.1/2

12） Theodor Landscheidt: Astrologie Hoffnung auf eine neue Wissenschaft?(점성술 : 과학의 새로운 희망인가?) Innsbruck, Resch, 1994 p.185

13） Theodor Landscheidt, Astrologie Hoffnung auf eine neue Wissenschaft, Innsbruck, Resch, 1994, p.185, p.189

14） Theodor Landscheidt, 태양-지구-인간(Sun – Earth – Man)

15） TheodorLandscheidt, 우주의 리듬에 따른 작은 충돌(Mini-Crash in Tune with Cosmic Rhythms) (1989)

16） New Scientist, April 2004, p.36 – 39

17） 역경의 구조와 이진법 체계 간 비교는 Leibniz가 18세기 초 자신의 저서 "이진법과 역경-이진법 체계와 중국 철학에 대한 두 편의 서신(Zwei Briefe über das binäre Zahlensystem und die chinesische Philosophie, Dyadik und Ih-King)"에서 제안하였다.

18） E.H. Gräfe, Die acht Urbilder sowie besonders: Die Weltformel, Oberursel 1969 –1973

19） Michael Schönberger, Weltformel I Ging und genetischer Code, Neuauflage Aitrang, Windpferd, 2000 (Das Original war Mitte der 70er Jahre erschienen)

20) Katya Walter, Chaosforschung, I Ging und genetischer Code, München, Diederichs, 1992

21) Diana Ffarington Hook, I Ging für Fortgeschrittene, München, Diederichs, 1983, p.31

22) Marguerite de Surany, 역경과 카발라(I Ging und Kabbala), Freiburg, Bauer, 1982

23) Neil F. Michelsen의 NASA 천문력을 예로 들겠다 : 1964년 7월 1일 자정, 태양은 9도 10분 42초 거해궁에 위치한다. 정확히 31일 후, 1964년 8월 1일 자정, 태양은 8도 45분 48초 사자궁에 위치한다. 따라서 이 31일 동안 태양은 총 29도 34분 59초를 움직인 셈이다. 똑같은 과정을 1964년 8월 1일 자정에서 1964년 11월 1일까지 동일한 시간동안 반복한 결과는 30도 45분 34초가 된다. (10월 1일 자정에는 태양이 50분 16초 7도 천칭궁에, 11월 1일 자정에는 태양이 35분 50초 8도 천갈궁에 있었다.). 모든 정보는 "20세기 미국 천문력 : 1900년부터 2000년까지 매 자정(The American Ephemeris for the 20th Century 1900 to 2000 at Midnight)", 샌디에고, 1983에서 발췌하였다.

24) Der kleine Stowasser, p. 507

25) Ebenda p.279

26) Hania Luczak, Das "zweite Gehirn", Geo 11/2000 p. 140 - p.162

27) Science에 발표, 1965

28) Nicolai Schirawski, Das Lebewesen Menschheit, pm Januar 2005, p.46

29) Ra Uru Hu, aus Dem Buch der Lettern, (서간록에서) Diessen, 1995 p.22

30) Ebenda

31) Ebenda, p.23

32) Hania Luczak, Das "zweite Gehirn", Geo 11/2000 p. 153/154

33) Bettina Mahre/라 우루 후, 리빙 디자인(Ra Uru Hu, Living Design): Arbeitsbuch Grundbegriffe, p.32/33

34) 다양한 생물 형태와 다양한 디자인은 매우 신기하면서도 본질적인 진실을 알려준다 : 인류는 지금껏, 그리고 지금도 많은 비인간 생물체에게 컨디셔닝되고 있다는 사실이다. 이 주제에 대한 상세한 논의는 이 책의 범위를 넘어서며 센터를 깊이 이해하는 데에 굳이 필요하지 않다.

35) 이 책이 2005년에 독일어로 출판되었을 때 마그네틱 모노폴의 존재 여부는 여전히 가설 수준에 머물고 있었다. 2009년 독일의 "Ludwig Boltzmann Institut"에서 모노폴의 존재를 최초로 증명할 수 있었다. 너무나 놀랍게도 그 기관의 한 연구자가 나에게 이메일로 알려주었다!

36) 궁극적으로 감정적으로 미정의되어 있으면 자신만의 감정은 없다. 하지만 오래된 컨디셔닝을 간직하고 있을 가능성이 있으며 이를 자각하기가 불가능할 수 있다. 따라서 오래된 컨디셔닝으로 인한 감정을 '자신의 것'으로 여길 가능성이 있다. 이 '아침의 분노'의 경우도 컨디셔닝에서 오는 이미 습관이 된 패턴이다.

루돌프 슈타이너의 인지학 시리즈

요한복음 강의

요한복음서의 첫머리는 우주의 가장 깊은 비밀을 직접적으로 건드린다. 이러한 복음서의 의미를 올바르게 밝히려면 영적 인식을 심화시켜야 한다. 그러므로 지금까지 신지학을 배운 사람이라면 잘 아는 어떤 사실을 상기할 필요가 있다. 오늘은 신지학의 기본적인 관점을 우주의 중요한 비밀과 관련시켜 다룬다.

신지학

세계의 초감각적·영적 영역에 대해 과학적으로 접근하고 있는 책. 초감각적 영역에 첫발을 딛는 방법 뿐만 아니라, 인간의 초감각적 본성, 카르마 환생, 죽음 뒤의 삶, 영적 세계의 단계에 대해서도 소개하고 있다. 슈타이너의 '인지학'에 대한 기본적인 개념이 본격적으로 드러나기 시작한 저작이다.

색채의 본질

물체에 의해 색채가 생성된다는 색채 종속론적인 우리들의 과학적 상식을 깨뜨리면서 색채령의 주체적 작용에 의해 물질이 형성된다는 영학적 해석을 내리고 있다. 또 색뿐만 아니라 4차원 세계(초감각적 세계)로 통하는 창으로서의 음에 대한 통찰과 서사시, 서정시, 연극의 영학적 본질에 대한 탐구도 포함하고 있다.

초감각적 세계인식에 이르는 길

인간 혼의 진화에 대해 기술한 이 글은 다양한 독자들의 요구에 응할 수 있게 구성되어 있다. 영학(靈學:Spiritual Science)이나, 그 연구성과에 관심을 가진 사람들은 대체로 이런 의문을 가진다. 우리네 삶의 고차원적인 수수께끼에 대해 이야기하는 그 사람들은 도대체 어디서 그런 지식을 얻는 걸까, 하고. 이 글은 그 의문에 대답하려 하고 있다. 영학은 인생의 고차원적 수수께끼, 그 본질을 깊이 파고들어간다.

별들에게 물어봐

천문해석은 우주의 리듬을 해독하는 과학적인 체계이다. 행성들의 에너지 리듬을 파악하여 언제, 무엇을, 어떻게 하는 것이 나의 리듬에 맞는지를 알려준다. 물론 나는 어떤 에너지 특성을 갖고 태어났으며, 그래서 무엇을 잘하고 무엇을 못하는지, 무엇을 하려고 이번 생에 들어왔는지도 알려준다. 이를테면 천문해석을 통해 소크라테스가 화두로 삼으라던 '나는 구인가?'와 천재 철학자 공자가 50이 되어서야 알았다는 천명을 알 수 있다는 뜻이다. 정창영 지음.

별자리 출생차트 해석 가이드북

출생차트는 자신이 태어난 날 태양계 행성들의 배치상황을 그린 것인데, 이 차트를 보고 에너지 패턴을 읽는 것을 차트 리딩이라고 한다. 차트를 통해 그 사람의 성격과 기질과 특징을 파악할 수 있다. 차트 리딩하는 법을 배우면 자기가 어떤 사람인지를 알 수 있을 뿐만 아니라, 다른 사람들이 어떤 특징을 갖고 있는지도 알 수 있다. 또한 이 세상에서 경험하고 표현하게 될 다양한 에너지 진동 패턴이 상징하는 의미를 파악할 수 있다. 스티븐 아로요 지음.

타로 카드 100배 즐기기

타로 카드의 그림에 숨겨진 상징을 화려한 비주얼로 알기 쉽게 풀어낸 완벽한 해설서이다. 타로 카드의 화려한 그림들이 속삭이는 말을 듣고 싶다면, 먼저 그림 속 상징의 문을 열어야 한다. 일단 카드의 그림들이 우리를 끌어들여 자신들의 상징적 비밀들을 드러내기 시작하면, 그 그림들이 우리를 얼마나 많이 가르칠 수 있는지, 그리고 우리가 자신에 대해서 얼마나 많이 배울 수 있는지를 깨닫게 된다. 그리고 삶은 변화하기 시작한다. 타로는 훨씬 더 큰 세상으로 가는 통로를 열어주는 존재이다. 레이첼 폴락 지음.

마법의 이론과 실전, 모던 매직

대부분의 사람들이 '마법'을 판타지 소설의 황당한 소재로만 생각하고 있어 이 책의 한국어판 출간은 사고력 확장을 위한 임계량과 같은 역할을 할 것이다. 마법이 수행의 한 과정이라는 공공연한 사실을 이해하고 경험하고 있는 국내 일부 매니아들 사이에서는 이미 필독서로 정평이 나 있어 원서로 한 권씩 소장하고 있을 정도다. 20년 넘게 카발라를 비롯한 많은 오컬트 주제들을 연구하고 강의해온 저자의 통찰력은 '마법은 경험적인 것이지 정신적인 것이 아니다'라고 설파한다. 도널드 마이클 크레이그 지음.